rande Vigie
Le Moule
Les Grands Fonds
Pointe des Châteaux
Saint-François
Sainte-Anne

4 décembre 1493, l'infatigable Christophe Colomb découvre la Guadeloupe, île habitée par les indiens caraïbes qui avaient eux-même succédé aux indiens arawaks après les avoir exterminés. Il faut attendre 1635 pour qu'une poignée de Normands venus de St Christophe en prenne possession au nom du roi de France. Dès 1643, Charles Houël du Petit Pré y édifie le fort Saint-Charles, aujourd'hui Fort Delgrès, autour duquel s'édifie Basse-Terre qui abandonnera petit à petit sa qualité de capitale au profit de Pointe-à-Pitre économiquement mieux placée.

La Guadeloupe, qu'on appelle encore Karukera de son nom arawak ou encore «l'île aux belles eaux», est connue du monde entier pour ses plages, sa forêt tropicale, son volcan, son archipel aux mille facettes, et tout dernièrement par le cyclone Hugo, dont il ne restera bientôt plus de traces grâce à l'effort conjugué de la population et de l'extraordinaire vitalité de la nature tropicale.

La Guadeloupe, c'est aussi une mosaïque de races issues d'Amérique, d'Europe, d'Afrique et d'Asie, fondues en une seule qui ont fait le Guadeloupéen d'aujourd'hui. Les pages qui suivent ne prétendent pas être un guide qui serait bien trop succint pour parler de tous les aspects de cet archipel, mais une invitation au voyage, à la curiosité, ou un recueil de bons souvenirs.

On the 4th December 1493, the unflagging Christopher Columbus discovered Guadeloupe; an island already inhabited by the Carib Indians who had suplanted and exterminated the Arawaks.

It was not until 1635 that a handfull of Normans arrived from St Kitts to take posession in the name of the French Crown. Starting in 1643, Charles Houël of Petit Pré built Fort St Charles, known today as Fort Delgrès, around which the town of Basse-Terre took shape.

Little by little its position as capital was taken over by Pointe-à-pitre, economically speaking better placed.

Guadeloupe, sometimes called by the Arawak name of Karukera, or sometimes «the

Pointe-à-Pitre
Le marché. *The market*. Il mercato.

island of clear waters» is known world-wide for its beaches, its tropical forest, its volcano, its scintillating archipelagos, and very recently, for Hurricane Hugo, of which very few traces remain due to the combined efforts of the local population and the exuberance of the tropical vegetation.
Guadeloupe is also a patchwork of races from America, Europe, Africa, and Asia which together make up today's Guadeloupian.
The following pages do not aspire to be a guide, but rather an invitation to travel; to whet the appetite, or to recall the best moments of your trip.

4 dicembre 1493: l'infaticabile Cristoforo Colombo scopre la Guadalupa, isola abitata dagli indiani Caraibi succeduti agli Arawaks dopo averne fatta la strage.
Nel 1635, un pugno di Normani venuti dall'isola Saint Christophe s'impadronisce dell'isola in nome del re di Francia. Nel 1643 Charles Hoüel du petit pré ordina la costruzione di Fort Saint Charles, oggi chiamato Fort Delgrès, attorno al quale viene costruita Basse-Terre. La città perderà progressivamente il rango di capitale dell'isola che sarà attribuito in seguito a Pointe-à-Pitre centro economicamente piu rappresentativo.
La Guadalupa, chiamata ancor'oggi con il suo nome arawak «Karukera», oppure «isola delle belle acque» é mondialmente conosciuta per le sue splendide spiaggie, la foresta tropicale, il vulcano, gli svariatissimi paesaggi dell arcipelago e, recentemente, a causa del ciclone Hugo. Il triste ricordo lasciato da questo cataclisma svanirà ben presto grazie allo sforzo compiuto dalla popolazione ed allo straordinario vigore della vegetazione tropicale.
La Guadalupa é ugualmente un mosaico di razze provenienti dall' America, dall' Europa, dall'Asia e dall'Africa che si sono fuse ed unificate negli attuali abitanti dell'isola.
Le pagine successive non pretendono d'essere una guida dell'arcipelago; sono semplicemente un invito al viaggio, alla scoperta o una raccolta di splendidi ricordi.

Pointe-à-Pitre, marché Saint-Antoine: coupeur de cocos. *The Saint-Antoine market, coconut vendors*. Mercato di Saint-Antoine: venditori di noci di cocco

Pointe-à-Pitre, marché Saint-Antoine. Marchande de volailles. *Poultry vendors at Saint-Antoine market*. Mercato di Saint-Antoine: venditrice di polli

Pointe-à-Pitre, marché Saint-Antoine, étal d'épices. *Spice stall at Saint-antoine market*. Mercato di Saint-Antoine: bancarella di spezie

Pointe-à-Pitre, musée Schoelcher. *The Schoelcher museum*. Museo Schoelcher

Pointe-à-Pitre, musée Saint-John Perse. *The Saint-John Perse museum*. Museo Saint-John Perse

Basse-Terre

Basse-Terre, les environs. *Near the town*. Dintori di Basse-Terre

Rivière-Sens, marina

L'architecture est toujours de proportions simples. Les cases souvent en bois apparent, décorées de frises dentelées, comportent souvent une pièce unique percée de portes-fenêtres qui assurent lumière et ventilation.

The architecture shows off its simple proportions. Small dwellings, often in unpainted wood decorated with gingerbread, may have a single room with louvered french windows to provide light and ventilation.

Le linee architettoniche sono molto semplici. Le case, generalmente di legno, sono ornate di fregi dentellati e dotate d'un'unica stanza con porte finestre che garantiscono la luminosità e la ventilazione.

Le Moule, maison Zévallos. *Zevallos House*. Casa Zévallos.

La Grande Terre est le royaume de la canne à sucre dont les grandes flèches blanches ondulent sous l'alizé de novembre à mars.
Grande Terre is the realm of sugar cane, whose tall white plumes wave in the trade winds that blow from December to March.
La Grande Terre é il regno della canna da zucchero i cui pinnacoli bianchi ondeggiano da novembre a marzo al soffio degli alisei.

Saint-François, récolte du melon. *Melon harvest*. Raccolta di meloni.

Goyave, bananeraie. *Banana grove*. Bananeto.

Anse-Bertrand, Champ de cannes à sucre. *Sugar-cane field*. Campo di canne da zucchero

Basse Terre, La campagne. *The countryside*. La campagna.

Les Mamelles à la silhouette si caractéristique sont au coeur de la forêt tropicale. Mamelle de Pigeon ou Déboulé altitude 768 m; Mamelle de Petit-Bourg altitude 716 m.

Les Mamelles (litterally «breast») with their unmistakable shape, form the heart of the tropical forest. Mamelle de Pigeon, or Déboulé, is 768 meters high, Mamelle de Petit-Bourg 716 meters.

Il caratteristico profilo delle Mamellles si disegna nel cuore della foresta tropicale. Mamelle de Pigeon o Déboulé: altezza 786 m; Mamelle de Petit Bourg: altezza 716 m.

Racoon, *Racoon*, Racoon

Iguane, *Iguane*, Iguana,

Tortue molocoï, *Molocoy tortoise*, Tartaruga molocoï

Tourterelle, *Turtle dove*, Tortora,

Le Zoo des Mamelles et le parc floral abritent de nombreuses espèces dont les fameux racoons et iguanes, respectivement mascottes de la Guadeloupe et des Saintes.
The Mamelles Zoo and Botannical Gardens provide refuge for a number of species including the famous racoon and iguana, mascots of Guadeloupe and the Saints respectively.
Allo zoo ed al parco fiorale delle Mamelles si possono ammirare varie specie di animali tra i quali il famoso racoon e l'iguana simbolo e portafortuna rispettivamente della Guadalupa e delle Saintes.

La cascade aux écrevisses. *Shrimp falls.* La cascata dei gamberi

Allamanda cathartica, Allamanda, *Golden trumpet*, Allamanda

Plumieria rubra, Frangipanier,

Phaeomeria magnifica, Rose de porcelaine, *Torch ginger*, Rosa di porcellana

Heliconia wagneriana, Balisier,

Nerium oleander, Laurier rose, *Oleander*, Oleandro

Strelitzia reginae, Oiseau du paradis,

Frangipani tree, Frangipane

Bougainvillea glabra, Bougainvillée, *Paper flower*, Buganvilée

Heliconia, Eliconia bicolore

Hibiscus rosa sinensis, Hibiscus, *Chinese hibiscus*, Ibisco

Bird-of-paradise, Ucello del paradiso

Anthurium andreanum, Anthurium, *Tailflower*, Anturio

1 Piments
2 Mangues
3 Manguots
4 Noix de coco
5 Pamplemousse
6 Prunes Chili
7 Pomme canelle
8 Avocats
9 Cacao
10 Abricots pays
11 Bananes
12 Fruits à pain
13 Pastèque
14 Papaye
15 Pomme coolie
16 Goyave
17 Feijoa
18 Maracudja
19 Corossol
20 Lime
21 Ananas
22 Cancambons
23 Quenettes
24 Oranges
25 Pommes d'eau
26 Citrons vert
27 Amandes

1 Hot pepper
2 Cultivated mangoes
3 Mango
4 Coconut
5 Grapefruit
6 Ambarella
7 Sugar apple
8 Avocado
9 Cocoa
10 Mamey apple
11 Banana
12 Bread fruit
13 Water melon
14 Papaya
15 Balsam pear
16 Guava
17 Golden apple
18 Passion fruit
19 Moutain soursop
20 Citron
21 Pineapple
22 Red banana
23 Genips
24 Orange
25 Brush cherry
26 Lime
27 Tropical almond

1 Peperoncino
2 Mango
4 Noce di cocco
5 Pompelmo
6 Prugne cile
8 Avocado
9 Cacao
10 Albicocca nostrana
11 Banana
12 Frutto del pane
13 Cocomero
14 Papaia
15 Mela coolie
16 Guaiava
18 Frutto della passione
19 Anona
20 Lima
21 Ananas
24 Arancia
25 Mela d'acqua
26 Limoni verdi
27 Mandorle

Photos Dino Simeonidis

Holacanthus ciliaris, Demoiselle royale, *Queen angelfish*, Isabelita patale

Dactylopterus volitans, Poisson volant,

Diodon holacanthus, Poisson ballon, *Ballonfish*

Scorpena plumieri, Poisson pierre,

Cephalopholis fulva, Mérou à pois bleus, *Coney*, Cherna cabrilla

Myripristis jacobus, Mombin, *Blackbar*

Lying gurnard

Labrisomus nuchpinnis et Labrisomus sp., Blennie, *Hairy blenny*

Spotted scorpionfish, Rascacio negro

Balistes vetula, Baliste royale, *Queen trigerfish*, Pejepuero cachuo

soldierfish, Candil colorado

Sphyraena barracuda, Bécune, *Barracuda*, Barracuda

Melongena melongena, Melongena des Caraïbes, *West-Indian crown* (120 mm)

Chama macerophylla, Chame foliacée,

Cymatium femorale, Triton anguleux, *Angular triton* (200 mm)

Cyprae zebra, Porcelaine rougeole,

Pinctada imbricata, Huître perlière, *Pearl oyste*r (75 mm)

Strombus gallus, Strombe coq,

Leafy jewel box (90 mm)

Conus cedonulli, Cône cedonulli, *cedonulli cone* (60 mm)

Measled cowrie (100 mm)

Chicoreus brevifrons, Murex des Antilles, *West-Indian murex* (140 mm)

ou Lambi, *Rooster-tail-conch* (150 mm)

Cittarium pica, Troque des Antilles, *West-Indian top shell* (72 mm)

Moule
L'église.
The church.
La chiesa

Morne-à-l'Eau
Le cimetière.
Cemetery.
Il cimitero

Capesterre-Belle-Eau
Temple indien de Changy.
Indian temple of Changy.
Tempio indiano.

Morne-à-l'Eau
Temple indien.
Indian temple.
Tempio indiano.

Basse-Terre, défilé de carnaval. *Carnival parade*. Sfilata di carnevale

Pointe-à-Pitre, défilé de carnaval. *Carnival parade*. Sfilata di carnevale.

Pointe-à-Pitre, défilé de carnaval. *Carnival parade*. Sfilata di carnevale.

HOTEL
OPEL

Les Abymes
Fête des marchandes.
Street vendors' festival.
Festa delle venditrici.

Pointe-à-Pitre, fête des cuisinières à la cathédrale St Pierre et St Paul le 10 août, jour de la Saint Laurent. *«Good Cooks' Festival» at the Cathedral of St*

Peter and St Paul on the 10th August, St Lawrence's day. Cathedrale St Pierre et St Paul: Festa delle cuoche il 10 agosto, giorno di San Lorenzo

Cratère au sommet de la Soufrière, altitude 1467 m
Crater at the summit of the Soufrière volcano, altitude 1467 m
La Soufrière: il cratere vulcanico. Altezza: 1467 m

Cratère au sommet de la Soufrière, altitude 1467 m
Crater at the summit of the Soufrière volcano, altitude 1467 m
La Soufrière: il cratere vulcanico. Altezza: 1467 m

Les imposantes chutes du Carbet non loin de la Soufrière.
The impressive falls at Carbet, not far from Soufrière.
Le impressionanti cascate del Carbet nei pressi della Soufrière.

Capesterre-Belle-Eau
L'allée Dumanoir.
The avenue Dumanoir.
Il viale Dumanoir

Saint-François
La plage des Raisins Clairs.
The beach of the white grape trees.
La spiaggia di Raisins Clairs.

La Pointe-des-Châteaux
Sud-est de la Grande-Terre.
Southwest of Grande-Terre.
Sud-est di Grande-Terre.

Anse-Bertrand

Deshaies Fort-Royal, plage. *Beach*. Spiaggia.

Bas-du-Fort, plage des hôtels Fleur d'Epée et Marissol. *The beach of the hotels Fleur d'Epée et Marissol*. Spiaggia degli alberghi Fleur d'Epée et Marissol

L'îlet à Kahouanne. *The island of Kahouanne*. L'isoletta di Kahouanne

L'îlet du Gosier qui fut longtemps une réserve de pélicans.
The island of Gosier was an erstwwhile pelican sanctuary.
L'isoletta di Gosier che fu per lungo tempo una riserva di pellicani

Coucher de soleil sur l'îlet Pigeon.
Sunset over Pigeon Island.
Tramonto sull'isoletta Pigeon

EUROPA FACHBUCHREIHE
für Berufe im Gesundheitswesen

Ärztliches Abrechnungswesen

dargestellt in Lernfeldern

Band 2

9. Auflage

VERLAG EUROPA-LEHRMITTEL · Nourney, Vollmer GmbH & Co. KG
Düsselberger Straße 23 · 42781 Haan-Gruiten

Europa-Nr.: 61171

Autor:

Dr. med. Susanne Nebel, Mettmann

9. Auflage 2019
Druck 5 4 3 2 1

Alle Drucke derselben Auflage sind parallel einsetzbar, da bis zur Behebung von Druckfehlern untereinander unverändert.

ISBN 978-3-8085-6310-6

Satz: Typework Layoutsatz & Grafik GmbH, 86167 Augsburg (ab 6. Auflage)
Umschlag: tiff.any GmbH, 10999 Berlin; Umschlagfoto: Robert Kneschke, Fotolia.com
Druck: Medienhaus Plump GmbH, 53619 Rheinbreitbach

Vorwort

Die/Der Medizinische Fachangestellte (MFA) zählt seit vielen Jahren zu den beliebtesten Ausbildungsberufen, insbesondere, weil die Aufgabengebiete außerordentlich vielseitig sind. Sie sind in der Regel erste Ansprechpartner der Patienten und begleiten sie bei allen diagnostischen und therapeutischen Maßnahmen. Dieses erfordert neben einem fundierten medizinischen Wissen eine hohe kommunikative Kompetenz.

Schon an der Anmeldung stellen die MFA die Weichen für einen reibungslosen Praxisablauf. Sie kontrollieren die Behandlungsausweise, lesen Gesundheitskarten ein und füllen Formulare sachgerecht aus. Anschließend dokumentieren sie die erbrachten Leistungen und rechnen sie nach den entsprechenden Gebührenordnungen ab.

Die Herren Effer, Esser und Löbbecke gehörten zu den ersten Autoren, die Materialien für den Abrechnungsunterricht an Berufsschulen zusammenstellten. Besonderes Anliegen der Autoren war es, ihr Lehrwerk ständig an Neuerungen anzupassen und zu aktualisieren. Der Verlag Europa-Lehrmittel hat das Fachbuch übernommen, um diese Tradition fortzuführen. So bleibt der erfolgreiche Unterricht auf dem aktuellsten Wissensstand möglich.

Die Struktur des Lehrbuchs orientiert sich am Unterricht in Lernfeldern, entsprechend den Vorgaben des Rahmenlehrplans für den Ausbildungsberuf zur/zum Medizinischen Fachangestellten. **Band 1** beinhaltet die abrechnungsrelevanten Lerninhalte aus den Lernfeldern 1 bis 4, **Band 2** die Lernfelder 5 bis 11. Die Seiten des Buches lassen sich bequem herauslösen und in einem Ordner nach persönlichen Vorstellungen zusammenstellen. So ergibt sich ein **individuelles Schulungsbuch.**

Zu Beginn eines Lernfeldes wird anhand einer konkreten Situation die Bedeutung der Lerninhalte im Praxisalltag veranschaulicht. Die Lerntexte enthalten die wichtigsten Auszüge aus den beiden Gebührenordnungen EBM und GOÄ, sodass sich eine zusätzliche Anschaffung der Gebührenordnungen erübrigt. In den medizinischen Lernfeldern wird anhand von Fallbeispielen die Abrechnung von Kassen- und Privatpatienten parallel vorgestellt. An jedes Unterkapitel schließen sich unter der Überschrift **„Wie war das noch?“** Fragen zum Üben und Vertiefen des Erlernten an.

Am Ende eines jeden Kapitels finden sich **„Fragen und Fälle“**. Die programmierten Fragen dienen insbesondere der Vorbereitung auf die schriftlichen Prüfungen, wobei eine oder mehrere Antworten richtig sein können. Die handlungsorientierten Übungsfälle beinhalten in der täglichen Praxis vorkommende Tätigkeiten, die in ähnlicher Form bei der praktischen Abschlussprüfung demonstriert werden müssen.

Den Lesern wünsche ich viel Freude und Erfolg beim Arbeiten mit dem vorliegenden Buch. Die ärztliche Abrechnung stellt zuweilen auch für Mediziner und Abrechnungslehrer eine Herausforderung dar, insbesondere wenn es Interpretationsspielräume gibt. Deshalb bitte ich Sie, liebe Leser, an dieser Stelle ganz herzlich, mich auf Fehler oder Missverständnisse in diesem Buch aufmerksam zu machen. Über entsprechende Hinweise unter der Verlagsadresse oder über die Internetadresse lektorat@europa-lehrmittel.de wäre ich Ihnen sehr dankbar.

Die Auflagen 2019 enthalten die aktuellen Neuerungen des EBM insbesondere im Bereich der Prävention. Zusätzlich wird das neue Muster 4 (Transportschein) ausführlich vorgestellt sowie das Terminservice- und Versorgungsgesetz (TSVG).

Dr. med. Susanne Nebel

Mettmann, Herbst 2019

Rechtlicher Hinweis
Die Verwendung nur eines grammatikalischen Geschlechtes bei Berufs- und Gruppenbezeichnungen wurde im Hinblick auf den Lesefluss gewählt. Sie stellt keine Meinungsäußerung zur Geschlechterrolle dar.

Inhaltsverzeichnis

LF 5 Zwischenfällen vorbeugen und in Notfallsituationen Hilfe leisten

LF 6 Waren beschaffen und verwalten – Sprechstundenbedarf

LF 7 Praxisabläufe im Team organisieren Erstellen und Versand von Schriftstücken

LF 8 Patienten bei diagnostischen und therapeutischen Maßnahmen der Erkrankung des Urogenitalsystems begleiten

Teil 1: Erkrankungen des Urogenitalsystem

Teil 2: Empfängnisregelung, Schwangerschaft und Geburt

LF 9 Patienten bei diagnostischen und therapeutischen Maßnahmen der Erkrankung des Verdauungssystems begleiten

LF 10 Patienten bei kleinen chirurgischen Behandlungen begleiten und Wunden versorgen

LF 11 Patienten bei der Prävention begleiten

Teil 1: Früherkennungs- und Vorsorgeuntersuchungen

Teil 2: Schutzimpfungen

Teil 3: Nicht vertragsärztliche Leistungen

Lernfeld übergreifend
Patienten bei psychischen und altersbedingten Erkrankungen begleiten

Lernfeld 5 Zwischenfällen vorbeugen und in Notfallsituationen Hilfe leisten

Eine gut organisierte und gewissenhaft geführte Praxis muss auch medizinische Notfälle wie Atemstillstand und Herz-Kreislauf-Stillstand, Ohnmacht, Schock, allergische Reaktionen, Blutungen, Verbrennungen und Krampfanfälle sowie andere Zwischenfälle beherrschen können. Durch situationsgerechte und besonnene Kommunikation mit den Patienten und den Mitarbeitern werden Katastrophenszenarien vermieden.

Der verantwortungsvolle Umgang mit den Patienten und dem Praxisteam beugt Zwischenfällen vor. Sollte trotzdem ein Notfall eintreten, bleibt neben der Einleitung zielführender Maßnahmen und der Unterstützung der ärztlichen Soforthilfe eine zugewandte Patientenbetreuung vorrangige Aufgabe.

Die erbrachten Leistungen im Notfallmanagement werden dokumentiert und, wenn sie berechnungsfähig sind, sachgerecht abgerechnet.

Lernziel im Lehrplan

Für Notfallsituationen sieht
➡ **der EBM**
eigene GOP vor.

Dabei kann der Arzt
➡ **außerhalb der Sprechstundenzeiten**
oder
➡ **im organisierten Not(-fall)dienst**
zu Hilfe gerufen werden. Hierbei muss sich der Arzt meistens an den Aufenthaltsort des Patienten begeben.
➡ **Besuch**

Der Arzt hat die Notfallbehandlung auf einem
➡ **vereinbarten Vordruck**
abzurechnen.

Für Notfallsituationen kennt
➡ **die GOÄ**
grundsätzlich keine besonderen Positionen.

Besondere Leistungen oder Erschwernisse werden über
➡ **Zuschläge**
abgerechnet.

Inhaltsverzeichnis

LF 5 Zwischenfällen vorbeugen und in Notfallsituationen Hilfe leisten

▶ **Lernsituation:**

Nachdem Frau Biene in der Praxisverwaltung und bei der Assistenz erste Erfahrungen gesammelt hat, bittet sie Herr Dr. Gütlich, ihm am Wochenende während seiner Bereitschaft im Rahmen des organisierten Not(-fall)dienstes in der Praxis zu helfen.

Da sie in der Hauptsache die Patientanaufnahme und die Abrechnung vornehmen soll, gibt ihr Herr Dr. Gütlich die Gelegenheit, sich mit der Abrechnung von Notfallpatienten nach EBM und GOÄ vertraut zu machen.

▶ **Arbeitshinweis:**

Lernfeld 5
Seite 10

In der **vertragsärztlichen Versorgung** kann der Arzt aus verschiedenen Lebens- bzw. Arbeitssituationen zu unterschiedlich dringenden Notfällen gerufen werden. Deshalb sollen drei Fälle unterschieden werden:
- der Arzt wird von zu Hause oder aus der Praxis dringend von einem eigenen Patienten um ärztlichen Rat gebeten bzw. zu einem eigenen Patienten gerufen,
- der Arzt ist zum organisierten Not(-fall)dienst eingeteilt und wird zu einem fremden Patienten geschickt,
- der Arzt wird aus der Praxis zur Ersten Hilfe zu einem Unfall gerufen.

Die nach **EBM** zur Abrechnung kommenden Ziffern gehören zu den arztgruppenübergreifenden Leistungen, die von allen Vertragsärzten abgerechnet werden können. Abrechnungstechnisch muss hier nicht unterschieden werden zwischen Hausärzten und Fachärzten.

In der **GOÄ** sind keine besonderen Regeln für Notfälle getroffen, so dass auch hier die Abrechnung unabhängig von einer Fachgruppenzugehörigkeit des Arztes erfolgt.

5.1 EBM-Abrechnung in Notfallsituationen (Fall 4)

▶ **Fall 4:**

12. Juli (So.)	Dr. Gütlich ist für den organisierten Notdienst zuständig. Um 20.15 Uhr erhält er von der Notfallzentrale den Auftrag, Frau Maria Maladig (63 Jahre, familienversichert in der Techniker Krankenkasse) aufzusuchen, deren Ehemann von heftigen krampfartigen Unterleibsschmerzen berichtete. Dr. Gütlich begibt sich in seinem Wagen sofort zur Wohnung von Frau Maladig (7,5 km); er untersucht, injiziert ein schmerzlinderndes und krampflösendes Medikament. Abschließend stellt er ein Rezept aus. Um 23.30 Uhr wird Dr. Gütlich erneut zu Frau Maladig geschickt, die keine Linderung verspürt. Der Druckschmerz bei der Untersuchung hat sich wesentlich verstärkt, so dass Dr. Gütlich die Verdachtsdiagnose einer akuten Appendizitis stellt. Dr. Gütlich veranlasst die sofortige Krankenhauseinweisung und ruft einen Krankenwagen für den Krankentransport.

5.1.1 Kap. 1.1 Aufwandserstattung für die besondere Inanspruchnahme des Vertragsarztes durch einen Patienten (GOP 01 100 – 01 102)

„Besondere Inanspruchnahme des Vertragsarztes" beschreibt eine Leistungserbringung des Arztes außerhalb der „Geschäftszeit", zu der er üblicherweise keine Sprechstunde abhält. Diese **Nacht-, Wochenend-, Feiertagsgebühren** stellen eine Vergütung für diese zusätzliche Belastung dar.

▶ Text der Gebührenordnung (Auszug)

GOP	Leistungsbeschreibung	Punkte
01 100	**Unvorhergesehene Inanspruchnahme I** des Vertragsarztes durch einen Patienten – zwischen 19.00 und 22.00 Uhr – an Samstagen, Sonntagen und gesetzlichen Feiertagen, am 24.12. und 31.12. zwischen 7.00 und 19.00 Uhr *Die GOP 01 100 ist nicht berechnungsfähig, wenn Sprechstunden vor 7.00 Uhr oder nach 19.00 Uhr stattfinden oder Patienten zu diesen Zeiten bestellt werden.* … *Die GOP 01 100 ist nicht neben den GOP 01 101, 01 102, 01 205, 01 207, 01 210, 01 212, 01 214, 01 216, 01 218, 01 410 bis 01 413, 01 415, 01 418 (Besuche) … berechnungsfähig.*	196
01 101	**Unvorhergesehene Inanspruchnahme II** des Vertragsarztes durch einen Patienten – zwischen 22.00 und 7.00 Uhr – an Samstagen, Sonntagen und gesetzlichen Feiertagen, am 24.12. und 31.12. zwischen 19.00 und 7.00 Uhr *Die GOP 01 101 ist nicht neben den GOP 01 100, 01 102, 01 205, 01 207, 01 210, 01 212, 01 214, 01 216, 01 218, 01 410 bis 01 413, 01 415, 01 418 (Besuche) … berechnungsfähig.*	313
01 102	**Inanspruchnahme** des Vertragsarztes an Samstagen zwischen 7.00 und 14.00 Uhr *Die GOP 01 102 ist nicht neben den GOP 01 100, 01 101, 01 205, 01 207, 01 210, 01 212, 01 214, 01 216, 01 218, 01 410 bis 01 412, 01 415, 01 418 (Besuche) … berechnungsfähig.*	101

▶ Erläuterungen

1.	Die **GOP 01 100 oder 01 101** darf bei Leistungen **– auch telefonischen Leistungen – abgerechnet werden**, die der Arzt erbringt: – **„unvorhergesehen" zwischen 19.00 Uhr und 7.00 Uhr** – an **Samstagen, Sonntagen**, an **gesetzlichen Feiertagen** und am **24. und 31. Dez.**
2.	Als **gesetzliche Feiertage** zählen nur die **bundesweit** oder die in **bestimmten Bundesländern** dazu erklärten Tage der Arbeitsruhe. **Örtliche** besondere arbeitsfreie Tage, wie Rosenmontag, Kirchweih o.Ä., berechtigen **nicht** zur Abrechnung der GOP 01 100 und 01 101; auch dann nicht, wenn für diesen Tag eine Notdienstregelung abgesprochen ist.
3.	Die **GOP 01 100 und 01 101** sind ausschließlich bei **kurativen Behandlungen** berechnungsfähig.
4.	Die **GOP 01 100 und 01 101** dürfen **nicht** abgerechnet werden: – wenn der Patient zur Behandlung oder Untersuchung zu diesen Zeiten **in die Praxis bestellt** wurde, – wenn zu diesen Zeiten der **Praxisbetrieb bereits oder noch läuft** (z.B. ab 6.45 Uhr Blutabnahmen im Beisein des Vertragsarztes oder Sprechstunde zieht sich bis 19.30 Uhr hin), – im Zusammenhang mit **Besuchsleistungen**.
5.	Die **GOP 01 102** ist abrechenbar – bei **Sprechstundentätigkeit** am Samstag zwischen 7.00 und 14.00 Uhr – auch bei **telefonischen Kontakten** zwischen Arzt und Patient

Lernfeld 5
Seite 11

5.1.2 Kap. 1.2 GOP für die Versorgung im Notfall und im organisierten ärztlichen Not(-fall)dienst (GOP 01 205–01 226)

Für die Leistungen, die anfallen bei der Versorgung von Notfällen oder der Behandlung von Patienten im organisierten Not(-fall)dienst, wurde ein eigenständiges Kapitel im EBM eingerichtet.

Neben den Gebührenordnungspositionen dieses Abschnittes sind nur Gebührenordnungspositionen berechnungsfähig, die in unmittelbarem diagnostischen oder therapeutischen **Zusammenhang mit der Notfallversorgung** stehen. Ansonsten darf ein Arzt im Notfall und im organisierten Not(fall-)dienst **alle GOPs des EBMs** abrechen, insbesondere auch die arztgruppenspezifischen GOP anderer Haus- bzw. Fachärzte. Die in den Präambeln des Bereichs III gemachten Einschränkungen gelten nicht.

Wenn die Erkrankung des Patienten auf Grund ihrer Beschaffenheit **keiner** sofortigen Maßnahme bedarf und die nachfolgende Versorgung durch einen Vertragsarzt außerhalb der Notfallversorgung möglich und/ oder auf Grund der Umstände vertretbar ist, wird beim ersten persönlichen Arzt-Patienten-Kontakt die **Notfallpauschale GOP 01 205 oder 01 207** berechnet, bei sofortigen Behandlungsbedarf die **Notfallpauschale GOP 01 210 oder 01 212.**

Zu den Notfallpauschalen nach GOP 01 210 und 01 212 dürfen bei Patienten mit erhöhtem Behandlungsbedarf ggf. **Schweregradzuschläge** abgerechnet werden. Dabei werden zwei Arten von Schweregradzuschlägen unterschieden, zum einen der Zuschlag aufgrund einer **festgelegten, schwerwiegenden Behandlungsdiagnose** zum anderen aufgrund einer **schwierigen Kommunikation bzw. bei geriatrischen Patienten.**

Zu **schwerwiegenden Behandlungsdiagnosen (GOP 01 223 oder 01 224)** zählen:

- Frakturen im Bereich der Extremitäten proximal des Metacarpus und Metatarsus
- Schädel-Hirn-Trauma mit Bewusstlosigkeit von weniger als 30 Minuten (S06.0 und S06.70)
- Akute tiefe Beinvenenthrombose
- Hypertensive Krise
- Angina pectoris (ausgenommen: I20.9)
- Pneumonie
- Akute Divertikulitis

Der **Zuschlag für schwierige Kommunikation/geriatrische Patienten (GOP 01 226)** darf berechnet werden bei:

- Neugeborenen, Säuglingen und Kleinkindern

oder

- Patienten mit krankheitsbedingt erheblich komplexer Beeinträchtigung kognitiver, emotionaler und verhaltensbezogener Art (ausgenommen Beeinträchtigung kognitiver, emotionaler und verhaltensbezogener Art infolge psychotroper Substanzen)

und/oder

- Patienten ab dem vollendeten 70. Lebensjahr mit geriatrischem Versorgungsbedarf und Frailty-Syndrom (Kombination von unbeabsichtigtem Gewichtsverlust, körperlicher und/oder geistiger Erschöpfung, muskulärer Schwäche, verringerter Ganggeschwindigkeit und verminderter körperlicher Aktivität)

und/oder

- Patienten mit einer der folgenden Erkrankungen: F00–F02 dementielle Erkrankungen, G30 Alzheimer-Erkrankung, G20.1 Primäres Parkinson-Syndrom mit mäßiger bis schwerer Beeinträchtigung und G20.2 Primäres Parkinson-Syndrom mit schwerster Beeinträchtigung.

▶ Text der Gebührenordnung (Auszug)

GOP	Leistungsbeschreibung	Punkte
01 205	**Notfallpauschale (Abklärung, Koordination I) im organisierten Not(-fall)dienst** und für nicht an der vertragsärztlichen Versorgung teilnehmende Ärzte, Institute und Krankenhäuser **für die Abklärung der Behandlungsnotwendigkeit** bei Inanspruchnahme – zwischen 7:00 und 19:00 (außer an Samstagen, Sonntagen, gesetzlichen Feiertagen und am 24.12. und 31.12.) *Obligater Leistungsinhalt* – Persönlicher Arzt-Patienten-Kontakt im organisierten Not(-fall)dienst und für nicht an der vertragsärztlichen Versorgung teilnehmende Ärzte, Institute und Krankenhäuser *Fakultativer Leistungsinhalt* – Koordination der nachfolgenden Versorgung durch einen Vertragsarzt außerhalb der Notfallversorgung, – Erhebung Lokalbefund einmal im Behandlungsfall *Neben der GOP 01 205 ist für die Berechnung der jeweiligen arztgruppenspezifischen Versicherten-, Grund- oder Konsiliarpauschale in demselben Behandlungsfall mindestens ein weiterer persönlicher Arzt-Patienten-Kontakt außerhalb des organisierten ärztlichen Not(-fall)dienstes notwendig.* *Die GOP 01 205 ist nicht neben den GOP 01 100 bis 01 102, 01 214, 01 216, 01 218, 01 411, 01 412, 01 414, 01 415 ... berechnungsfähig.* *Die GOP 01 205 ist im Behandlungsfall nicht neben der GOP 01 207, 01 210 und 01 212 berechnungsfähig.*	45
01 207	**Notfallpauschale (Abklärung, Koordination II) im organisierten Not(-fall)dienst** und für nicht an der vertragsärztlichen Versorgung teilnehmende Ärzte, Institute und Krankenhäuser **für die Abklärung der Behandlungsnotwendigkeit** bei Inanspruchnahme – zwischen 19:00 – 07:00 Uhr des Folgetages – ganztägig an Samstagen, Sonntagen, gesetzlichen Feiertagen und am 24.12. und 31.12. *(Obligater und fakultativer Leistungsinhalt entsprechend GOP 01205)* einmal im Behandlungsfall *Neben der GOP 01 207 ist für die Berechnung der jeweiligen arztgruppenspezifischen Versicherten-, Grund- oder Konsiliarpauschale in demselben Behandlungsfall mindestens ein weiterer persönlicher Arzt-Patienten-Kontakt außerhalb des organisierten ärztlichen Not(-fall)dienstes notwendig.* *Die GOP 01 205 ist nicht neben den GOP 01 100 bis 01 102, 01 214, 01 216, 01 218, 01 411, 01 412, 01 414, 01 415 ... berechnungsfähig.* *Die GOP 01207 ist im Behandlungsfall nicht neben den GOP 01 205, 01 210 und 01 212 berechnungsfähig.*	80

▶ Text der Gebührenordnung (Auszug)

GOP	Leistungsbeschreibung	Punkte
01 210	**Notfallpauschale im organisierten Not(-fall)dienst** und Notfallpauschale für nicht an der vertragsärztlichen Versorgung teilnehmenden Ärzte, Institute und Krankenhäuser bei Inanspruchnahme – zwischen 7:00 und 19:00 (außer an Samstagen, Sonntagen, gesetzlichen Feiertagen und am 24.12. und 31.12.) *Obligater Leistungsinhalt* – Persönlicher Arzt-Patienten-Kontakt im organisierten Not(-fall)dienst und für nicht an der vertragsärztlichen Versorgung teilnehmende Ärzte, Institute und Krankenhäuser *Fakultativer Leistungsinhalt* – in Anhang 1, Spalte GP, aufgeführte Leistungen, – Funktioneller Ganzkörperstatus (27 310) einmal im Behandlungsfall *Neben der GOP 01 210 ist für die Berechnung der jeweiligen arztgruppenspezifischen Versicherten-, Grund- oder Konsiliarpauschale in demselben Behandlungsfall mindestens ein weiterer persönlicher Arzt-Patienten-Kontakt außerhalb des organisierten ärztlichen Not(-fall)dienstes notwendig.* *Die GOP 01 210 ist nicht neben den GOP 01 100 bis 01 102, 01 212, 01 214, 01 216, 01 218, 01 411, 01 412, 01 414 (Visite), 01 415 ... berechnungsfähig.* *Die GOP 01 210 ist im Behandlungsfall nicht neben den GOP 01 205, 01 207, 01 212 berechnungsfähig.*	120
01 212	**Notfallpauschale im organisierten Not(-fall)dienst** und Notfallpauschale für nicht an der vertragsärztlichen Versorgung teilnehmende Ärzte, Institute und Krankenhäuser bei Inanspruchnahme – zwischen 19:00 – 07:00 Uhr des Folgetages – ganztägig an Samstagen, Sonntagen, gesetzlichen Feiertagen und am 24.12. und 31.12. *Obligater Leistungsinhalt* – Persönlicher Arzt-Patienten-Kontakt im organisierten Not(-fall)dienst und für nicht an der vertragsärztlichen Versorgungteilnehmenden Ärzte, Institute und Krankenhäuser *Fakultativer Leistungsinhalt* – in Anhang 1, Spalte GP, aufgeführte Leistungen, – Funktioneller Ganzkörperstatus (27310) einmal im Behandlungsfall *Neben der GOP 01212 ist für die Berechnung der jeweiligen arztgruppenspezifischen Versicherten-, Grund- oder Konsiliarpauschale in demselben Behandlungsfall mindestens ein weiterer persönlicher Arzt-Patienten-Kontakt außerhalb des organisierten ärztlichen Not(-fall)dienstes notwendig.* *Die GOP 01 212 ist nicht neben den GOP 01 100 bis 01 102, 01 210, 01 214, 01 216, 01 218, 01 411, 01 412, 01 414, 01 415, ... berechnungsfähig.* *Die GOP 01 212 ist im Behandlungsfall nicht neben den GOP 01 205, 01 207, 01 210 berechnungsfähig.*	195

Lernfeld 5 Seite 14

▶ Text der Gebührenordnung (Auszug)

GOP	Leistungsbeschreibung	Punkte
01 214	**Notfallkonsultationspauschale I im organisierten Not(-fall)dienst** und für nicht an der vertragsärztlichen Versorgung teilnehmenden Ärzte, Institute und Krankenhäuser *Obligater Leistungsinhalt* – Weiterer persönlicher oder anderer Arzt-Patienten-Kontakt gemäß 4.3.1 der Allgemeinen Bestimmungen im organisierten Not(-fall)dienst oder für nicht an der vertragsärztlichen Versorgung teilnehmende Ärzte, Institute und Krankenhäuser bei Inanspruchnahme außerhalb der in den GOP 01 216 und 01 218 angegebenen Zeiten, *Fakultativer Leistungsinhalt* – in Anhang 1, Spalte GP, aufgeführte Leistungen, – Funktioneller Ganzkörperstatus (27310) je Arzt-Patienten-Kontakt *Die GOP 01 214 ist nicht neben den GOP 01 100 bis 01 102, 01 205, 01 207, 01 210, 01 212, 01 216, 01 218, 01 411, 01 412, 01 414, 01 415 ... berechnungsfähig.*	50
01 216	**Notfallkonsultationspauschale II im organisierten Not(-fall)dienst** und für nicht an der vertragsärztlichen Versorgung teilnehmenden Ärzte, Institute und Krankenhäuser bei Inanspruchnahme – zwischen 19:00 und 22:00 Uhr – an Samstagen, Sonntagen und gesetzlichen Feiertagen, am 24.12. und 31.12. zwischen 07:00 und 19:00 Uhr. *Obligater Leistungsinhalt* – Weiterer persönlicher oder anderer Arzt-Patienten-Kontakt gemäß 4.3.1 der Allgemeinen Bestimmungen im organisierten Not(-fall)dienst oder für nicht an der vertragsärztlichen Versorgung teilnehmende Ärzte, Institute und Krankenhäuser *Fakultativer Leistungsinhalt* – in Anhang 1, Spalte GP, aufgeführte Leistungen, – Funktioneller Ganzkörperstatus (27310) je Arzt-Patienten-Kontakt *Die GOP 01 216 ist nicht neben den GOP 01 100 bis 01 102, 01 205, 01 207, 01 210, 01 212, 01 214, 01 218, 01 411, 01 412, 01 414, 01 415 ... berechnungsfähig.*	140
01 218	**Notfallkonsultationspauschale III im organisierten Not(-fall)dienst** und für nicht an der vertragsärztlichen Versorgung teilnehmenden Ärzte, Institute und Krankenhäuser bei Inanspruchnahme – zwischen 22:00 und 07:00 Uhr – an Samstagen, Sonntagen und gesetzlichen Feiertagen, am 24.12. und 31.12. zwischen 19:00 und 07:00 Uhr. *Obligater Leistungsinhalt* – Weiterer persönlicher oder anderer Arzt-Patienten-Kontakt gemäß 4.3.1 der Allgemeinen Bestimmungen im organisierten Not(-fall)dienst oder für nicht an der vertragsärztlichen Versorgung teilnehmende Ärzte, Institute und Krankenhäuser, *Fakultativer Leistungsinhalt* – in Anhang 1, Spalte GP, aufgeführte Leistungen, – Funktioneller Ganzkörperstatus (27310) je Arzt-Patienten-Kontakt *Die GOP Nr. 01 218 ist nicht neben den GOP 01 100 bis 01 102, 01 205, 01 207, 01 210, 01 212, 01 214, 01 216, 01 411, 01 412, 01 414, 01 415 ... berechnungsfähig.*	170

▶ Text der Gebührenordnung (Auszug)

GOP	Leistungsbeschreibung	Punkte
01 220	**Reanimationskomplex** *Obligater Leistungsinhalt* – Künstliche Beatmung und/oder extrathorakale Herzmassage *Fakultativer Leistungsinhalt* – Leistungen nach den Nrn. 02 100, 02 320, 02 323, 02 330, 02 331, 02 340, 02 341 – Ausspülung des Magens	1027
01 221	**Zuschlag Beatmung** zu der GOP 01 220 *Obligater Leistungsinhalt* – Koniotomie und/oder – Endotracheale Intubation(en)	203
01 222	**Zuschlag Defibrillation** zu der GOP 01 220 *Obligater Leistungsinhalt* – Elektrodefibrillation(en) und/oder – Elektrostimulation(en) des Herzens	288
01 223	**Zuschlag zur Notfallpauschale 01 210 (bei schwerwiegender Behandlungsdiagnose)** einmal im Behandlungsfall *Die Abrechnung der GOP 01 223 setzt die Kodierung nach ICD-10-GM unter Angabe des Zusatzkennzeichens für die Diagnosesicherheit voraus.*	128
01 224	**Zuschlag zur Notfallpauschale 01 212 (bei schwerwiegender Behandlungsdiagnose)** einmal im Behandlungsfall *Die Abrechnung der GOP 01 224 setzt die Kodierung nach ICD-10-GM unter Angabe des Zusatzkennzeichens für die Diagnosesicherheit voraus.* *Die GOP 01 224 ist im Behandlungsfall nicht neben der GOP 01 226 berechnungsfähig.*	195
01 226	**Zuschlag zur Notfallpauschale 01 212 (bei schwieriger Kommunikation oder geriatrischen Patienten)** einmal im Behandlungsfall *Die Abrechnung der GOP 01 224 setzt die Kodierung nach ICD-10-GM unter Angabe des Zusatzkennzeichens für die Diagnosesicherheit voraus.* *Die GOP 01 226 ist im Behandlungsfall nicht neben der GOP 01 224 berechnungsfähig.*	90

▶ Erläuterungen

1.	Im organisierten Not(-fall)dienst ist grundsätzlich jeder **Arzt-Patienten-Kontakt abrechnungsfähig.**
2.	Bei der ersten Inanspruchnahme im Notfall oder im organisierten Not(fall-)dienst ist die GOP 01 205, 01 207, 01 210 oder 01 212 entsprechend der in der Leistungslegende vorgegebenen Zeiten im Behandlungsfall zu berechnen.
3.	**Weitere persönliche oder andere, mittelbare Arzt-Patienten-Kontakte,** wie beispielsweise Telefonkontakte zwischen Arzt und Patienten, können im organsierten Not(-fall)dienst über eine **Notfallkonsultationspauschale** abgerechnet werden. Zur Auswahl stehen, abhängig von der Uhrzeit der Inanspruchnahme, die **GOP 01 214, 01 216 und 01 218.**
4.	Die Berechnung der GOP 01 205, 01 207, 01 210, 01 212, 01 214, 01 216, 01 218 setzt die **Angabe der Uhrzeit** der Inanspruchnahme voraus.
5.	Bei Patienten, die **keiner** sofortigen Maßnahme bedürfen, wird die **GOP 01 205 oder 01 207** berechnet, bei Patienten mit **sofortiger Behandlungsnotwendigkeit** die **GOP 01 210 oder 01 212.**
6.	Es darf **im Behandlungsfall nur eine der Notfallpauschalen** GOP 01 205, 01 207, 01 210 oder 01 212 abgerechnet werden.

5.1.3 Kap. 1.4 Besuche und Visiten (GOP 01 410 – 01 416)

Das Selbstverständnis eines Notfalls bedingt schon, dass der Patient bzw. Unfallverletzte nicht in der Lage ist, einen Arzt in der Praxis aufzusuchen, sondern dass der Arzt sich zu dem Notfallpatienten begeben muss, und zwar zu jeder Uhrzeit und sofort. Abrechnungstechnisch ist der Arzt damit berechtigt, neben den ärztlichen Notfallleistungen auch einen **Besuch** abzurechnen.

Unter einem **(„Kranken-") Besuch** versteht man eine persönliche ärztliche Leistung, zu der sich der Vertragsarzt auf Anforderung des Erkrankten, aber auch auf Veranlassung einer anderen Person, von seiner Praxis oder seiner Wohnung zum Aufenthaltsort des Kranken begibt. Ein Besuch liegt somit auch vor, wenn der Arzt seinen Patienten z.B. in einem Altenheim aufsucht oder sich zur Notversorgung eines Unfallverletzten auf die Straße begibt.

Im Bundesmantelvertrag mit den gesetzlichen Krankenkassen ist vereinbart, dass ein Patient nur dann einen Anspruch auf eine Hausbesuchsbehandlung hat, wenn ihm das Aufsuchen der Vertragsarztpraxis nicht möglich ist;
Gründe hierfür können sein, dass

- er **bettlägerig** erkrankt ist,
- er **gehunfähig** ist,
- **Ansteckungsgefahr** besteht.

Lernfeld 5 Seite 17

Da der Arzt bei Besuchen und Visiten den Patienten aufsucht und dabei bestimmte Wegstrecken zurücklegen muss, können neben den Vergütungen für die Besuchs- und Visitenleistungen Wegepauschalen/Wegegelder (Abkürzung im Buch: WP) berechnet werden.

▶ Text der Gebührenordnung (Auszug)

GOP	Leistungsbeschreibung	Punkte
01 410	**Besuch eines Kranken**, wegen der Erkrankung ausgeführt *Die GOP 01 410 ist nicht neben den GOP 01 100 bis 01 102, 01 411 bis 01 415, 01 418, 01 721 und 05 230[1] berechnungsfähig.* [1] 01 721 Besuch im Rahmen einer Kinderfrüherkennungsuntersuchung ... 05 230 Aufsuchen eines Kranken in der Praxis eines anderen Arztes oder Zahnarztes zur Durchführung ... von Anästhesien/Narkosen	212
01 411	**Dringender Besuch I**, wegen der Erkrankung, unverzüglich nach Bestellung ausgeführt – zwischen 19.00 und 22.00 Uhr, oder an Samstagen, Sonntagen und gesetzlichen Feiertagen, am 24.12. und 31.12. zwischen 7.00 und 19.00 Uhr *Die GOP Nr. 01 411 ist nicht neben den GOP 01 100 bis 01 102, 01 205, 01 207, 01 210, 01 212, 01 214, 01 216, 01 218, 01 410, 01 412 bis 01 415, 01 418, 01 721 und 05 230 berechnungsfähig.*	469

▶ Text der Gebührenordnung (Auszug)

GOP	Leistungsbeschreibung	Punkte
01 412	**Dringender Besuch II/dringende Visite auf der Belegstation**, wegen der Erkrankung, unverzüglich nach Bestellung ausgeführt – Dringender Besuch zwischen 22.00 und 7.00 Uhr oder – Dringender Besuch an Samstagen, Sonntagen und gesetzlichen Feiertagen, am 24.12. und 31.12. zwischen 19.00 und 7.00 Uhr oder – Dringender Besuch bei Unterbrechen der Sprechstundentätigkeit mit Verlassen der Praxisräume oder – Dringende Visite auf der Belegstation bei Unterbrechen der Sprechstundentätigkeit mit Verlassen der Praxisräume *Die GOP 01412 ist für Besuche im Rahmen des organisierten Not(-fall)dienstes bzw. für Besuche im Rahmen der Notfallversorgung durch nicht an der vertragsärztlichen Versorgung teilnehmenden Ärzte, Institute und Krankenhäuser nicht berechnungsfähig.* *Die GOP Nr. 01412 ist nicht neben den GOP 01 100 bis 01 102, 01 205, 01 207, 01 210, 01 212, 01 214, 01 216, 01 218, 01 410, 01 411, 01 413 bis 01 415, 01 418, 01 721 und 05 230 berechnungsfähig.*	626
01 413	**Besuch eines weiteren Kranken** derselben sozialen Gemeinschaft (z.B. Familie) und/oder in beschützten Wohnheimen bzw. Einrichtungen bzw. Pflege- oder Altenheime mit Pflegepersonal *Obligater Leistungsinhalt* – Besuch eines weiteren Kranken ... in unmittelbarem zeitlichen Zusammenhang mit einem Besuch nach den GOP 01 410, 01 411, 01 412, 01 415 oder 01 418 *Die GOP 01 413 ist nur dann neben der GOP 01 102 berechnungsfähig, wenn die Inanspruchnahme nach der Nr. 01 413 in beschützenden Wohnheimen bzw. Einrichtungen bzw. Pflege- oder Altenheimen mit Pflegepersonal auf besondere Anforderung erfolgt.* *Die GOP 01 413 ist nicht neben den GOP 01 100, 01 101, 01 410 bis 01 412, 01 414, 01 415, 01 418, 01 721 und 05 230 berechnungsfähig.*	106
01 415	Dringender Besuch in **beschützten Wohnheimen** bzw. Einrichtungen bzw. Pflege- oder Altenheimen mit Pflegepersonal wegen der Erkrankung noch am Tag der Bestellung ausgeführt *Die GOP 01 415 ist im Rahmen des org. Not(-fall)dienstes nicht berechnungsfähig.* *Die GOP 01 415 ist nicht neben den GOP 01 100 bis 01 102, 01 205, 01 207, 01 210, 01 212, 01 214, 01 216, 01 218, 01 410 bis 01 414, 01 418, 01 721 und 05 230 berechnungsfähig.*	546
01 418	**Besuch im organisierten Not(-fall)dienst** *Die Gebührenordnungsposition 01 418 ist nicht neben den Gebührenordnungspositionen 01 100 bis 01 102, 01 410 bis 01 415, 01 721, 01 949, 01 950, 01 955 und 05 230 berechnungsfähig.* **Hinweis:** Die Berechnung der GOP 01 418 setzt die Angabe der Uhrzeit der Inanspruchnahme voraus.	778

Lernfeld 5
Seite 18

▶ Übersicht zu Besuchen

Zeit	Besuch (vom Arzt geplanter Routinebesuch)	dringender Besuch (vom Patienten dringend bestellter und unverzüglich ausgeführter Besuch)	Mitbesuch (je Pat. zusätzl. zu GOP 01 410 bis 01 412)
Tag (7 h – 19 h)	01 410	01 412 (bei Unterbrechung der Sprechstunde)	01 413
Abend (19 h – 22 h)	01 410	01 411	01 413
Nacht (22 h – 7 h)	01 410	01 412	01 413
Sams-, Sonn- und Feiertag, am 24. und 31.12. (7 h – 19 h)	01 410	01 411	01 413
Sams-, Sonn- und Feiertag, am 24. und 31.12. (19 h – 7 h)	01 410	01 412	01 413
im organisierten Not(-fall)dienst	01 418	01 418	01 413
In beschützten Wohnheimen bzw. Einrichtungen …	01 410 (1. Patient)	01 415 (am Tag der Bestellung ausgeführt, 1. Patient)	01 413 (je weiterem Pat.)

Für jeden Besuch nach den GOP 01 410 bis 01 412 und nach den GOP 01 414, 01 415, 01 418 ist zusätzlich eine **Wegepauschale**/ein **Wegegeld** (im Schulungsbuch = WP) berechnungsfähig.
Für den Besuch eines **weiteren Kranken nach Nr. 01 413** kann **keine** Wegepauschale/**kein** Wegegeld abgerechnet werden.

Lernfeld 5 Seite 19

▶ Beispiel:

Ein Hausarzt besucht am ersten Mittwochnachmittag im neuen Quartal die Wohnanlage mit Wohnheim, Pflegeheim und Altenheim:

Wohnheim *einzelne abgeschlossene Wohneinheiten (z. B. mit eigener Klingel und eigenem Briefkasten); keine Pflicht zur Teilnahme an einer Gemeinschaftsverpflegung*

Pflegeheim *keine abgeschlossene Wohneinheiten, z. T. Mehrbettzimmer; Gemeinschaftsverpflegung; Patienten sind bettlägerig*

Altenheim *keine abgeschlossenen Wohneinheiten, z. T. Mehrbettzimmer; Gemeinschaftsverpflegung; Patienten sind aber grundsätzlich nicht bettlägerig*

Gebäude	Patient	Kassenzugehörigkeit	erbrachte Leistung	Abrechnung von 1. Besuch [1]	Abrechnung von weitere Besuche im Behandlungsfall [2]
Wohnheim *Appartment A*	*A. Arens*	*AOK*	*Besuch*	*01 410, WP, 03 000*	*01 410, WP*
Appartment B	*B. Brusius*	*DAK*	*Besuch*	*01 410, WP, 03 000*	*01 410, WP*
	C. Brusius	*DAK*	*Besuch*	*01 413, 03 000*	*01 413*
Pflegeheim	*I. Issel*	*AOK*	*Besuch*	*01 410, WP, 03 000*	*01 410, WP*
	J. Jost	*BARMER*	*Besuch,*	*01 413, 03 000*	*01 413*
	M. Meier	*BKK*	*Besuch,*	*01 413, 03 000*	*01 413*
Altenheim	*D. Dorn*	*BKK*	*Besuch*	*01 410, WP, 03 000*	*01 410, WP*
	E. Ewig	*BARMER*	*Besuch*	*01 413, 03 000*	*01 413*

1) neben anderen berechnungsfähigen Leistungen; WP = Wegepauschale/Wegegeld

2) bei gleicher Abfolge der Patienten

Eine **Visite** findet statt, wenn

- ein Vertragsarzt als **Belegarzt** in der **Klinik**,

seine Patienten routinemäßig, d.h. in organisatorisch festgelegten regelmäßigen Zeitabständen, aufsucht oder außerplanmäßig als dringende Visite.

▶ Text der Gebührenordnung (Auszug)

GOP	Leistungsbeschreibung	Punkte
01 414	**Visite auf der Belegstation** je Patient *Die GOP 01 414 ist nicht neben den GOP 01 205, 01 207, 01 210, 01 212, 01 214, 01 216, 01 218, 01 410 bis 01 413, 01 415, 01 418 und 01 721 berechnungsfähig.*	87
01 416	**Begleitung eines Kranken durch den behandelnden Arzt beim Transport** zur unmittelbar notwendigen stationären Behandlung, je vollendete 10 Minuten *Die GOP 01 416 ist nicht neben der GOP Nr. 01 440 berechnungsfähig.*	90

▶ Erläuterungen

1. **Neben einer Besuchsleistung** sind **weitere erbrachte Leistungen** berechnungsfähig.

2. Der **dringende Besuch nach den GOP 01 411 und 01 412** darf nur dann abgerechnet werden, wenn der Arzt aus **medizinischen Gründen** den Patienten **unverzüglich nach der Bestellung** aufsucht.

3. Nach der Präambel zu diesem EBM-Abschnitt kann **nur ein Besuch am Tag bei demselben Patienten** abgerechnet werden; ansonsten ist eine Begründung erforderlich.

4. In Zusammenhang mit **Besuchen** ist bei der ärztlichen Behandlung **einer zweiten Person** der Besuch nach **EBM-GOP 01 413** zu berechnen, wenn dieser zur Familie der ersten besuchten Person und damit zu derselben **„sozialen Gemeinschaft"** gehört.

Derselben sozialen Gemeinschaft gehören auch an:

- Personen, die in **einer Wohnung** zusammen leben, einschl. **Gäste**,
- Bewohner von Alten-, Kinder-, Ausländerheimen oder vergleichbaren Einrichtungen in gemeinsamer Nutzung.

Keine soziale Gemeinschaft besteht, wenn

- die Bewohner z.B. eines Wohnheims in **abgeschlossenen Wohneinheiten** mit eigenem Herd, Türklingel und Briefkasten leben und sich zumindest **teilweise selbst versorgen**;
- Einzelne Mitglieder einer sozialen Gemeinschaft **außerhalb ihrer Wohnung** behandelt werden müssen, z.B. bei einem Unfall.

5. **Alle Besuche im organisierten Not(-fall)dienst** werden unabhängig von der Uhrzeit mit der **GOP 01 418** abgerechnet. Die Angabe der Uhrzeit der Inanspruchnahme ist zwingend erforderlich.

▶ Erläuterungen

6. Neben der GOP 01 416 für die **Begleitung eines Patienten z.B. im Krankenwagen** zur unmittelbar notwendigen stationären Behandlung kann der Arzt eine **EBM-GOP (z.B. 01 410)** für einen im Zusammenhang stehenden **Besuch** abrechnen.

Nicht abrechnungsfähig mit GOP 01 410 ist der **vom Arzt im eigenen Wagen** durchgeführte Transport des Patienten in ein Krankenhaus (nur Wegegeld).

7. **Keine ärztlichen Besuchsleistungen** sind, wenn:

- der Vertragsarzt gerade „rein zufällig" in der Nähe der Patientenwohnung war und sich einmal nach dem Befinden erkundigen wollte;
- der Vertragsarzt den Patienten „lange nicht mehr gesehen" hat und ihn deshalb zu Hause aufsucht;
- der Vertragsarzt nach der Behandlung des besuchsbedürftigen Patienten ein Familienmitglied, das durchaus die Praxis hätte aufsuchen können, ärztlich berät oder untersucht;
- der Arzt zur Ausstellung eines Totenscheins zu einem Verstorbenen gerufen wird, es sei denn, der Betroffene war bei Anforderung des Besuchs noch nicht (sicher) tot;
- der Vertragsarzt auf dem Land regelmäßig einzelne Dörfer oder Höfe abfährt und dort alle Kranken besucht, ohne dass die Besuche bestellt oder verabredet waren;
- der Vertragsarzt eine ausgebildete MFA zu einem Kranken schickt, um z.B. einen Verband oder einen Katheter zu wechseln.

Eine **Wegepauschale**/ein **Wegegeld** erhält der Vertragsarzt neben dem Honorar für den Besuch oder die Visite als Kostenerstattung für den materiellen Aufwand (z.B. Autokosten).

Diese Kostenerstattungen werden von der Kassenärztlichen Vereinigung mit den Kostenträgern vereinbart. Eine für das gesamte Bundesgebiet geltende Regelung im einheitlichen Bewertungsmaßstab (EBM) konnte bis heute nicht gefunden werden.

Für die Praxisabrechnung von Wegepauschale/Wegegeld ist deshalb die jeweils geltende Regelung der zuständigen Kassenärztlichen Vereinigung anzuwenden!

Im Bereich der KV Nordrhein gilt:

▶ **Wegepauschale:** bis 2 km Entfernung zur Praxis

- 7–19 Uhr: keine Eintragung erforderlich, Wegepauschale wird neben GOP 01 410, 01 411, 01 412, 01 414, 01 415 und 01 418 automatisch zugesetzt
- 19–7 Uhr: Ergänzung des Buchstabens „N" neben GOP 01 410, 01 411, 01 412, 01 414, 01 415 und 01 418

▶ **Wegegeld:** über 2 km Entfernung zur Praxis

- Angabe der einfachen Entfernung in Doppelkilometer (dkm)
- 19–7 Uhr: zusätzl. Ergänzung des Buchstabens „N" zur Besuchs-GOP

▶ Beispiele:

16.07. (Mi.)	*Der Belegarzt sucht am Nachmittag routinemäßig um 15.00 Uhr vier Patienten auf seiner Belegstation im Krankenhaus auf.* ***Abrechnung nach EBM: GOP 01 414 (4 x), WP (1 x)***
22.07. (Di.)	*Der Ehemann von Agnes Außersich ruft dienstags um 10.00 Uhr in der Praxis an und bittet um einen sofortigen Besuch des Arztes, da seine Frau anhaltend erbreche und der Puls nicht mehr zu fühlen sei. Der Arzt verlässt sofort die Praxis, bittet seine Patienten, zu warten oder sich einen neuen Termin geben zu lassen, und begibt sich zu Agnes Außersich.* *Nach der Behandlung von Agnes Außersich bittet der Ehemann, 42 Jahre, um eine Untersuchung, damit er den Weg zur Praxis gespart habe.* ***Abrechnung nach EBM: Agnes A.: GOP 01 412, WP, 03 000 (wenn 1. A-P-K im Quartal)*** ***Ehemann: GOP 03 000 (wenn 1. A-P-K im Quartal), keine Besuchsleistung berechnungsfähig***
23.07. (Mi.)	*Der Hausarzt betreut wöchentlich regelmäßig mittwochnachmittags mehrere alte Menschen, die wegen ihrer Erkrankungen seine Praxis nicht mehr aufsuchen können:* *Zunächst besucht er in einem Altenheim mit Pflegepersonal (4,8 km) Klaus Kehrmann, Ludger Leinemann und Martina Mehrmann. Anschließend fährt er zu Nora und Adam Nordermann, die in einem Appartment (2,8 km) für betreutes Wohnen leben.* *Zum Schluss sucht er Ortrut Orthmann auf, die sich noch in ihrer Mietwohnung (5,1 km) mit Hilfe von Pflegediensten selbst versorgen kann.* ***Abrechnung nach EBM: K. Kehrmann: GOP 01 410, WP*** ***L. Leinemann: GOP 01 413*** ***M. Mehrmann GOP 01 413*** ***N. Nordermann: GOP 01 410, WP*** ***A. Nordermann: GOP 01 413*** ***O. Orthmann: GOP 01 410, WP***
25.07. (Fr.)	*Der Hausarzt begleitet um 11 Uhr Dagmar Drost, 61 Jahre, wegen des Verdachts auf Herzinfarkt auf der Krankenwagenfahrt (18 km, 23 Min.) von der Praxis zur stationären Aufnahme, um bei möglichen Komplikationen direkt helfend eingreifen zu können. Von der Klinik fährt er dann mit dem Taxi zur Praxis zurück und versorgt die dort wartenden Patienten.* ***Abrechnung nach EBM: GOP 01 416, 01 416 + Taxikosten (Quittung beifügen!), 03 000 (wenn 1. A-P-K im Quartal)***

5.1.4 Kap. 1.4 Verwaltungskomplex, Bereitschaftspauschale, Konsultationspauschale, Videosprechstunde

Kommt es im Behandlungsfall zu **keinem persönlichen** Arzt-Patienten-Kontakt, kann keine Grund- bzw. Versichertenpauschale berechnet werden. Dennoch kann der Patient Leistungen der Praxis in Anspruch nehmen, z. B. wenn er sich nur eine **Überweisung** abholt, ein **telefonisches Beratungsgespräch** mit dem Arzt führt oder an einer **Online-Videosprechstunde** teilnimmt. Bei Leistungen aufgrund einer Überweisung nach Muster 6 ist unter Umständen ebenfalls die Abrechnung einer Grund- oder Versichertenpauschale nicht möglich. Stattdessen wird eine Konsultationspauschale neben den erbrachten Leistungen abgerechnet.

▶ Text der Gebührenordnung (Auszug)

GOP	Leistungsbeschreibung	Punkte
01 430	**Verwaltungskomplex** *Obligater Leistungsinhalt* – Ausstellung von Wiederholungsrezepten ohne A-P-K und/oder – Ausstellung von Überweisungsscheinen ohne A-P-K und/oder – Übermittlung von Befunden oder ärztlichen Anordnungen an den Patienten im Auftrag des Arztes durch das Praxispersonal *Fakultativer Leistungsinhalt* – Übermittlung mittels technischer Kommunikationseinrichtungen *Die GOP 01 430 ist im Arztfall nicht neben anderen GOP und nicht mehrfach an demselben Tag berechnungsfähig.* *Kommt in demselben Arztfall eine Versicherten-, Grund- und/oder Konsiliarpauschale zur Abrechnung, ist die GOP 01 430 nicht berechnungsfähig.*	12
01 435	**Haus-/Fachärztliche Bereitschaftspauschale** *Obligater Leistungsinhalt* – Telefonische Beratung des Patienten im Zusammenhang mit einer Erkrankung durch den Arzt bei Kontaktaufnahme durch den Patienten und/oder – Anderer mittelbarer Arzt-Patienten-Kontakt gemäß 4.3.1 der Allgemeinen Bestimmungen einmal im Behandlungsfall *Die GOP 01 435 ist im organisierten Not(-fall)dienst nicht berechnungsfähig.* *Kommt in demselben Arztfall eine Versicherten-, Grund- und/oder Konsiliarpauschale zur Abrechnung, ist die GOP 01 435 nicht berechnungsfähig.* *Die GOP 01 435 ist im Behandlungsfall nicht neben GOP 01 438 und 01 439 berechnungsfähig.* *Die GOP 01 435 ist nicht neben anderen GOP berechnungsfähig.* *Die GOP 01 435 ist bei Neugeborenen, Säuglingen, Kleinkindern und Kindern bis zum vollendeten 12. Lebensjahr zweimal im Behandlungsfall berechnungsfähig.*	88
01 436	**Konsultationspauschale** *Obligater Leistungsinhalt* – Persönlicher Arzt-Patienten-Kontakt, – Diagnostik und/oder Behandlung einer/von Erkrankung(en) eines Patienten im Rahmen einer Überweisung zur Durchführung von Auftragsleistungen und/oder – Diagnostik einer/von Erkrankungen eines Patienten im Rahmen einer Überweisung zur Konsiliaruntersuchung, Mitbehandlung oder Weiterbehandlung (im Zusammenhang mit ambulanten Operationen) *Die GOP 01 436 kann nicht neben Versicherten-, Grund- und/oder Konsiliarpauschalen berechnet werden.* *Neben der GOP 01 436 ist für die Berechnung der jeweiligen arztgruppenspezifischen Versicherten-, Grund- und/oder Konsiliarpauschale in demselben Behandlungsfall mindestens ein weiterer persönlicher Arzt-Patienten-Kontakt notwendig.* *Die GOP 01 436 ist nicht neben den GOP 03 000, 03 030, 04 000, 04 030 und 30 700 berechnungsfähig.*	18

Lernfeld 5 Seite 23

▶ Text der Gebührenordnung (Auszug)

GOP	Leistungsbeschreibung	Punkte
01 439	**Betreuung eines Patienten im Rahmen einer Videosprechstunde** *Obligater Leistungsinhalt* – Arzt-Patienten-Kontakt im Rahmen einer Videosprechstunde gemäß Anlage 31b zum BMV-Ä bei Kontaktaufnahme durch den Patienten – Überprüfung des Vorliegens einer schriftlichen Einwilligung des Patienten in die Datenerhebung, -verarbeitung und -nutzung, *Fakultativer Leistungsinhalt* – Dokumentation, – Erneute Einbestellung des Patienten, einmal im Behandlungsfall *Die GOP 01 439 ist nur berechnungsfähig, wenn in einem der beiden Quartale, die der Berechnung unmittelbar vorausgehen, ein persönlicher Arzt-Patienten- Kontakt in derselben Arztpraxis stattgefunden hat.* *Die GOP 01 439 ist im organisierten Not(-fall)dienst nicht berechnungsfähig. Kommt in demselben Arztfall eine Versicherten-, Grund- und/oder Konsiliarpauschale zur Abrechnung, ist die GOP 01 439 nicht berechnungsfähig.* *Die GOP 01 439 ist – mit Ausnahme der GOP 01 450 – nicht neben anderen GOP berechnungsfähig.* *Die GOP 01 436 ist am Behandlungstag nicht neben der GOP 01 438 und im Behandlungsfall nicht neben der GOP 01 435 berechnungsfähig.*	88
01 450	**Zuschlag** im Zusammenhang mit den Versichertenpauschalen nach den Gebühren ordnungspositionen 03 000 und 04 000, zu den Grundpauschalen der Kapitel 5, 6, 7, 8, 9, 10, 13, 15, 16, 18, 20, 21, 26 und 27, zu den Konsiliarpauschalen des Kapitels 25 und zu den Gebührenordnungspositionen 01 439, 30 700, 37 120 und 37 320 für die **Betreuung eines Patienten im Rahmen einer Videosprechstunde** *(Obligater und fakultativer Leistungsinhalt wie GOP 01 439)* *Die GOP 01 450 ist nicht neben GOP aus dem Kapitel 35 (Psychotherapie) berechnungsfähig.*	40

▶ Erläuterungen

1.	Der **Verwaltungskomplex nach GOP 01 430** wird für das Ausstellen von Wiederholungsrezepten und Überweisungen ohne Arzt-Patienten-Kontakt abgerechnet.
	Die **GOP 01 430** darf auch **mehrfach im Quartal** abgerechnet werden, aber nur • wenn **kein persönlicher Arzt-Patienten-Kontakt** im Quartal stattfindet und • wenn **keine anderen GOP** im Quartal abgerechnet werden.
2.	Die **Bereitschaftspauschale nach GOP 01 435** wird für den **mittelbaren Arzt-Patienten-Kontakt** abgerechnet, z.B. wenn ein Patient den Arzt anruft und sich beraten lässt. Die **GOP 01 435** darf nur **einmal im Quartal** abgerechnet werden, bei Kindern unter 12 Jahren zweimal im Quartal. **Neben der GOP 01 435** dürfen **keine anderen GOP** abgerechnet werden.
3.	**Online-Videosprechstunden** dürfen nur abgehalten werden, wenn der Arzt bei der zuständigen KV nachweisen kann, dass er über die **technischen Voraussetzungen** verfügt. Alle Inhalte der Sprechstunde müssen **verschlüsselt** sind und dürfen nicht eingesehen werden können. Der Patient muss vor der Videosprechstunde in die **Datenerhebung, -nutzung und -verarbeitung einwilligen.**
4.	Die **GOP 01 439** wird für den mittelbaren Arzt-Patienten-Kontakt im Rahmen einer **Videosprechstunde** abgerechnet. Sie wird **einmal im Quartal** berechnet, aber nur • wenn **kein persönlicher Arzt-Patienten-Kontakt** im Quartal stattfindet. **Neben der GOP 01 439** dürfen außer der GOP 01 450 **keine anderen GOP** abgerechnet werden.
5.	Die **GOP 01 439** darf nur berechnet werden, wenn der Patient in einem der beiden vorangegangenen Quartalen mindestens einen persönlichen Arzt-Patienten-Kontakt hatte.
6.	Die **GOP 01 450** wird für die **technischen Voraussetzungen** gezahlt, z.B. für die Finanzierung der abhörsicheren Leitung. Sie darf bei **jedem Arzt-Patienten-Kontakt** im Rahmen einer Videosprechstunde abgerechnet werden, unterliegt aber einer **Mengenbegrenzung.**

5.1.5 Kap. 38 Delegationsfähige Leistungen

Beauftragt der Arzt einen seiner nichtärztlichen Praxismitarbeiter mit einem Krankenbesuch, so kann er diesen abrechnen. Ebenso wie bei den ärztlichen Besuchen wird der Besuch eines **ersten Patienten einer sozialen Gemeinschaft** vom Mitbesuch weiterer Patienten derselben sozialen Gemeinschaft unterschieden.

Bestimmte Ärzte erhalten darüber hinaus neben der Besuchsleistung einen Zuschlag, wenn sie einen **qualifizierten nichtärztlichen Praxisassistenten (NäPa),** z.B. eine **EVA** (entlassende Versorgungsassistentin), mit einem Besuch beauftragen. Dabei wird zwischen einem Besuch im Pflegeheim bzw. in einer beschützender Einrichtung und einem Besuch in der Häuslichkeit des Patienten unterschieden.

Für **Hausärzte**, die eine EVA bzw. eine qualifizierte NäPa beschäftigen und von der KV eine Genehmigung zur Abrechnung der GOP 03 060 (Zuschlag für einen qualifizierten nichtärztlichen Praxisassistenten) haben, können hausarztspezifische Gebührenordnungspositionen für den Besuch abrechnen. (Siehe LF 4 Kapitel 4.1.2)

▶ Text der Gebührenordnung (Auszug)

GOP	Leistungsbeschreibung	Punkte
38 100	**GOP einschl. Wegekosten – entfernungsunabhängig – für das Aufsuchen eines Patienten durch einen vom behandelnden Arzt beauftragten angestellten Mitarbeiter der Arztpraxis zur Verrichtung medizinisch notwendiger delegierbarer Leistungen,** je Sitzung *Die GOP 38 100 ist im begründeten Einzelfall neben Besuchen nach den GOP 01 410 bis 01 413, 01 415 und 01 418 berechnungsfähig.* *Die GOP 38 100 ist nicht neben den GOP 03 062, 03 063 und 38 105 berechnungsfähig.*	76

Lernfeld 5
Seite 26

▶ Text der Gebührenordnung (Auszug)

GOP	Leistungsbeschreibung	Punkte
38 105	**Gebührenordnungsposition einschl. Wegekosten – entfernungsunabhängig – für das Aufsuchen eines weiteren Patienten derselben sozialen Gemeinschaft (auch z. B. Alten- oder Pflegeheim) in unmittelbarem zeitlichen Zusammenhang mit dem Aufsuchen eines Patienten nach der Gebührenordnungsposition 38 100,** je Sitzung *Die GOP 38 105 ist im begründeten Einzelfall neben Besuchen nach den GOP 01 410 bis 01413, 01 415 und 01 418 berechnungsfähig.* *Die GOP 38 105 ist nicht neben den GOP 03 062, 03 063 und 38 100 berechnungsfähig.*	39
38 200	**Zuschlag zu der Gebührenordnungsposition 38 100 für den Besuch und die Betreuung durch einen qualifizierten nichtärztlichen Praxisassistenten in Alten- oder Pflegeheimen oder anderen beschützenden Einrichtungen** *Obligater Leistungsinhalt* – Persönlicher nichtärztlicher Praxisassistent-Patienten-Kontakt, – Aufsuchen eines Patienten zum Zweck der Versorgung in • Alten- oder Pflegeheimen und/oder • anderen beschützenden Einrichtungen, – Dokumentation, *Fakultativer Leistungsinhalt* – Leistungen gemäß § 5 Abs. 1 der Anlage 8 zum BMV-Ä, – In Anhang 1 Spalte VP/GP aufgeführte Leistungen, je Sitzung *Die GOP 38 200 ist nicht neben den GOP 38 202 und 38 207 berechnungsfähig.*	90
38 202	**Zuschlag zu der Gebührenordnungsposition 38 100 für den Besuch und die Betreuung durch einen qualifizierten nichtärztlichen Praxisassistenten in der Häuslichkeit des Patienten** *Obligater Leistungsinhalt* – Persönlicher nichtärztlicher Praxisassistent-Patienten-Kontakt, – Aufsuchen eines Patienten zum Zweck der Versorgung in der Häuslichkeit – Dokumentation, *Fakultativer Leistungsinhalt* – Leistungen gemäß § 5 Abs. 1 der Anlage 8 zum BMV-Ä, – In Anhang 1 Spalte VP/GP aufgeführte Leistungen, je Sitzung *Die GOP 38 202 ist nicht neben den GOP 38 200 und 38 205 berechnungsfähig.*	90
38 205	**Zuschlag zu der Gebührenordnungsposition 38 105 für den Besuch und die Betreuung eines weiteren Patienten durch einen qualifizierten nichtärztlichen Praxisassistenten in Alten- oder Pflegeheimen oder anderen beschützenden Einrichtungen** *(obligater und fakultativer Leistungsinhalt wie GOP 38 200)* je Sitzung *Die GOP 38 205 ist nicht neben den GOP 38 202 und 38 207 berechnungsfähig.*	83
38 207	**Zuschlag zu der Gebührenordnungsposition 38105 für den Besuch und die Betreuung eines weiteren Patienten durch einen qualifizierten nichtärztlichen Praxisassistenten in der Häuslichkeit des Patienten** *(obligater und fakultativer Leistungsinhalt ähnlich wie GOP 38 202)* je Sitzung *Die GOP 38 202 ist nicht neben den GOP 38 200 und 38 205 berechnungsfähig.*	83

Erläuterungen

1. **Wegekosten** sind in allen GOPs für Besuche durch nichtärztliche Praxismitarbeiter **enthalten** und können nicht zusätzlich berechnet werden.
2. Besuche durch nichtärztliche Praxismitarbeiter dürfen nur abgerechnet werden, wenn der Patient **aus medizinischen Gründen die Praxis nicht aufsuchen kann.**
3. Der Praxismitarbeiter darf nur **Leistungen** erbringen, die **der Arzt ihm im Einzelfall** aufgetragen hat, und muss **spätestens am nächsten Werktag** über den Besuch **berichten** und alles dokumentieren.
4. Die GOP 38 202 und 38 207 dürfen von Hausärzten **nicht** abgerechnet werden!
5. **Abrechnung des Besuchs** durch **nichtärztliche Praxismitarbeiter** im **Überblick:**

	GOP Besuch	**GOP Mitbesuch**
Aufsuchen eines Patienten durch nichtärztlichen Praxismitarbeiter	38 100	38 105
Aufsuchen eines Patienten durch **qualifizierte NäPa im Pflegeheim/beschützender Einrichtung**	38 100 + 38 200	38 105 +3 8 205
Aufsuchen eines Patienten durch **qualifizierte** NäPa in der **Häuslichkeit** des Patienten (gilt nicht für Hausärzte!)	38 100 + 38 202	38 105 + 38 207
Nur für Hausärzte mit KV-Genehmigung: Aufsuchen eines Patienten durch **qualifizierte** NäPa	03 062 (+ 03 064)	03 063 (+ 03 065)

5.1.6 EBM-Abrechnung (Fall 4) (siehe Seite 10)

Fall 4 – Hausarzt:

12. Juli **(So.)**

20.15 h 01 418 (20.15 Uhr) Dringender Besuch im organisierten Not(-fall)dienst
WP Wegepauschale/Wegegeld
01 212 Notfallpauschale im organisierten Not(-fall)dienst
-------- Untersuchung in Notfallpauschale enthalten
-------- Injektion in Notfallpauschale enthalten - Medikament Sprechstundenbedarf
-------- Ausstellung Arzneiverordnungsblatt (Muster 16) in Notfallpauschale enthalten
-------- Ausstellung Notfall-/Vertretungsschein (Muster 19) in Notfallpauschale enthalten

23.30 h 01 418 (23.30 Uhr) Dringender Besuch im organisierten Not(-fall)dienst
WP Wegepauschale/Wegegeld
01 218 (23.30 Uhr) Notfallkonsultationspauschale III im organisierten Not(-fall)dienst
-------- Untersuchung in Notfallpauschale enthalten
-------- Ausstellung Verordnung von Krankenhausbehandlung (Muster 2) in Notfallpauschale enthalten
-------- Ausstellung Verordnung einer Krankenbeförderung (Muster 4) in Notfallpauschale enthalten

5.1.7 ✎Wie war das noch?

1. Zu welchen Tages- und Nachtzeiten und an welchen Tagen darf die GOP 01 100 für die unvorhergesehene Inanspruchnahme des Vertragsarztes abgerechnet werden?

➔ ....

➔ ....

....

2. Unter welchen Bedingungen darf die GOP 01 100 nicht abgerechnet werden, obwohl die Leistung zu einer der genannten Zeiten erbracht wurde?

➔ ....

➔ ....

➔ ....

3. Zu welcher Zeit der Inanspruchnahme des Vertragsarztes an Samstagen darf die GOP 01 102 abgerechnet werden?

➔ ....

4. Welche Bedingung muss erfüllt sein, damit ein Arzt neben einer Notfallpauschale auch noch die jeweilige arztgruppenspezifische Versicherten- oder Grundpauschale in demselben Behandlungsfall abrechnen kann?

➔ ....

5. Bei welchen Patienten wird im organisierten Not(fall-)dienst die Notfallfallpauschale nach GOP 01 205 bzw. 01 207, bei welchen die Notfallpauschale nach GOP 01 210 bzw. 01 212 abgerechnet?

➔ GOP 01 205/01 207 ....

....

➔ GOP 01 210/01 212 ....

....

6. Nennen Sie 4 Krankheiten, bei denen der Schweregradzuschlag nach GOP 01 223 bzw. 01 224 neben den GOP 01 210 bzw. 01 212 abgerechnet werden darf.

➔ ....

➔ ....

➔ ....

➔ ....

7. Nennen Sie 3 Patientengruppen, bei denen die GOP 01 226 neben der GOP 01 212 abgerechnet werden darf.

➔ ....

➔ ....

➔ ....

8. Unter welchen Bedingungen kann der Patient einen Hausbesuch anfordern?

➔ ....

....

9. Wie viele Besuche kann der Vertragsarzt an einem Tag bei demselben Patienten ohne besondere Begründung abrechnen?

➔ ....

10. Unter welcher Voraussetzung darf ein Besuch nach EBM-GOP 01 411 oder 01 412 zu den vorgegebenen Uhrzeiten abgerechnet werden?

➔ ....

....

11. Welche Tätigkeit eines Arztes wird als Visite bezeichnet?

➔ ....

....

12. Was versteht der EBM unter einer „sozialen Gemeinschaft"?

➔ ....

➔ ....

....

13. Was kann der Vertragsarzt nach EBM abrechnen, wenn er einen Patienten beim Transport von dessen Wohnung zur unmittelbar notwendigen stationären Behandlung begleitet?

➔ ....

14. Welche Regelung gilt im EBM für die Berechnung von Wegegeld/Wegepauschale beim Besuch eines weiteren Kranken nach GOP 01 413?

➔ ....

15. Wann ist der Verwaltungskomplex nach der EBM-GOP 01 430 abrechenbar?

➔ ....

➔ ....

16. Was muss bei der Abrechnung der Bereitschaftspauschale nach GOP 01 435 beachtet werden?

➔ ....

➔ ....

17. Welche Voraussetzungen muss ein Arzt erfüllen, um Online-Videosprechstunden anbieten zu dürfen?

➔ ....

➔ ....

18. Wofür wird im Rahmen einer Videosprechstunden die GOP 01 439, wofür die 01 450 abgerechnet? Geben Sie auch an, wie häufig die jeweilige GOP abgerechnet werden darf.

➔ GOP 01 439 ....

....

➔ GOP 01 450 ....

....

19. **Was muss bei der Abrechnung der Videosprechstunde nach GOP 01 439 beachtet werden?**

➔ ....

....

➔ ....

....

20. **In welchem EBM-Kapitel befinden sich die „delegationsfähigen Leistungen", in denen die GOP für Besuche durch nichtärztliche Praxismitarbeiter aufgeführt werden?**

➔ ....

21. **Welche GOP dürfen für das Aufsuchen eines Patienten durch eine MFA abgerechnet werden?**
a) Besuch durch eine nicht qualifizierte MFA
b) Hausbesuch durch eine qualifizierte NäPa, die bei einem Facharzt tätig ist
c) Besuch im Pflegeheim durch eine qualifizierte NäPa
d) Besuch durch qualifizierte NäPa eines Hausarztes mit Genehmigung zur Abrechnung der GOP 03060

➔ a) ....

➔ b) ....

➔ c) ....

➔ d) ....

22. **Welche GOP dürfen für den Mitbesuch eines Patienten durch eine MFA abgerechnet werden?**
a) Besuch durch eine nicht qualifizierte MFA
b) Hausbesuch durch eine qualifizierte NäPa, die bei einem Facharzt tätig ist
c) Besuch im Pflegeheim durch eine qualifizierte NäPa
d) Besuch durch qualifizierte NäPa eines Hausarztes mit Genehmigung zur Abrechnung der GOP 03060

➔ a) ....

➔ b) ....

➔ c) ....

➔ d) ....

23. **Geben Sie die berechnungsfähigen GOP für gesetzlich Krankenversicherte an. Es handelt sich, falls nicht anders erwähnt, um den 1. Arzt-Patienten-Kontakt im Quartal.**

	Fälle	EBM-GOP
A	Anton Abel holt sich ein Wiederholungsrezept ohne Arzt-Patienten-Kontakt ab.	
B	Bert Bohne ruft Dr. Gütlich an, um die Ergebnisse seiner Blutuntersuchung zu erfahren.	
C	Claudia Clima führt während der Sprechstunde ein kurzes Beratungsgespräch mit Dr. Gütlich.	
D	Dagmar Donald lässt sich von Frau Biene einen Termin bei Dr. Gütlich geben. Der Termin ist im nächsten Quartal.	

	Fälle	EBM-GOP
E	Die Mutter der 2-jährigen Esra Erdogan ruft Dr. Gütlich an, da die Tochter Fieber hat. Dr. Gütlich berät sie.	
F	Dr. Gütlich fährt nach der Sprechstunde ins Altenheim, um Herrn Fritz Fröhlich zu besuchen. Der Besuch wurde am Vormittag vom Altenheim angefordert.	
G	Gerda Gröhe holt sich eine Überweisung zum Augenarzt ohne Arzt-Patienten-Kontakt ab.	
H	Dr. Gütlich untersucht die Unterschenkelgeschwüre von Frau Hannelore Hase per Videosprechstunde.	
I	Igor Imbusch benötigt neue Blutdruckmedikamente. Dr. Gütlich überreicht ihm das Rezept und erläutert die Einnahmevorschriften.	
J	Dr. Gütlich unterbricht seine Sprechstunde, um unverzüglich Frau Jutta Jemgum zu besuchen, die unter Bauchkrämpfen leidet.	
K	Karin König wird durch Dr. Gütlich während dessen Besuchstour untersucht. Nach dem Genuss einer Eierspeise klagt sie über Übelkeit.	
L	Die Mutter von Frau Karin König, die zu Besuch bei ihrer Tochter ist, klagt ebenfalls über Übelkeit. Dr. Gütlich behandelt auch sie.	

Rechnen Sie die folgenden Fälle nach den bisher genannten Gebührenordnungspositionen ab.

24. 1. Juli (Mi.) Bernd Bedauertsich, 59 Jahre, versichert bei der BARMER, ruft gegen 19.30 Uhr seinen Hausarzt zu Hause an und schildert seine plötzlich aufgetretenen starken Herzschmerzen mit akuter Luftnot. Der Arzt lässt alles liegen, nimmt seinen Arztkoffer und besucht Bernd Bedauertsich (2,2 km).

Der Arzt untersucht eingehend, fertigt ein EKG an, injiziert ein Medikament und gibt der Ehefrau Verhaltensmaßregeln für einen weiteren Anfall.

➔ .... ➔ ....

➔ ....

25. 14. Juli (Di.) Um 10.13 Uhr hören die Praxismitarbeiterinnen der Orthopädiepraxis Dr. Renk ein lautes Krachen; wenige Sekunden später stürzen zwei Passanten in die Praxis und rufen laut nach Hilfe, da ca. 200 Meter von der Praxis entfernt ein Verkehrsunfall geschehen sei, bei dem es Verletzte gegeben habe.

Dr. Renk greift sofort seinen Erste Hilfe Koffer, bittet seine ausgebildete Notfallhelferin, ihn zu begleiten, und läuft zum Unfallort. Er findet dort einen schwerverletzten Fußgänger (62 Jahre) vor und diagnostiziert einen Herzstillstand. Dr. Renk nimmt sofort künstliche Beatmung und Herzmassage vor und führt Wiederbelebungsversuche durch Elektrodefibrillation durch.

Bei Eintreffen des Notarztes ist der Puls wieder tastbar.

➔ .... ➔ ....

➔ .... ➔ .... ➔ ....

5.2 Formular der vertragsärztlichen Versorgung Notfall-/Vertretungsschein (Muster 19)

Der Notfall-/Vertretungsschein (Muster 19) berechtigt nur zur Abrechnung von

- Leistungen im organisierten Not(-fall)dienst,
- Leistungen im Vertretungsfall (z. B. Urlaubsvertretung),
- Leistungen beim Notfallpatienten, der nicht zu den Stammpatienten der Praxis gehören.

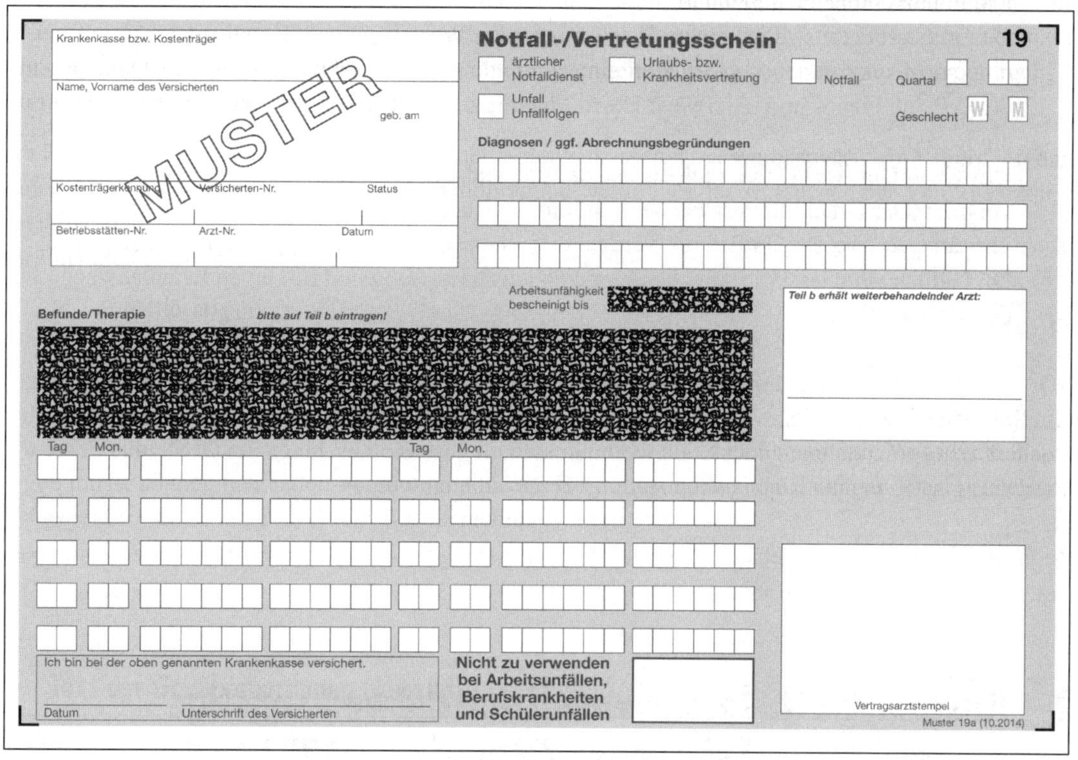

Krankenkasse bzw. Kostenträger

Name, Vorname des Versicherten

geb. am

MUSTER

Kostenträgerkennung | Versicherten-Nr. | Status

Betriebsstätten-Nr. | Arzt-Nr. | Datum

Notfall-/Vertretungsschein 19

ärztlicher Notfalldienst | Urlaubs- bzw. Krankheitsvertretung | Notfall | Quartal

Unfall Unfallfolgen | Geschlecht W M

Diagnosen / ggf. Abrechnungsbegründungen

Arbeitsunfähigkeit bescheinigt bis [redacted]

Befunde/Therapie *bitte auf Teil b eintragen!*

[redacted]

Teil b erhält weiterbehandelnder Arzt:

Tag Mon. Tag Mon.

Ich bin bei der oben genannten Krankenkasse versichert.

Datum Unterschrift des Versicherten

Nicht zu verwenden bei Arbeitsunfällen, Berufskrankheiten und Schülerunfällen

Vertragsarztstempel

Muster 19a (10.2014)

Der Notfall-/Vertretungsschein wird häufig wie ein Abrechnungsschein im Ersatzverfahren behandelt, d.h. die Daten werden handschriftlich in das normierte Personalienfeld eingetragen, wenn im Notfall die Gesundheitskarte nicht vorliegt **(siehe LF 2 Kap. 2.2 elektronische Gesundheitskarte)**.
Kann der Patient, der in der Praxis notfallmäßig versorgt wird, seine Gesundheitskarte jedoch vorlegen, erfolgt das Ausfüllen natürlich mittels PC oder Lesegerät und Drucker.

Bei Vertretung (z. B. Urlaub) des behandelnden Arztes muss der Patient dem vertretenden Arzt die Gesundheitskarte vorlegen.

Das Feld „Notfall" wird angekreuzt, wenn die Behandlung beim Notfall außerhalb des organisierten Notfalldienstes erfolgt.

Die Diagnose ist nach ICD-10-GM zu verschlüsseln.

▶ **Achtung:**

Legt der Patient die Gesundheitskarte nicht vor und wird auf dem Notfall-/Vertretungsschein eine für den Patienten **nicht** zuständige Krankenkasse eingetragen, so kann die Vergütung für erbrachte ärztliche Leistungen sowie die Kosten für Verordnungen im Regressverfahren zurückgefordert werden, wenn die zuständige Krankenkasse nicht ermittelt werden kann.

Im Teil 19b, der für den behandelnden Arzt bestimmt ist, sind Angaben über „Arbeitsunfähigkeit bescheinigt bis …" sowie „Befunde/Therapie" einzutragen.

Im Teil 19a, der als Abrechnungsunterlage an die Krankenkasse geht, sind diese Felder aus Datenschutzgründen geschwärzt.

Lernfeld 5 Seite 33

5.3 GOÄ-Abrechnung in Notfallsituationen (Fall 4)

▶ Fall 4:

12. Juli (So.) Um 20.15 Uhr erhält Dr. Gütlich von der Notfallzentrale den Auftrag, Frau Marta Maladig, 63 Jahre, Privatpatientin, aufzusuchen, deren Ehemann von heftigen krampfartigen Unterleibsschmerzen berichtete.
Dr. Gütlich begibt sich in seinem Wagen sofort zur Wohnung von Frau Maladig (7,5 km); er untersucht symtombezogen, injiziert ein schmerzlinderndes und krampflösendes Medikament (1,40 €) intravenös und unterweist Herrn Maladig in der Hilfeleistung. Abschließend stellt er ein Rezept aus.
Um 23.30 Uhr wird Dr. Gütlich erneut zu Frau Maladig geschickt, die keine Linderung verspürt. Der Druckschmerz bei der symtombezogenen Untersuchung hat sich wesentlich verstärkt, so dass Dr. Gütlich die Verdachtsdiagnose einer akuten Appendizitis stellt.
Dr. Gütlich veranlasst die sofortige Krankenhauseinweisung und ruft einen Krankenwagen für den Krankentransport.

In der GOÄ sind für Notfallbehandlungen keine besonderen Regelungen getroffen; die behandelnden Ärzte können im Rahmen der allgemeinen Vorschriften des Berufsrechts grundsätzlich alle GOÄ-Ziffern abrechnen. Besondere Inanspruchnahmen oder Erschwernisse können über die Zuschläge der GOÄ oder über höhere Steigerungssätze bei der Rechnungserstellung berücksichtigt werden.

Lediglich in Abschn. C der Nichtgebietsbezogenen Sonderleistungen sind intensivmedizinische Leistungen aufgeführt.

5.3.1 Abschn. C VII. Intensivmedizinische und sonstige Leistungen (Nrn. 427–437)

	Text der GOÄ (Auszug)	Punktzahl	1-fach EUR	2,3-fach EUR	3,5-fach EUR
427	Assistierte und/oder kontrollierte apparative Beatmung durch Saug-Druck-Verfahren bei vitaler Indikation, bis zu 12 Stunden Dauer	150	8,74	20,11	30,60
429	Wiederbelebungsversuch – einschließlich künstlicher Beatmung und extrathoraktaler indirekter Herzmassage, gegebenenfalls einschließlich Intubation	400	23,31	53,62	81,60
430	Extra- oder intrathoraktale Elektro-Defibrillation und/oder -Stimulation des Herzens … auch bei mehrfacher Verabfolgung von Stromstößen in engem zeitlichen Zusammenhang … nur einmal berechnungsfähig.	400	23,31	53,62	81,60
431	Elektrokardioskopie im Notfall	100	5,83	13,41	20,40
433	Ausspülung des Magens – auch mit Sondierung der Speiseröhre und des Magens und/oder Spülung des Duodenums –	140	8,16	18,77	28,56
650*	aus **Abschn. F – Innere Medizin** z.B. auch noch:		**1,0-fach**	**1,8-fach**	**2,5-fach**
	Elektrokardiographische Untersuchung zur Feststellung einer Rhythmusstörung und/oder zur Verlaufskontrolle – ggf. als Notfall-EKG –	152	8,86	15,95	22,15

▶ Erläuterungen

1.	Müssen intensivmedizinische Leistungen insbesondere bei Notfällen **außerhalb der ärztlichen Praxis** durchgeführt werden, sind neben den erbrachten Leistungen **Besuche und Wegegebühren** berechnungsfähig.
2.	Die Bewertung der intensivmedizinischen Leistungen in der GOÄ richtet sich nach der Dauer und der Intensität der notwendigen Maßnahme. Je nach individueller Notfallsituation ist die entsprechende Maßnahme durchzuführen, wobei die Abrechnungsausschlüsse zu beachten sind.

5.3.2 Abschn. B IV. Visiten, Konsiliartätigkeit, Besuche, Assistenz und Zuschläge nach Abschn. B V. (Nrn. 45–62)

	Text der GOÄ (Auszug)	Punktzahl	1-fach EUR	2,3-fach EUR	3,5-fach EUR
48	Besuch eines Patienten auf einer Pflegestation (z.B. in Alten- oder Pflegeheimen) – bei regelmäßiger Tätigkeit des Arztes auf der Pflegestastion zu vorher vereinbarten Zeiten – *Die Leistung nach Nr. 48 ist neben den Leistungen nach den Nrn. 1, 50, 51 und/oder 52 nicht berechnungsfähig.*	120	6,99	16,09	24,48
50	Besuch, einschließlich Beratung und symptombezogener Untersuchung *Die Leistung nach Nr. 50 darf anstelle oder neben einer Leistung nach den Nrn. 45 oder 46 nicht berechnet werden.* *Neben der Leistung nach Nr. 50 sind die Leistungen nach den Nrn. 1, 5, 48 und/oder 52 nicht berechnungsfähig.*	320	18,65	42,90	65,28
51	Besuch eines weiteren Kranken in derselben häuslichen Gemeinschaft in unmittelbarem zeitlichen Zusammenhang mit der Leistung nach Nr. 50 – einschl. Beratung und symptombezogener Untersuchung – *Die Leistung nach Nr. 51 darf anstelle oder neben einer Leistung nach den Nrn. 45 oder 46 nicht berechnet werden.* *Neben der Leistung nach Nr. 51 sind die Leistungen nach den Nrn. 1, 5, 48 und/oder 52 nicht berechnungsfähig.*	250	14,57	33,52	51,00
52	Aufsuchen eines Patienten außerhalb der Praxisräume oder des Krankenhauses durch nichtärztliches Personal im Auftrag des niedergelassenen Arztes (z.B. zur Durchführung von kapillaren oder venösen Blutentnahmen, Wundbehandlungen, Verbandwechsel, Katheterwechsel) *Die Pauschalgebühr nach Nummer 52 ist nur mit dem einfachen Gebührensatz berechnungsfähig. Sie ist nicht berechnungsfähig, wenn das nichtärztliche Personal den Arzt begleitet. Wegegeld ist daneben nicht berechnungsfähig.*	100	5,83	–	–

Zu den Visiten, Konsiliartätigkeiten, Besuchen und Assistenzen nach den Nrn. 45–62 können die folgenden **Zuschläge nach den Buchstaben E bis J sowie K 2** (Abschn. B V.) berechnet werden.

Für die Berechnung dieser Zuschläge gelten besondere Bestimmungen:

- sie sind nur mit dem **einfachen Gebührensatz** berechnungsfähig;
- die Zuschläge nach den **Buchstaben E bis H** sind **neben der Leistung nach Nr. 51** nur mit dem **halben Gebührensatz** berechnungsfähig;
- sie dürfen im Zusammenhang mit den Leistungen nach den **Nrn. 45 bis 55 und 60** unabhängig von der Anzahl und Kombination der erbrachten Leistungen je Inanspruchnahme des Arztes **nur einmal** berechnet werden;
- daneben dürfen Zuschläge nach den **Buchstaben A bis D sowie K 1 nicht berechnet** werden;
- sie sind in der Rechnung **unmittelbar im Anschluss an die zugrunde liegende Leistung** aufzuführen

Lernfeld 5 Seite 36

	Text der GOÄ (Auszug)	Punktzahl	1-fach EUR	2,3-fach EUR	3,5-fach EUR
E	Zuschlag für dringend angeforderte und unverzüglich erfolgte Ausführung *Der Zuschlag nach Buchstabe E ist neben Leistungen nach den Nrn. 45 und/oder 46 nicht berechnungsfähig, es sei denn, die Visite wird durch einen Belegarzt durchgeführt. Der Zuschlag nach Buchstabe E ist neben Zuschlägen nach Buchstabe F, G und/oder H nicht berechnungsfähig.*	160	9,33	–	–
F	Zuschlag für in der Zeit von 20 bis 22 Uhr oder 6 bis 8 Uhr erbrachte Leistungen *Der Zuschlag nach Buchstabe F ist neben den Leistungen nach den Nrn. 45, 46, 48 und 52 nicht berechnungsfähig.*	260	15,16	–	–
G	Zuschlag für in der Zeit zwischen 22 und 6 Uhr erbrachte Leistungen *Der Zuschlag nach Buchstabe G ist neben den Leistungen nach den Nrn. 45, 46, 48 und 52 nicht berechnungsfähig.* *Neben dem Zuschlag nach Buchstabe G ist der Zuschlag nach Buchstabe F nicht berechnungsfähig.*	450	26,23	–	–
H	Zuschlag für an Samstagen, Sonn- oder Feiertagen erbrachte Leistungen *Werden Leistungen an Samstagen, Sonn- oder Feiertagen zwischen 20 und 8 Uhr erbracht, darf neben dem Zuschlag nach Buchstabe H ein Zuschlag nach Buchstabe F oder G berechnet werden.* *Der Zuschlag nach Buchstabe H ist neben den Leistungen nach den Nrn. 45, 46, 48 und 52 nicht berechnungsfähig.*	340	19,82	–	–
J	Zuschlag zur Visite bei Vorhalten eines vom Belegarzt zu vergütenden ärztlichen Bereitschaftsdienstes, je Tag	80	4,66	–	–
K 2	Zuschlag zu den Leistungen nach den Nrn. 45, 46, 48, 50, 51, 55 oder 56 bei Kindern bis zum vollendeten 4. Lebensjahr	120	6,99	–	–

▶ Erläuterungen

1.	Bei den Besuchen unterscheidet man zwischen: • Besuch auf einer Pflegestation, bei regelmäßiger Tätigkeit dort und zu vorher vereinbarter Zeit • Besuch einschließlich Beratung und symptombezogner Untersuchung, • Besuch eines weiteren Kranken derselben häuslichen Gemeinschaft. Besuche beinhalten immer eine **Beratung** sowie eine **symptombezogene Untersuchung**. (Bei Besuchen auf der Pflegestation darf die Nr. 5 abgerechnet werden.) Neben Besuchsleistungen können **andere erbrachte Leistungen** abgerechnet werden. Zum Besuch kann ein **Wegegeld** gemäß § 8 (als Entschädigung für den Aufwand) berechnet werden. Werden mehrere Patienten einer häuslichen Gemeinschaft/in einem Heim besucht, darf der Arzt das Wegegeld nur anteilig berechnen. Der Anteil ergibt sich aus der Anzahl der besuchten Patienten unabhängig von deren Versichertenstatus.
2.	Sucht die **Medizinische Fachangestellte allein** einen Patienten auf, ist dafür die **Nr. 52** abrechnungsfähig. Es handelt sich dann um **keinen Arzt-Besuch** im Sinne der Gebührenordnung. In dieser Leistung ist das **Wegegeld enthalten**. Diese Leistung ist nur mit dem **einfachen Satz** berechnungsfähig.
3.	Für die Erbringung der Visitenleistungen (nur durch Belegärzte) und der Besuchsleistungen außerhalb der üblichen Tageszeit dürfen dazu „Erschwerniszuschläge“ berechnet werden: E – 160 Punkte = dringend angefordert und sofort ausgeführt F – 260 Punkte = zwischen 20 h – 22 h oder 6 h – 8 h G – 450 Punkte = zwischen 22 h – 6 h H – 340 Punkte = an Samstagen, Sonntagen oder Feiertagen
4.	**Neben** den Zuschlägen nach **E, F, G, H und K2** dürfen die Zuschläge nach **A, B, C, D und K1 nicht** abgerechnet werden.
5.	**Neben dem Zuschlag nach H** kann der **Zuschlag nach F oder G** dann abgerechnet werden, wenn die Leistung an diesen Tagen (z.B. Sonntag) in der Zeit von 20 h bis 8 h erbracht wird.
6.	Bei **Kindern bis zum 4. Lebensjahr** darf bei **Visiten- oder Besuchsleistungen** der Zuschlag nach K2 = 120 Punkte berechnet werden; daneben sind ggf. Zuschläge nach E bis J auch berechnungsfähig.
7.	**Alle Zuschlagsleistungen** können immer nur zum **einfachen Satz** berechnet werden.

Lernfeld 5 Seite 37

▶ *Beispiele* *(Entfernung der Besuchsstelle jeweils 2 km)*

A	*Doris Patient ruft um 12.00 Uhr in der Praxis an und bittet wegen einer hochfieberhaften Erkrankung um einen Hausbesuch. Der Arzt kündigt seinen Besuch für 15.00 Uhr an.* ***Abrechnung nach GOÄ: Nr. 50 + 3,58 EUR Wegegeld***
B	*Doris Patient ruft gegen 21.00 Uhr den Arzt zu Hause an und schildert ihre plötzlich aufgetretenen starken Herzschmerzen. Der Arzt fährt sofort los und besucht Doris Patient.* ***Abrechnung nach GOÄ: Nr. 50, F + 7,16 EUR Wegegeld***
C	*Schwester Ute ruft aus dem Kinderheim den betreuenden Kinderarzt um 19.00 Uhr zu Hause an und teilt mit, dass 8 Kinder über Magenkrämpfe klagten; es könne sich eventuell um eine Fischvergiftung handeln. Der Arzt nimmt seinen Arztkoffer und fährt sofort zum Kinderheim.* ***Abrechnung nach GOÄ: 1. Kind — Nr. 50, E + 0,45 EUR Wegegeld (3,58 EUR : 8)*** ***2. – 8. Kind — jeweils Nr. 51, ½ E + 0,45 EUR Wegegeld***

5.3.3 GOÄ-Abrechnung (Fall 4) (siehe Seite 34)

▶ Fall 4 – Hausarzt:

12. Juli	**(So.)**	
20.15 h	50	Besuch
	H	Zuschlag, am Sonntag erbrachte Leistung
	F	Zuschlag, zwischen 20 bis 22 Uhr erbrachte Leistung
	15,34 €	Wegegeld, 5 bis 10 km bei Nacht
	--------	Beratung (Leistung in Nr. 50 enthalten)
	--------	Symptombezogene Untersuchung (Leistung in Nr. 50 enthalten)
	253	Injektion, intravenös
	1,40 €	Kostenerstattung, Einkaufspreis des Medikaments
23.30 h	50	Besuch
	H	Zuschlag, am Sonntag erbrachte Leistung
	G	Zuschlag, zwischen 22 bis 6 Uhr erbrachte Leistung
	15,34 €	Wegegeld, 5 bis 10 km bei Nacht
	--------	Symptombezogene Untersuchung (Leistung in Nr. 50 enthalten)
	--------	Verordnung Krankenhauseinweisung, nicht berechnungsfähig
	--------	Verordnung Krankenbeförderung, nicht berechnungsfähig

5.3.4 ✎Wie war das noch?

1. **Welche Gebühren kann der Arzt bei einer Notfallbehandlung außerhalb der ärztlichen Praxis zusätzlich zu den erbrachten Leistungen abrechnen?**

➔ ....

2. **Für Besuche gelten drei unterschiedliche GOÄ-Positionen.**
Nennen Sie diese jeweils mit einer kurzen Leistungsbeschreibung.

➔ ....

➔ ....

➔ ....

3. **Welcher Zuschlag ist berechnungsfähig, wenn der Arzt einen Besuch um 23 Uhr umgehend nach Anforderung ausführt?**

➔ ....

4. **Der Arzt schickt eine ausgebildete Helferin in die vier Kilometer von der Praxis entfernte Wohnung eines Patienten, um einen Verbandwechsel durchzuführen. Die Helferin benutzt den PKW des Arztes.**
a) Welche GOÄ-Position ist für das Aufsuchen des Patienten abrechnungsfähig?
b) Welcher Steigerungssatz ist hierfür berechnungsfähig?
c) Kann Wegegeld berechnet werden?

➔ a) ....

➔ b) ....

➔ c) ....

5. **Nennen Sie für die folgenden Fälle die richtige (n) Gebührennummer(n) nach GOÄ.**

	Fälle	GOÄ-Nr(n)./Zuschläge
A	Anton Patient sucht den Arzt um 21 Uhr in dessen Privatwohnung auf und erhält eine Arzneiverordnung mit der entsprechenden Einnahmeanweisung.	
B	Anton Patient sucht den Arzt am 3. Oktober um 21.30 Uhr in dessen Privatwohnung auf und erhält eine Arzneiverordnung mit der entsprechenden Einnahmeanweisung.	
C	Anton Patient wird für 12.30 Uhr in die Samstagssprechstunde bestellt und erhält eine Anweisung, wie er das verordnete Medikament einnehmen soll.	
D	Anton Patient erscheint in der Sprechstunde und schildert dem Arzt Beschwerden nach der Einnahme des verordneten Medikaments. Die Beschwerden bestünden in Herzrhythmusstörungen und Atemnot, oft begleitet von Schwindelgefühl. Der Arzt hält es für notwendig, an das ausführliche, 20 Minuten dauernde Gespräch noch eine eingehende Untersuchung der Brustorgane anzuschließen. Anschließend bespricht er die Ergebnisse mit dem Patienten und beruhigt ihn bezüglich der Beschwerden. Gesamtdauer der Arzt-Patienten-Begegnung: 45 Minuten	

6. **Nennen Sie für die folgenden Fälle die richtige (n) Gebührennummer(n) nach GOÄ aus dem Bereich der Besuchsleistungen und berechnen Sie das jeweilige Wegegeld.**

	Fälle	GOÄ-Nr(n). Zuschläge	Wegegeld (in EUR)
A	Doris Deppen ruft gegen 19.00 Uhr den Arzt zu Hause an und schildert ihre plötzlich aufgetretenen starken Herzschmerzen. Der Arzt lässt alles liegen, nimmt seinen Arztkoffer und besucht Doris Patient (Entfernung: 7 km).		
B	Der Arzt hält es für medizinisch geboten, die bettlägrig erkrankte Ellen Engel am Sonntagvormittag in deren Wohnung aufzusuchen (Entfernung: 3 km).		
C	Frauke Finger ruft den Kinderarzt um 18.00 Uhr in der Praxis an und teilt mit, dass ihr 2-jähriger Sohn Erwin mit hohem Fieber zu Bett liegt. Sie bittet um einen Besuch. Der Arzt stimmt zu und teilt mit, nach der Sprechstunde gegen 20.30 Uhr zu kommen (Entfernung: 14 km).		
D	Gesine Geil ruft um 22.30 Uhr den Arzt zu Hause an und teilt mit, dass Vater Heribert, Sohn Erwin und sie selbst dem Genuss einer drei Tage alten Eierspeise über starke Magen-Darmbeschwerden klagten. Sie bittet um einen sofortigen Besuch. Nach der Behandlung der drei Familienmitglieder stellt der Arzt nach Beratung der Tochter Friedlinde, die am nächsten Tag in die Praxis kommen wollte, ein Rezept aus. (Entfernung: 5 km)	**Heribert:** **Gesine:** **Erwin:** **Friedlinde:**	

Lernfeld 5 Seite 40

Rechnen Sie die folgenden Fälle nach den bisher genannten Gebührennummer(n) ab.

7. 1. Juli (Mi.) Bert Bedauertsich, 59 Jahre, Privatpatient, ruft gegen 19.30 Uhr seinen Hausarzt zu Hause an und schildert seine plötzlich aufgetretenen starken Herzschmerzen mit akuter Luftnot. Der Arzt lässt alles liegen, nimmt seinen Arztkoffer und besucht Bernd Bedauertsich (2,2 km). Der Arzt untersucht den Patienten, fertigt ein Notfall-EKG an, injiziert ein Medikament intravenös und gibt der Ehefrau Verhaltensmaßregeln für einen weiteren Anfall.

➔ .... ➔ .... ➔ ....

➔ .... ➔ .... ➔ ....

8. 14. Juli (Di.) Um 10.13 Uhr hören die Praxismitarbeiterinnen der Orthopädiepraxis Dr. Renk ein lautes Krachen; wenige Sekunden später stürzen zwei Passanten in die Praxis und rufen laut nach Hilfe, da ca. 200 Meter von der Praxis entfernt ein Verkehrsunfall geschehen sei, bei dem es Verletzte gegeben habe.

Dr. Renk greift sofort seinen Erste-Hilfe-Koffer, bittet seine ausgebildete Notfallhelferin, ihn zu begleiten, und läuft zum Unfallort. Er findet dort einen schwerverletzten Fußgänger (62 Jahre) vor und diagnostiziert einen Herzstillstand. Dr. Renk nimmt sofort künstliche Beatmung und Herzmassage vor und führt Wiederbelebungsversuche durch Elektrodefibrillation durch. Bei Eintreffen des Notarztes ist der Puls wieder tastbar.

➔ .... ➔ .... ➔ ....

➔ .... ➔ ....

5.4 Abrechnung von Erkrankungen des Herz-Kreislauf- und des Atmungssystems

Bei Verdacht auf Atemwegs- oder Herz-Kreislauf-Erkrankungen folgen auf die körperliche auch apparative Untersuchungen. Dazu zählen in der hausärztlichen Praxis verschiedene Formen der **Elektrokardiographie (EKG),** die **Langzeit-Blutdruckmessung** und die **Spirometrie.**

5.4.1 EBM-Abrechnung (Fall 5)

▶ Fall 5:

1. Oktober Lukas Leier klagt über Luftnot und Schmerzen in der Brust. Dr. Gütlich untersucht die Brustorgane des Patienten vollständig und stellt bei der Auskultation ein pfeifendes Geräusch über der Lunge fest. Der Arzt bittet die MFA Cornelia Clever eine Spirometrie mit Fluss-Volumen-Kurve bei Herrn Leier durchzuführen und ein Ruhe-EKG abzuleiten.

Lernfeld 5 Seite 41

Die Gebührenordnungspositionen für die oben genannten Untersuchungen beim **Hausarzt** wurden bereits in Kapitel 4.1.3 (Band 1) aufgeführt. Folgende Tabelle listet die Abrechnung noch einmal auf:

Leistung	Abrechnung beim Hausarzt
Ruhe-EKG	Nicht als Einzelleistung abrechenbar, in der Versichertenpauschale enthalten
Belastungs-EKG	**GOP 03 321**
Langzeit-EKG	• Aufzeichnung von mindestens 18 Stunden: **GOP 03 322** • Computergestützte Auswertung: **GOP 03 241**
Langzeit-Blutdruckmessung	**GOP 03 324**
Spirometrie inklusive Fluss-Volumen-Kurve	**GOP 03 330**

Fachärztlich tätige Internisten rechnen Zusatzpauschalen ab, die mehrere der aufgeführten diagnostischen Leistungen beinhalten. Ihnen ist die Abrechnung von weiterführender Diagnostik wie die Echokardiographie oder Bronchoskopie beim gesetzlich Krankenversicherten vorbehalten.

▶ Fall 5 – EBM:

1. Oktober	03 000	Versichertenpauschale für den ersten APK im Q
	03 330	Spirometrie
	--------	Fluss-Volumen-Kurve in Spirometrie enthalten
	--------	Ruhe-EKG in Versichertenpauschale enthalten

5.4.2 GOÄ-Abrechnung (Fall 5)

Fall 5:

1. Oktober Ludger Leier klagt über Luftnot und Schmerzen in der Brust. Dr. Gütlich untersucht die Brustorgane des Patienten vollständig und stellt bei der Auskultation ein pfeifendes Geräusch über der Lunge fest. Der Arzt bittet die MFA Cornelia Clever eine Spirometrie mit Fluss-Volumen-Kurve bei Herrn Leier durchzuführen und ein Ruhe-EKG abzuleiten. Anschließend erläutert Dr. Gütlich Herrn Leier in einem kurzen Beratungsgespräch die Ergebnisse.

Nach der GOÄ können die Untersuchungen von allen Ärzten als Einzelleistungen abgerechnet werden. Sie sind im **GOÄ-Abschnitt F (Innere Medizin/Kinderheilkunde/Dermatologie)** aufgeführt:

Lernfeld 5
Seite 42

	Text der GOÄ (Auszug)	Punktzahl	1-fach EUR	2,3-/ 1,8-fach EUR	3,5-/ 2,5-fach EUR
605*	**Ruhespirographische Untersuchung** (im geschlossenen oder offenen System) mit fortlaufend registrierenden Methoden	242	14,11	25,39	35,26
605a*	**Darstellung der Flussvolumenkurve** bei spirographischen Untersuchungen einschließlich graphischer Registrierung und Dokumentation	140	8,16	14,69	20,40
651*	**Elektrokardiographische Untersuchung in Ruhe** auch gegebenenfalls nach Belastung mit Extremitäten- und Brustwandableitungen (mindestens neun Ableitungen)	253	14,75	26,54	36,87
652	**Elektrokardiographische Untersuchung** unter fortschreibender Registrierung (mindestens 9 Ableitungen) in Ruhe und bei physikalisch definierter und **reproduzierbarer Belastung (Ergometrie)** gegebenenfalls auch Belastungsänderung	445	25,94	59,66	90,78
654*	**Langzeitblutdruckmessung** von mindestens 18 Stunden Dauer einschließlich Aufzeichnung und Auswertung	150	8,74	15,74	21,86
659*	**Elektrokardiographische** Untersuchung über mindestens 18 Stunden **(Langzeit-EKG)** gegebenenfalls einschließlich gleichzeitiger Registrierung von Puls und Atmung, mit Auswertung	400	23,31	41,97	58,29

Erläuterung

Die Leistungen nach den GOÄ-Nummern 650–653 sind nicht nebeneinander berechnungsfähig.

Fall 5 – GOÄ:

1. Oktober	1	Beratung
	7	vollständige Untersuchung der Brustorgane
	605	Spirometrie
	605a	Fluss-Volumen-Kurve
	651	Ruhe-EKG

5.5 Fragen und Fälle zu Lernfeld 5

1. Welche EBM-GOP ist für die Begleitung eines Patienten im Krankenwagen zur stationären Behandlung abrechenbar?
- ○ GOP 01 410
- ○ GOP 01 411
- ○ GOP 01 412
- ○ GOP 01 413
- ○ GOP 01 416

2. Welche der folgenden GOÄ-Nrn. ist für den zweiten Patienten bei einem Besuch sonntags um 10 h berechnungsfähig?
- ○ Leistung nach Nr. 50 GOÄ
- ○ Leistung nach Nr. 51 GOÄ
- ○ Leistung nach Nr. 51 + H GOÄ
- ○ Leistung nach Nr. 51 + ½ H GOÄ
- ○ keine der genannten Leistungen

3. Welche der folgenden GOÄ-Nrn. ist berechnungsfähig, wenn der Patient den Arzt um 23 h telefonisch um Rat fragt?
- ○ Leistung nach Nr. 1 GOÄ
- ○ Leistung nach Nr. 3 GOÄ
- ○ Leistung nach Nr. 1 + C GOÄ
- ○ Leistung nach Nr. 3 + C GOÄ
- ○ Leistung nach Nr. C GOÄ

4. Welche EBM-GOP ist für eine unvorgesehene Inanspruchnahme zwischen 22.00 und 7.00 Uhr abrechenbar?
- ○ GOP 01 100
- ○ GOP 01 101
- ○ GOP 01 102
- ○ GOP 01 210
- ○ GOP 01 215

5. Welche der folgenden Aussagen zur Abrechnung von Besuchen nach GOÄ sind richtig?
- ○ daneben können auch ärztliche Leistungen berechnet werden
- ○ daneben können auch Beratungen berechnet werden
- ○ daneben können auch Wegepauschalen berechnet werden
- ○ daneben dürfen die Zuschläge A–D und K1 abgerechnet werden
- ○ daneben dürfen die Zuschläge E–H und K2 abgerechnet werden

6. Wie ist ein um 23 Uhr dringend angeforderter und sofort ausgeführter Besuch nach EBM abzurechnen?
- ○ GOP 01 411
- ○ GOP 01 411 + GOP 01 101
- ○ GOP 01 412
- ○ GOP 01 412 + GOP 01 101
- ○ GOP 01 412 + GOP 01 102

7. Welche EBM-GOP ist für das Aufsuchen eines Kranken durch eine nicht qualifizierte MFA abzurechnen?
- ○ GOP 03 062
- ○ GOP 03 063
- ○ GOP 38 200
- ○ GOP 38 205
- ○ GOP 38 100

8. Bei welchen der folgenden Fälle handelt es sich um Besuchsleistungen nach dem EBM?
- ○ Arzt fährt auf den Campingplatz zu einem Kranken in einem Wohnwagen
- ○ Arzt fährt zu einem Verstorbenen zur Ausstellung des Totenscheins
- ○ Arzt fährt zu seiner Nebenbetriebsstätte, um Sprechstunde zu halten
- ○ Arzt leistet ärztliche Hilfe bei einem Verkehrsunfall unmittelbar vor seiner Praxis
- ○ Arzt trifft Patienten beim Spaziergang und berät ihn

9. Welche der folgenden Regelungen für das Wegegeld nach GOÄ gilt, wenn mehrere Patienten in demselben Haus oder Heim besucht werden?
- ○ Allen Patienten kann das volle Wegegeld berechnet werden.
- ○ Das Wegegeld wird auf die besuchten Patienten aufgeteilt.
- ○ Jeder Patient hat nur die Hälfte des vollen Wegegeldes zu zahlen.
- ○ Jeder Patient hat nur 25 % des vollen Wegegeldes zu zahlen.
- ○ Wegegeld kann überhaupt nicht berechnet werden.

10. Welche der folgenden Regelungen für das Wegegeld nach GOÄ gilt, wenn mehrere Patienten in verschiedenen Häusern auf einer „Rundfahrt" besucht werden?

- ○ Allen Patienten kann das volle Wegegeld berechnet werden.
- ○ Das Wegegeld für die gesamte „Rundfahrt" wird auf die besuchten Patienten aufgeteilt.
- ○ Das Wegegeld wird nach der Entfernung zwischen den Besuchsstellen berechnet.
- ○ Jeder Patient hat nur die Hälfte des vollen Wegegeldes zu zahlen.
- ○ Jeder Patient hat nur 25 % des vollen Wegegeldes zu zahlen.

11. Rechnen Sie die folgenden Fälle für einen Hausarzt ab, jeweils nach EBM für einen Kassen- und nach GOÄ für einen Privatpatienten. Bearbeitungshinweis: Pauschalen, die von der KV zugesetzt werden, z. B. 03 040, 03 060 können weggelassen werden.

Behandlungstag	Leistungen	EBM-GOP	GOÄ-Nrn.
1. B.-Tag	Patient, 38 Jahre, chron. krank. Beratung, Blutdruckmessung, symptombezogene klinische Untersuchung, Ruhe-EKG, Belastungs-EKG, Anlegen eines Langzeit-EKG, Arzneiverordnung, AU-Bescheinigung		
2. B.-Tag	Abgabe und computergestützte Auswertung des Langzeit-EKG, Blutdruckmessung		
3. B.-Tag	Vollständige Untersuchung (Ganzkörperstatus), Besprechung der Ergebnisse aller EKG-Untersuchungen (Hypertonie mit Herzrhythmusstörungen), Aufklärung des Patienten über Medikamentenwirkung, Hinweise zu sportlicher Betätigung und gesunder Ernährung, Arzneiverordnung (Gesprächsdauer: 32 Minuten)		
4. B.-Tag (Freitag)	Symptombezogene Untersuchung (fieberhafter Infekt), Beratung, Arzneiverordnung, AU-Bescheinigung		
20.15 Uhr	Anruf wegen starken Fiebers und Schmerzen; Arzt beruhigt und dosiert das Medikament höher		
0.30 Uhr	Anruf und Bitte zum sofortigen Besuch, der Patient hat starke Schmerzen. Der Arzt führt sofort aus (2,5 km), untersucht, injiziert ein Mittel i.v. und verordnet ein anderes Medikament. Er kündigt einen Besuch für morgen vormittag an.		
5. B.-Tag (Samstag)	Besuch um 11 Uhr, Untersuchung, Hinweise zur weiteren Verhaltensweise		

12.	Fälle	EBM-GOP	GOÄ-Nrn.
02.10. (Mo.)	Klara Knüttel, 73 Jahre, seit 8 Jahren an insulinpflichtigem Diabetes erkrankt, kommt wegen unklarer Beschwerden in die Praxis. Der Arzt untersucht die Patientin (Ganzkörperstatus) und überprüft die Eintragungen im Diabetikerpass. Er bespricht mit ihr Ernährungsfragen, ändert die Insulinmengen einzelner Injektionen und erkundigt sich nach ihrer Zufriedenheit mit dem häuslichen Pflegedienst. (Dauer des Beratungsgesprächs: 15 min)		
04.10. (Mi.)	Um 15 Uhr fährt der Arzt in das 4 km entfernte Altenheim. Zunächst sucht er die gehbehinderten chronisch kranken Eheleute Liese und Lothar Langlöffel (78 und 83 Jahre) auf, die in einem Appartement leben. Er untersucht beide und stellt jeweils ein Wiederholungsrezept aus. Anschließend begibt sich der Arzt auf die Pflegestation des Altenheims zu der chronisch kranken Frau Margot Moorig. Frau Moorig wird durch den Arzt regelmäßig mittwochs besucht. Er schaut sich die Patientin an, bespricht die Gesamtsituation mit den Pflegekräften und bittet diese, ihn bei auftretenden starken Schmerzen der Patientin sofort anzurufen.		

12.	Fälle	EBM-GOP	GOÄ-Nrn.
08.10. (So.)	Im Rahmen des organisierten Notdienstes wird der Arzt um 23 Uhr dringend zu Frau Knüttel (siehe 2.10.) geschickt (3 km). Frau Knüttel hat während eines Beisammensein mit Nachbarn einen Zuckerschock erlitten. Der Arzt behandelt die Patientin und kontrolliert die Therapiemaßnahmen. Während dieser Zeit überprüft er, ob die Pflegekraft die benötigten Insulininjektionen anweisungsgerecht im Kühlschrank bereitgelegt hat. Nachdem Frau Knüttel wieder ansprechbar ist, bestellt er sie für morgen in seine Praxis.		
09.10. (Mo.)	Klara Knüttel erscheint in Begleitung ihrer Tochter, die die Mutter regelmäßig besucht, in der Praxis. Zunächst spricht er mit der Tochter wegen des gestrigen Zwischenfalls über die Gesamtsituation der Mutter und gibt ihr Verhaltensanregungen. Anschließend untersucht er Frau Knüttel; an beiden Beinen stellt er auf ihren Unterschenkelgeschwüren wieder ausgedehnte Nekrosen fest, die er beseitigt, und überprüft das Schuhwerk. In diesem Zusammenhang erwähnt Frau Knüttel erstmal ein Kribbelgefühl im rechten Bein. Daraufhin führt der Arzt auch noch einen Ganzkörperstatus durch. Im abschließenden Gespräch (15 min) warnt der Arzt Frau Knüttel vor ihrer Vorliebe für Pralinen und stellt eine Überweisung zur weiteren Abklärung an den Neurologen aus.		
11.10. (Mi.)	Um 9.14 Uhr wird der Arzt dringend aus der Sprechstunde gerufen. Auf dem Bürgersteig ist eine Passantin, ca. 40 Jahre, zusammengebrochen und offensichtlich bewusstlos. Der Arzt führt die Notversorgung durch, lässt den Notarztwagen rufen und bleibt bis zu dessen Eintreffen bei der Passantin.		
23.10. (Mo.)	Mit der Überweisung seines Hausarztes kommt Erwin Edel, 43 Jahre, in die Praxis des Orthopäden; Verdacht auf Bandscheibenvorfall. Der Orthopäde untersucht eingehend den Bewegungsapparat, stellt die Bewegungseinschränkungen des Patienten fest und erteilt Anweisungen zu Bewegungsübungen. Er bestellt den Patienten für nächste Woche zur erneuten Untersuchung.		
24.10. (Di)	Die 54-jährige Barbara Busse, die aufgrund ihres Diabetes in regelmäßiger Behandlung ist bei Dr. Gütlich ist, erscheint das erste Mal im Quartal in der Praxis und klagt über Schwindel und Herzstolpern. Dr. Gütlich untersucht die Brustorgane vollständig und leitet ein Ruhe-EKG ab, auf dem einige Extrasystolen zu sehen sind. Zur weiteren Abklärung rät Frau Dr. Söhnke zur Durchführung eines Langzeit-EKG, das die MFA Cornelia Clever gleich befestigen soll.		
25.10. (Mi)	Frau Busse erscheint zur Abnahme des Langzeit-EKG-Gerätes und wird gebeten, am Freitag zu einen Beratungsgespräch erneut zu erscheinen.		
27.10. (Fr)	Dr. Gütlich erläutert Frau Busse in einem 20-minütigen Beratungsgespräch die Ergebnisse der computergestützten Auswertung des Langzeit-EKG, bei dem behandlungsbedürftige Herzrhythmusstörungen auffallen. Er überreicht ihr eine Überweisung zum Kardiologen.		
30.10. (Mo)	Werner Wagner leidet seit mehreren Jahren unter einer Hypertonie, die Dr. Gütlich medikamentös behandelt. Die Auszubildende Biene misst einen Blutdruck von 190/110 mm Hg. Der Arzt untersucht symptombezogen und korrigiert die Medikation. Er rät Herrn Wagner, den Blutdruck regelmäßig selbst zu kontrollieren. Herr Wagner erhält einen Termin für weitere Untersuchungen. Es handelt sich um den ersten APK im Quartal.		
02.11. (Do)	Herr Wagner erscheint zum Belastungs-EKG und zur Langzeit-Blutdruckmessung. Nach dem Belastungs-EKG leitet Frau Biene noch ein Ruhe-EKG ab.		
03.11. (Fr)	Herr Wagner lässt sich das Langzeit-Blutdruckgerät entfernen. Dr. Gütlich informiert den Patienten über die Ergebnisse und erläutert in dem 10-minütigen Gespräch das weitere Vorgehen.		

13. Erstellen Sie mit Datum vom 31.10. JJ eine Privatliqudation gemäß den Vorgaben der GOÄ unter Verwendung folgender Angaben:

- Herr Kranker Patient bittet am 10.10.JJ, Montag, um 22.30 Uhr, wegen erheblicher Kreislaufprobleme, hohem Fieber und Gelenkschmerzen den Herrn Dr. Arzt um einen Hausbesuch. Die Wohnung ist etwa 1 km von der Praxis entfernt. Angekommen, wird Herr Patient von Dr. Arzt vollständig untersucht (Ganzkörperstatus); er diagnostiziert eine Virusgrippe mit Kreislaufkollaps. Es folgt eine Beruhigung des Patienten und auch eine Beratung sowie eine i.v. Injektion – das injizierte Arzneimittel kostet EUR 4,35. Wegen der Erkrankung wurde eine Arbeitsunfähigkeitsbescheinigung für 5 Tage ausgestellt.
- Am nächsten Tag wurde im Rahmen der Besuchstätigkeit auch Herr Kranker Patient von Dr. Arzt besucht. Es wurde wieder ein entsprechendes Medikament zum Preis von EUR 4,35 i.v. injiziert.
- Am nächsten Tag konnte Herr Kranker Patient die Praxis von Dr. Arzt aufsuchen. Es wurde Blut abgenommen, um die BSG (GOÄ-Nr. 3501) zu bestimmen und um ein Blutbild (GOÄ-Nr. 3550) durchzuführen. Auch wurde, mit der notwendigen Beratung versehen, ein entsprechendes Medikament verordnet.
- Zwei Tage später wurde in der Praxis das Ergebnis dieser Untersuchungen in einem 25-minütigen Gespräch erörtert. Dabei konnte festgestellt werden, dass sich der Zustand bei Herrn Kranker Patient wieder gebessert und gefestigt hat. Ein erneuter Kontakt ist vorerst nur bei neuen Beschwerden erforderlich.

Dr. Arzt liquidiert die erbrachten Leistungen jeweils zum Schwellenwert.
(Auf das Absender- und Adressfeld wird verzichtet!)

RECHNUNG

Für ärztliche Bemühungen vom 10.10.JJ bis 14.10.JJ

erlaube ich mir __________ EUR zu berechnen.

Diagnose: ______________________________

Spezifikation der Leistungen nach GOÄ

Datum	Geb.-Nr.	Leistungstext	Steigerungssatz	EUR-Betrag
		Gesamtbetrag		

Lernfeld 6 Waren beschaffen und verwalten – Sprechstundenbedarf

Zur Praxisführung gehört auch die bedarfs- und umweltgerechte Versorgung mit Waren. Dies schließt auch die Information über die Beschaffungsmöglichkeiten mit Aufbereitung der dazu notwendigen Daten ein. Angebote werden analysiert und verglichen, um mit einer ökonomisch und ökologisch begründeten Auswahl Kaufentscheidungen vorzubereiten.

Dem Kaufvertragspartner gegenüber werden die Praxisinteressen vertreten, sowie durch rechtliche und wirtschaftliche Gesichtspunkte begründet. Die sachgerechte Lagerung und der Umgang mit Belegen folgt den rechtlichen Vorschriften.

Lernziel im Lehrplan

Beim Wareneinkauf kommt der Beschaffung von

➡ **Sprechstundenbedarf**

eine besondere Bedeutung zu, da die Kosten größtenteils zu Lasten der gesetzlichen Krankenkassen oder anderer Kostenträger gehen.

Erforderlich sind Kenntnisse, welche

➡ **Medikamente und Materialien**

als Sprechstungenbedarf gelten

und
welche Formulare zur

➡ **Abrechnung**

mit den Kostenträgern vorschriftsmäßig auszufüllen sind.

Inhaltsverzeichnis

LF 6 Waren beschaffen und verwalten – Sprechstundenbedarf

▶ Lernsituation:

Frau Biene wird im Laufe ihrer Ausbildung mit immer anspruchsvolleren Arbeitsaufträgen betraut.

Nachdem sie bisher immer Materialien zur Versorgung der Patienten dem Vorratsschrank entnommen hat, wird ihr jetzt am Quartalsende von Dr. Gütlich erklärt, wie der Vorrat wieder aufgefüllt wird, welche Formulare hierfür auszufüllen und welche Vorschriften zu beachten sind.

6.1 Definition des Sprechstundenbedarfs (Fall 6)

▶ Fall 6:

30. Juni Im Rahmen der Wiederbeschaffung von verbrauchten Praxismaterialien müssen u.a. beschafft werden:

50	Mullbinden, 6 cm breit, elastisch
20	Durchstichflaschen Lidocain zur Lokalanästhesie
100	Einmal-Spritzen, 5 ml
200	Einmal-Kanülen, Größe 2
10	Tuben Zinksalbe
30	Dosen Tetanus Adsorbat Impfstoff
20	Amp. Morphin 10 mg

20% dieser Praxismaterialien sind für Privatpatienten bestimmt.

Neben dem Bundesmantelvertrag zwischen den Spitzenverbänden der Krankenkassen und der Kassenärztlichen Bundesvereinigung sind auch Verträge auf Landesebene, die Gesamtverträge, zwischen den Landesverbänden der Krankenkassen und den Kassenärztlichen Vereinigungen zu schließen.

Bestandteil der Gesamtverträge sind auch die

Vereinbarungen über die Verordnung von Sprechstundenbedarf

Als Sprechstundenbedarf gelten nur solche Mittel,

- Arzneimittel,
- Verbandmittel,
- Materialien (z.B. Spatel, Watteträger),
- Stoffe (z.B. Desinfektionsmittel),
- Impfstoffe,

die ihrer Art nach bei mehr als einem gesetzlich Krankenversicherten Verwendung finden oder bei Notfällen für mehr als einen Kranken zur Verfügung stehen müssen. Für Impfstoffe gilt eine besondere Regelung **(siehe LF 6 Kap. 6.2.2 Impfstoffe)**.

Als Sprechstundenbedarf sind **nur** die mit den Krankenkassen **vereinbarten Mittel** verordnungsfähig; **andere Mittel** dürfen als Sprechstundenbedarf **nicht** verordnet werden. Eine Nichtbeachtung dieser Vorschriften hat meistens eine **Regressforderung** der belasteten Krankenkasse an den Vertragsarzt zur Folge.

Alle Materialien, die nur für einen Patienten benötigt werden, müssen im Einzelfall zu Lasten der jeweiligen Krankenkasse auf den Namen des Patienten verordnet werden. Dies gilt insbesondere für aufwendige Materialien.

▶ **Wichtig:**

- Der Sprechstundenbedarf für **Privatpatienten** muss **getrennt** erfasst und beschafft werden!

  Diese Materialien dürfen auf keinen Fall dem Sprechstundenbedarf von gesetzlichen Krankenkassen entnommen bzw. über diese Kassen bezogen werden. Den Sprechstundenbedarf für Privatpatienten oder Sonstige Kostenträger beschafft der Arzt auf **eigene Kosten** und stellt diese anteilig den Patienten bzw. dem Kostenträger im Rahmen des Auslagenersatzes (Kostenerstattung) in Rechnung.
- Den Sprechstundenbedarf im Zusammenhang mit **Arbeitsunfällen** beschafft der Arzt auf eigene Kosten und stellt diese auf dem Arztvordruck F 1050 „Ärztliche Unfallmeldung“ dem zuständigen Unfallversicherungsträger in Rechnung.
- Bei der Versorgung von Heilfürsorgeberechtigten (Polizei, Bundespolizei, Bundeswehr) ist der Sprechstundenbedarf der gesetzlichen Krankenkassen zu verwenden.
  Diese Kostenträger leisten dafür gegenüber den gesetzlichenKrankenkassen einen Kostenausgleich.

6.1.1 Medikamente und Materialien

Die folgende Aufzählung von Mitteln und Materialien des Sprechstundenbedarfs ist in ihren Gruppen vollzählig; in den jeweils genannten Beispielen sind wegen ihrer großen Zahl nicht alle Mittel und Materialien genannt.

Da die Sprechstundenbedarfsvereinbarungen auf Landesebene abzuschließen sind, kann es regionale Unterschiede in einzelnen Bestimmungen geben. Deshalb werden nur solche Beispiele angeführt, die auch in der Mehrzahl der KV-Bereiche gelten.

Gruppen	▶ Beispiele	
Verband- und Nahtmaterial	• *Mullbinden* • *Mulltupfer* • *Verbandmull* • *Verbandspray*	• *Zinkleimbinden* • *Heftpflaster* • *Verbandklebestoffe und ähnliche Fixiermittel*
Mittel zur Narkose und Anästhesie	• *Mittel zur i.v. Narkose* • *Mittel zur Inhalationsnarkose* • *Mittel zur Lokal- und Leitungsanästhesie*	
Desinfektions- und Hautreinigungsmittel, ausschließlich zur Anwendung am Patienten	• *Isopropylalkohol 70 %* • *jodhaltige Mittel* • *Desinfektionsmittel für Haut, Schleimhaut und Wunden* • *Wundbenzin*	
Reagenzien und Schnellteste	• *Eiweiß u./o.* • *Zucker u./o.* • *ph-Wert im Urin*	
Mittel zur Diagnostik und Soforttherapie	• *Holzspatel* • *Watteträger* • *Gummifingerlinge*	• *Einmal-Infusionsbesteck* • *Einmal-Infusionskatheter* • *Einmal-Infusionsnadeln*
Puder, Pulver, Salben u. ä.	• *nur wenn für mehrere Patienten* • *möglichst preisgünstige Großpackungen*	

Gruppen	▶ *Beispiele*
Arzneimittel zur Sofortanwendung in Notfällen	• *Mittel zur Blutstillung* • *Tetanus-Impfstoff zur Erstinjektion* • *Tetanus-Immunglobulin zur Erstinjektion* • *schmerzstillende Mittel*
Kontrastmittel	• *bei bildgebenden Verfahren, soweit sie nicht mit der GOP abgegolten sind*

Auch **Medizinprodukte** mit arzneimittelähnlichem Charakter können als Sprechstundenbedarf verordnet werden, wenn sie in der Arzneimittelrichtlinie gelistet sind. Dazu zählen beispielsweise Abführmittel vor diagnostischen Eingriffen.

6.1.2 Abgrenzung zu allgemeinen Praxiskosten

Nach den Gebührenordnungen EBM und GOÄ sind mit den abrechnungsfähigen Leistungen abgegolten:

- ärztliche Tätigkeit
- Tätigkeit der nichtärztlichen Mitarbeiter
- Kosten für die Anwendung ärztlicher Instrumente und Apparaturen
- allgemeinen Praxiskosten

Lernfeld 6 Seite 50

▶ Zu diesen **allgemeinen Praxiskosten** gehören alle Betriebsausgaben, die der Arzt für seine Praxis aufwendet; beispielsweise

- Miete für die Praxisräume einschließlich der Mietnebenkosten,
- Reinigung, Dekoration und Reparaturen der Praxisräume,
- Telefonkosten, Porto und Bürobedarf,
- Praxis-Versicherungen,
- Beiträge an Ärztekammer und Berufsverbände,
- Verwaltungskosten an die KV,
- Personalkosten (Lohn, Gehalt, Arbeitgeberanteil zur Sozialversicherung u.a.)
- Reparaturen an Praxisgeräten,
- Kauf und Reinigung von Praxiswäsche und Berufskleidung,
- Anschaffung geringwertiger Gebrauchsgüter (bis 410 EUR ohne USt.: Druckerpatrone u.a.),
- Anschaffung von Anlagegütern (über 410 EUR ohne USt.: Röntgengerät u.a.),
- Kfz.-Kosten für Praxisfahrten (Garage, Steuer, Versicherung, Treibstoff u.a.),
- Praxisfahrten mit Taxen oder öffentlichen Verkehrsmitteln,
- Fortbildungskosten,
- Zinsen für Praxiskredite.

Die Allgemeinen Bestimmungen der Gebührenordnungen schließen auch eine besondere Kostenerstattung aus für folgende Geräte und Materialien:

- Einmalspritzen,
- Einmalkanülen,
- Einmaltrachealtuben,
- Einmalabsaugkatheter,
- Einmalhandschuhe,
- Einmalrasierer,
- Einmalharnblasenkatheter,
- Einmalskalpelle,
- Einmalproktoskope,
- Einmaldarmrohre,
- Einmalspekula,
- Einmalküretten.

Dies gilt auch für Reagenzien, Filmmaterial und Radionuklide. Alle diese Kosten sind mit der Vergütung für die Leistung, bei der diese Geräte und Materialien verwendet werden, abgegolten.

Wenn in der Gebührenposition ausdrücklich festgelegt ist, dass die im Zusammenhang mit der Leistung entstehenden Kosten in der Vergütung für die Leistung enthalten sind, können keine Kosten neben der Leistung geltend gemacht werden.

Zu Lasten der gesetzlichen Krankenkassen können also im Rahmen des Sprechstundenbedarfs ausschließlich als Ersatzbeschaffung Arzneimittel, Verbandmittel, Materialien, Stoffe und Impfstoffe verordnet werden, die nach der Anwendung verbraucht sind oder die der Kranke zur weiteren Verwendung behält. Die Erstbeschaffung des Sprechstundenbedarfs geht immer zu Lasten des Arztes.

▶ **Voraussetzungen** für die Beschaffung des Sprechstundenbedarfs zu Lasten der gesetzlichen Krankenkassen sind, dass diese Materialien und Stoffe

- nicht mit der Leistung abgegolten sind,

oder

- nicht für den betroffenen Patienten gesondert in Rechnung gestellt werden müssen,

oder

- nicht auf den Namen des Patienten über die jeweils zuständige Krankenkasse verordnet werden können.

6.2 Abrechnung des Sprechstundenbedarfs

6.2.1 Allgemeine Bestimmungen

Eine Verordnung von Sprechstundenbedarf ist nur im Rahmen der Ersatzbeschaffung möglich. Die Kosten für die Erstausstattung, z.B. bei Eröffnung der Vertragsarztpraxis, muss der Arzt selbst aufbringen.

Der Sprechstundenbedarf ist grundsätzlich nur einmal, am Ende eines jeden Kalendervierteljahres (Quartals), zu verordnen. Die Verordnung geschieht auf einem Arzneiverordnungsblatt (Muster 16). (Regionale Unterschiede beachten!) Wegen der quartalsgebundenen Verordnung ist in das Personalienfeld des Verordnungsblattes statt der Patientendaten das betreffende Quartal einzutragen.

Auf dem Arzneiverordnungsblatt ist das Feld 9 „Spr.St.bedarf" anzukreuzen. Reicht der Platz auf einem Arzneiverordnungsblatt nicht für den gesamten benötigten Sprechstundenbedarf aus, sind weitere Verordnungsblätter zu verwenden. Die Begrenzung von drei Medikamenten je Verordnungsblatt gilt auch bei der Verordnung von Sprechstundenbedarf.

Der Sprechstundenbedarf wird meistens über eine Apotheke bezogen; größere Mengen von Röntgenkontrastmitteln, Lachgas u.a. sollten möglichst wirtschaftlich beim Hersteller oder beim Großhandel bezogen werden.

Als **Kostenträger** ist auf dem Arzneiverordnungsblatt

- in vielen KV-bereichen die **AOK**

einzutragen.

Es können hiervon abweichend **regionale Regelungen** gelten!

Jede Kassenärztliche Vereinigung kann eigene vertragliche Regelungen treffen.
Im Bereich der KV Nordrhein wird als Kostenträger „SSB Nordrhein" eingetragen.

Informieren Sie sich bei Ihrer zuständigen KV!!

Die folgende Abbildung zeigt aus der Verordnung von Sprechstundenbedarf zu Lasten der AOK ein Verordnungsblatt:

▶ **Fall 6:** (siehe Seite 48)

30. Juni Verordnung von Sprechstundenbedarf zu Lasten der AOK:

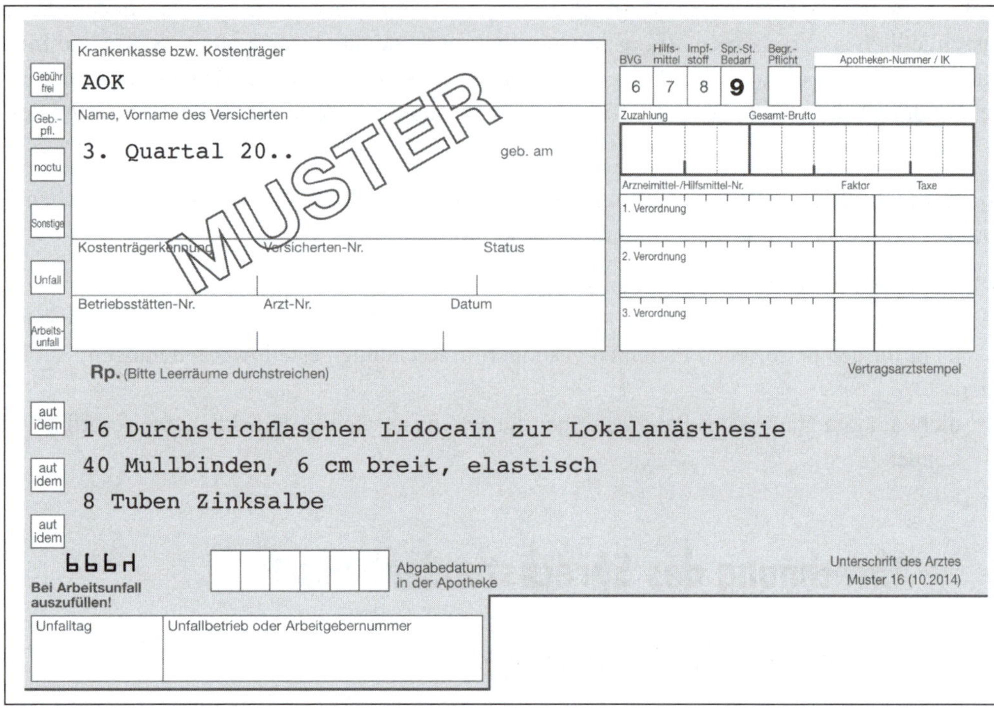

Krankenkasse bzw. Kostenträger
AOK
Name, Vorname des Versicherten
3. Quartal 20..
geb. am
Kostenträgerkennung Versicherten-Nr. Status
Betriebsstätten-Nr. Arzt-Nr. Datum
Gebühr frei
Geb.-pfl.
noctu
Sonstige
Unfall
Arbeitsunfall
BVG | Hilfsmittel | Impfstoff | Spr.-St. Bedarf | Begr.-Pflicht | Apotheken-Nummer / IK
6 7 8 9
Zuzahlung | Gesamt-Brutto
Arzneimittel-/Hilfsmittel-Nr. | Faktor | Taxe
1. Verordnung
2. Verordnung
3. Verordnung
MUSTER
Rp. (Bitte Leerräume durchstreichen)
Vertragsarztstempel
aut idem
16 Durchstichflaschen Lidocain zur Lokalanästhesie
aut idem
40 Mullbinden, 6 cm breit, elastisch
aut idem
8 Tuben Zinksalbe
6 6 6 7
Bei Arbeitsunfall auszufüllen!
Abgabedatum in der Apotheke
Unterschrift des Arztes
Muster 16 (10.2014)
Unfalltag | Unfallbetrieb oder Arbeitgebernummer

▶ **Fall 6:**

30. Juni Bestellung des Arztes auf eigene Rechnung:
(Materialien, die kein Sprechstundenbedarf sind oder für Privatpatienten benötigt werden, bei Dr. Gütlich sind das 20 % des Sprechstundenmaterials.)

Dr. Gustav Gütlich

10	Mullbinden, 6 cm breit, elastisch
4	Durchstichflaschen Lidocain zur Lokalanästhesie
2	Tuben Zinksalbe
100	Einmal-Spritzen, 5 ml
200	Einmal-Kanülen, Größe 2

6.2.2 Impfstoffe

Wie auch bei der Verordnung von Impfstoffen auf den Namen des Patienten, wird die Verordnung von Impfstoffen im Rahmen des Sprechstundenbedarfs über die **Schutzimpfungs-Richtlinie** geregelt. Diese regelt die Einzelheiten zu Voraussetzungen, Art und Umfang der Leistungen für Schutzimpfungen auf der Grundlage der **Empfehlungen der Ständigen Impfkommission (STIKO)** beim Robert-Koch-Institut (RKI). Die Richtlinie konkretisiert den Umfang der im SGB V festgelegten Leistungspflicht der gesetzlichen Krankenkassen auf der Grundlage des Wirtschaftlichkeitsgebots im Sinne einer notwendigen, ausreichenden, zweckmäßigen und wirtschaftlichen Versorgung unter Berücksichtigung des allgemein anerkannten Standes der medizinischen Erkenntnis.

Auch wenn grundsätzlich der Sprechstundenbedarf für mehrere Patienten bezogen werden soll, kann bei Impfstoffen eine Einzelverordnung als Sprechstundenbedarf (nicht auf den Namen des Patienten!) ausgestellt werden. In das Personalienfeld kann statt der Patientendaten das Wort „Impfstoff" eingetragen werden, weil es sich hierbei nicht um eine quartalsgebundene Verordnung handelt.

Die Verordnung von Impfstoffen, auch als Einzelverordnung, und ihre Beschaffung als Sprechstundenbedarf durch die Vertragsarztpraxis stellt sicher, dass bei Transport und Lagerung die Kühlkette nicht unterbrochen wird und damit die Wirkung des Impfstoffes nicht verloren geht.

Auf dem Arzneiverordnungsblatt (Muster 16) müssen bei Impfstoffen

- die **Kästchen 8 und 9** markiert werden;
- die **Ausstellungen** auf die **in der KV** für den Sprechstundenbedarf **zuständige Krankenkasse** erfolgen, **nicht** auf den Namen des Patienten.

▶ Fall 6:

30. Juni Verordnung von Impfstoff zu Lasten der AOK:

Gebühr frei | Geb.-pfl. | noctu | Sonstige | Unfall | Arbeitsunfall

Krankenkasse bzw. Kostenträger: AOK

Name, Vorname des Versicherten: - Impfstoff - geb. am

MUSTER

Kostenträgerkennung | Versicherten-Nr. | Status

Betriebsstätten-Nr. | Arzt-Nr. | Datum

BVG	Hilfsmittel	Impfstoff	Spr.-St. Bedarf	Begr.-Pflicht	Apotheken-Nummer / IK
6	7	**8**	**9**		

Zuzahlung | Gesamt-Brutto

Arzneimittel-/Hilfsmittel-Nr. | Faktor | Taxe

1. Verordnung

2. Verordnung

3. Verordnung

Rp. (Bitte Leerräume durchstreichen) — Vertragsarztstempel

aut idem 24 Dosen Tetanus Adsorbat Impfstoff

aut idem ////////////////

aut idem ////////////////

6 6 6 4 — Abgabedatum in der Apotheke — Unterschrift des Arztes

Muster 16 (10.2014)

Bei Arbeitsunfall auszufüllen!

Unfalltag | Unfallbetrieb oder Arbeitgebernummer

6 Dosen Tetanus Adsorbat Impfstoff,
die für Privatpatienten bestimmt sind,
muss Dr. Gütlich getrennt auf eigene Rechnung beschaffen.

▶ Achtung:

Bei Impfungen anläßlich eines **privaten Auslandsaufenthaltes** sind sowohl der Impfstoff selbst als auch die Durchführung der Impfung durch den Arzt dem Patienten **privat** in Rechnung zu stellen.

6.2.3 Betäubungsmittel

▶ **Achtung:**

Im Gegensatz zu den anderen vereinbarten Vordrucken muss dieser Vordruck auch für **Privatpatienten** verwendet werden.

Betäubungsmittel, die der Arzt für seinen Praxisbedarf benötigt, muss er auf einem BtM-Rezept verschreiben. Das BtM-Rezept muss enthalten:

- die Ziffer 9 im Feld „Sprechstundenbedarf“,
- das Ausstellungsdatum,
- das Betäubungsmittel.

In das Personalienfeld kann statt der Patientendaten das Wort „Sprechstundenbedarf“ eingetragen werden.

Die folgende Abbildung zeigt die Verordnung von Betäubungsmitteln zu Lasten der AOK auf einem BtM-Rezept:

▶ **Fall 6:**

30. Juni Verordnung von Betäubungsmitteln zu Lasten der AOK:

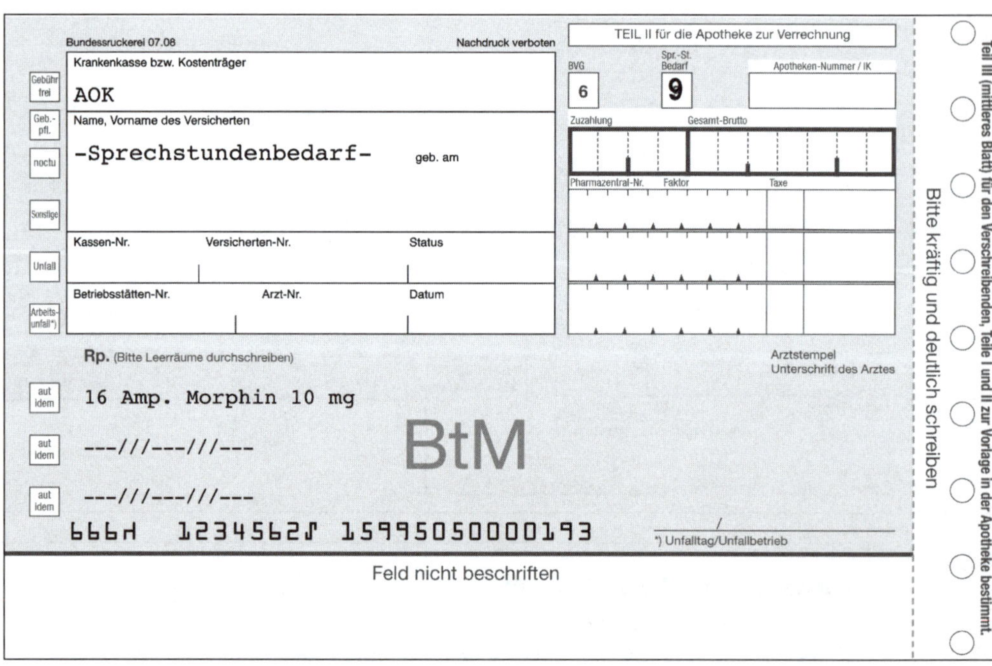
Bundesdruckerei 07.08 Nachdruck verboten
TEIL II für die Apotheke zur Verrechnung
Gebühr frei | Geb.-pfl. | noctu | Sonstige | Unfall | Arbeits-unfall*)
Krankenkasse bzw. Kostenträger
AOK
Name, Vorname des Versicherten
-Sprechstundenbedarf- geb. am
Kassen-Nr. Versicherten-Nr. Status
Betriebsstätten-Nr. Arzt-Nr. Datum
BVG 6 | Spr.-St. Bedarf 9 | Apotheken-Nummer / IK
Zuzahlung | Gesamt-Brutto
Pharmazentral-Nr. | Faktor | Taxe
Rp. (Bitte Leerräume durchschreiben)
aut idem 16 Amp. Morphin 10 mg
aut idem ---///---///---
aut idem ---///---///---
BtM
Arztstempel
Unterschrift des Arztes
6664 12345628 15995050000193
*) Unfalltag/Unfallbetrieb
Feld nicht beschriften
Bitte kräftig und deutlich schreiben
Teil III (mittleres Blatt) für den Verschreibenden, Teile I und II zur Vorlage in der Apotheke bestimmt.

2. BtM-Rezept

4 Amp. Morphin 10 mg,
die für Privatpatienten bestimmt sind,
muss der Arzt getrennt auf eigene Rechnung beschaffen.

Über jede für den Sprechstundenbedarf zugegangene oder abgegangene BtM-Menge sowie den sich daraus ergebenden Bestand müssen Aufzeichnungen nach amtlichem Formblatt (Karteikarten und BtM-Bücher) geführt werden, die einzeln vom Arzt abgezeichnet werden müssen. Verbesserungen von Fehlern oder Ergänzungen sind vom Arzt nochmals abzuzeichnen.

BtM-Nachweise sind 3 Jahre aufzubewahren.

6.3 Fragen und Fälle zu Lernfeld 6

1. Welche Regelungen für die Beschaffung von Sprechstundenbedarf gelten
a) bei Privatpatienten,
b) im Zusammenhang mit Arbeitsunfällen,
c) bei der Versorgung von z. B. Bundeswehrsoldaten?

➔ a) ....

....

➔ b) ....

....

➔ c) ....

....

2. Nennen Sie mindestens sieben Gruppen von Medikamenten und Materialien, die als Sprechstundenbedarf gelten?

➔ ....

➔ ....

➔ ....

➔ ....

➔ ....

➔ ....

➔ ....

3. Welche Kosten werden durch die im Rahmen der Gebührenordnungen abrechnungsfähige Leistung abgegolten?

➔ ....

➔ ....

➔ ....

➔ ....

4. Für welchen Zweck dürfen die als Sprechstundenbedarf zugelassenen Desinfektionsmittel nur verwendet werden?

➔ ....

....

5. a) Welches Formular ist für die Bestellung von Sprechstundenbedarf zu verwenden?
b) Wer ist als Kostenträger anzugeben, wenn keine abweichenden regionalen Regelungen bestehen?
c) Welches Feld muss markiert werden?

➔ a) ....

➔ b) ....

➔ c) ....

6. Wie oft und wann darf Sprechstundenbedarf bestellt werden?

➔ ....

7. **Woher wird Sprechstundenbedarf bezogen?**

➔ ....

....

8. **Wie werden Betäubungsmittel als Sprechstundenbedarf verordnet?**

➔ ....

9. **Zu wessen Lasten erfolgt die Beschaffung**
a) der Praxis-Erstausstattung mit Sprechstundenbedarf,
b) des Sprechstundenbedarfs für Bundespolizisten,
c) des Sprechstundenbedarfs für Privatpatienten
d) des Sprechstundenbedarfs für Patienten nach Arbeitsunfall?

➔ a) ....

➔ b) ....

➔ c) ....

➔ d) ....

10. **Warum müssen Impfstoffe als Sprechstundenbedarf verordnet werden?**

➔ ....

....

11. **Wie wird ein Impfstoff während des ersten Quartalsmonats verordnet, der für einen Patient benötigt wird, aber in der Praxis nicht vorrätig ist?**

➔ ....

....

12. **Welche Felder müssen bei der Verordnung von Impfstoffen auf dem Verordnungsblatt markiert werden?**

➔ ....

13. Wie ist zu verfahren, wenn der benötigte Sprechstundenbedarf nicht auf ein Verordnungsblatt passt?

- ○ bis zum nächsten Quartal warten
- ○ kleiner schreiben bis alles passt
- ○ mehrere Verordnungsblätter benutzen
- ○ Rückseite benutzen
- ○ Zettel an Verordnungsblatt kleben

14. Welche Positionen der folgenden Aufzählung gelten als Sprechstundenbedarf?

- ○ Arzneimittel
- ○ Einmalskalpelle
- ○ Einmalspritzen
- ○ Häusliche Krankenpflege
- ○ Verbandstoffe/-mittel

15. Mit welchem Vordruck werden Betäubungsmittel als Sprechstundenbedarf verordnet?

- ○ Betäubungsmittelrezept
- ○ Arzneiverordnungsblatt (Muster 16)
- ○ DIN-A4-Blatt mit Praxisstempel
- ○ Praxisverordnungsblatt
- ○ Sprechstundenbedarfsrezept

16. Welche der folgenden Medikamente und Materialien dürfen als Sprechstundenbedarf verordnet werden?

- ○ Arztkittel
- ○ Blutzuckerteststreifen
- ○ Einmal-Spritzen
- ○ Mulltupfer
- ○ Papiertücher für Patienten

17. Welche der folgenden Aussagen zur Verordnung von Sprechstundenbedarf sind richtig?

- ○ Impfstoffe werden in der Regel als Sprechstundenbedarf verordnet
- ○ Jeder Impfstoff muss für jeden Patienten einzeln zu Lasten des jeweiligen Kostenträgers verordnet werden
- ○ Nur bestimmte, mit den Krankenkassen vereinbarte Mittel, dürfen verordnet werden
- ○ Nur solche Mittel, die bei mehreren Patienten verwendet werden, dürfen verordnet werden
- ○ Zeitpunkt und Inhalt kann der Arzt nach Erfordernissen seiner Praxis selbst bestimmen

18. Welche der folgenden Medikamente und Materialien dürfen als Sprechstundenbedarf verordnet werden?

- ○ Desinfektionsmittel für Patienten
- ○ Einmal-Handschuhe
- ○ Gerätedesinfektionsmittel
- ○ Gummifingerlinge
- ○ Schmerzmittel nach amb. Operation

19. Zu wessen Lasten erfolgt die Erstbeschaffung von Sprechstundenbedarf?

- ○ BARMER
- ○ größte örtliche BKK
- ○ AOK
- ○ örtliches Sozialamt
- ○ Arzt

20. Was muss bei einer Einzelverordnung von Impfstoff beachtet werden?

- ○ „Achtung Impfstoff“ auf Verordnung
- ○ Ausstellung auf Sprechstundenbedarf
- ○ Ausstellung auf Patienten
- ○ Kasten 8 markieren
- ○ Kasten 9 markieren

21. Wann kann Sprechstundenbedarf verordnet werden?

- ○ grundsätzlich am Ende eines Quartals
- ○ grundsätzlich je nach Bedarf
- ○ halbjährlich
- ○ Impfstoffe nach Bedarf im Einzelfall
- ○ monatlich

22. Kreuzen Sie an, wer in den folgenden Fällen den Sprechstundenbedarf bezahlt, der Arzt oder die AOK über die Verordnung auf Muster 16.

Fälle	Arzt	AOK
a) Ersatzbeschaffung für AOK-Patienten		
b) Ersatzbeschaffung für DAK Gesundheit-Patienten		
c) Ersatzbeschaffung für Privatpatienten		
d) Erstausstattung für Privatpraxis		
e) Erstausstattung für Vertragsarztpraxis		
f) Ersatzbeschaffung für BKK-Patienten		
g) Ersatzbeschaffung für Knappschaft-Patienten		
h) Ersatzbeschaffung für Techniker-KK-Patienten		
i) Ersatzbeschaffung für HEK-Patienten		
j) Ersatzbeschaffung für Bundeswehrsoldaten		
k) Ersatzbeschaffung für BG-Patienten		
l) Ersatzbeschaffung für LKK-Patienten		
m) Ersatzbeschaffung für Polizeivollzugsbeamte der Bpol.		
n) Ersatzbeschaffung für Handels-KK-Patienten		

23. Füllen Sie das unten abgebildete Verordnungsblatt nach folgenden Angaben aus:
Der onkologisch tätige Internist Dr. med. Helmut Heilsam hat bei der Chemotherapie seiner Primärkassen-Patienten im letzten Quartal verbraucht:

35 Einmal-Infusionsbestecke
25 Einmal-Infusionskatheter
80 Einmal-Infusionsnadeln

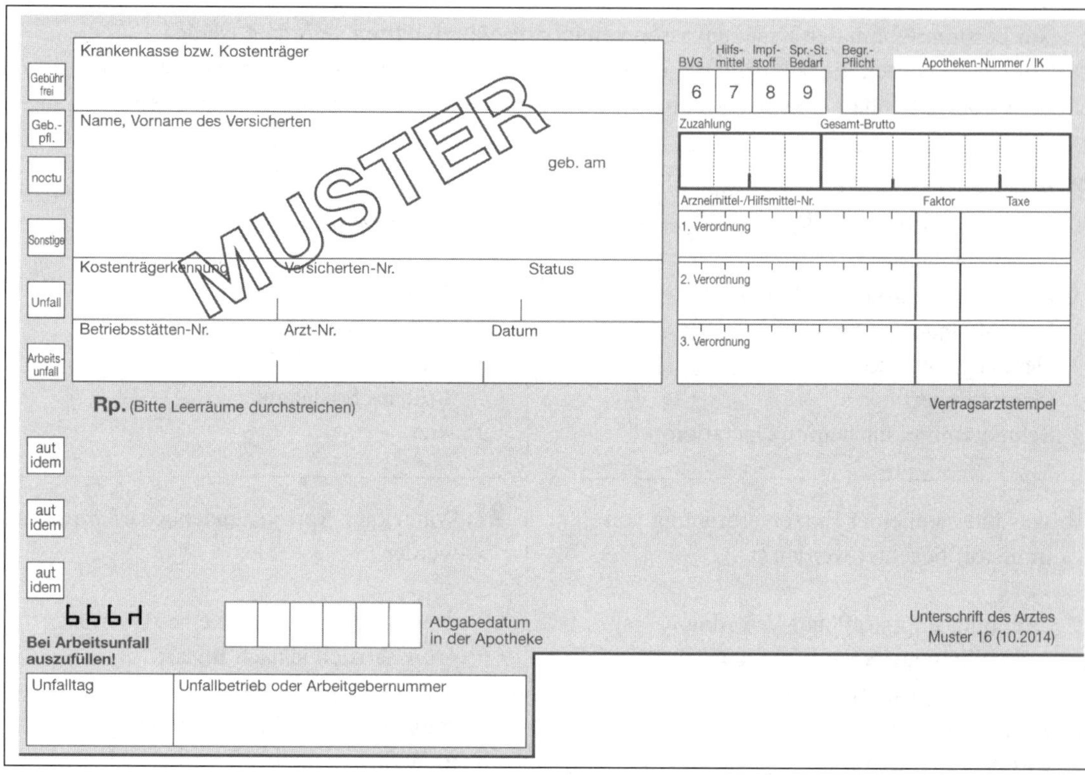
Gebühr frei
Geb.-pfl.
noctu
Sonstige
Unfall
Arbeits-unfall
Krankenkasse bzw. Kostenträger
Name, Vorname des Versicherten
geb. am
Kostenträgerkennung
Versicherten-Nr.
Status
Betriebsstätten-Nr.
Arzt-Nr.
Datum
MUSTER
BVG
Hilfs-mittel
Impf-stoff
Spr.-St. Bedarf
Begr.-Pflicht
Apotheken-Nummer / IK
6 7 8 9
Zuzahlung
Gesamt-Brutto
Arzneimittel-/Hilfsmittel-Nr.
Faktor
Taxe
1. Verordnung
2. Verordnung
3. Verordnung
Rp. (Bitte Leerräume durchstreichen)
Vertragsarztstempel
aut idem
aut idem
aut idem
6 6 6 4
Bei Arbeitsunfall auszufüllen!
Abgabedatum in der Apotheke
Unterschrift des Arztes
Muster 16 (10.2014)
Unfalltag
Unfallbetrieb oder Arbeitgebernummer

24. Füllen Sie das unten abgebildete Verordnungsblatt nach folgenden Angaben aus:
Der Förster Georg Grün, Mitglied der LKK Franken, möchte sich gegen die Frühsommermeningo-Enzephalitis (FSME) impfen lassen. Der Arzt verordnet als Sprechstundenbedarf „1 Op FSME – Impfstoff zur aktiven Schutzimpfung“.

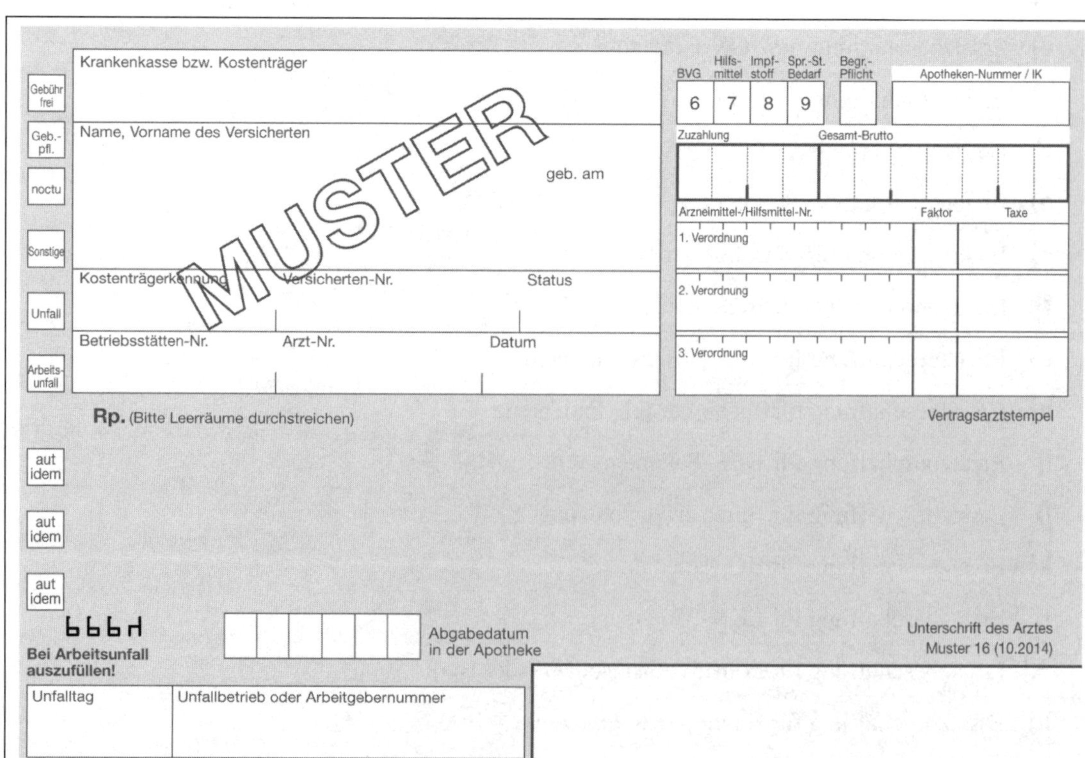
Gebühr frei
Geb.-pfl.
noctu
Sonstige
Unfall
Arbeits-unfall
Krankenkasse bzw. Kostenträger
Name, Vorname des Versicherten
geb. am
Kostenträgerkennung
Versicherten-Nr.
Status
Betriebsstätten-Nr.
Arzt-Nr.
Datum
MUSTER
BVG
Hilfs-mittel
Impf-stoff
Spr.-St. Bedarf
Begr.-Pflicht
Apotheken-Nummer / IK
6 7 8 9
Zuzahlung
Gesamt-Brutto
Arzneimittel-/Hilfsmittel-Nr.
Faktor
Taxe
1. Verordnung
2. Verordnung
3. Verordnung
Rp. (Bitte Leerräume durchstreichen)
Vertragsarztstempel
aut idem
aut idem
aut idem
6 6 6 4
Bei Arbeitsunfall auszufüllen!
Abgabedatum in der Apotheke
Unterschrift des Arztes
Muster 16 (10.2014)
Unfalltag
Unfallbetrieb oder Arbeitgebernummer

Lernfeld 7 Praxisabläufe im Team organisieren Erstellen und Versand von Schriftstücken

Erfolgreiche Praxisführung ist wesentlich abhängig vom engagierten Teamverhalten der Mitarbeiter. Dazu gehört die verantwortungsvolle Mitwirkung bei Planung, Organisation, Gestaltung und Kontrolle der Praxisabläufe ebenso wie Vorschläge zu deren Verbesserung.

Unter Nutzung der aktuellen Medien zur Erfassung, Bearbeitung und Übertragung von Informationen werden Posteingang, Postausgang einschließlich elektronischer Datenübermittlung ebenso organisiert wie Ablage und Archivierung unter Beachtung von Aufbewahrungsfristen und Datenschutz.

Lernziel im Lehrplan

Bei der Erstellung von Schriftstücken für Kassenpatienten ist nach
➡ **EBM**
zu prüfen,
ob es sich um eine
➡ **abrechnungsfähige Leistung**
handelt.

Zusätzlich ist zu prüfen, ob mit dem Versand anfallende Kosten als
➡ **Kostenerstattungen**
von den Krankenkassen oder anderen Kostenträgern übernommen werden.

Bei Abrechnunungen nach
➡ **GOÄ**
ist ebenso zu prüfen, ob die Erstellung eine
➡ **abrechnungsfähige Leistung**
darstellt und
anfallende Kosten als
➡ **Kostenerstattungen**
dem Privatpatienten oder anderen Kostenträgern berechnet werden können.

Inhaltsverzeichnis

LF 7 Praxisabläufe im Team organisieren Erstellen und Versand von Schriftstücken

▶ **Lernsituation:**

Während ihrer Ausbildung erhält Frau Biene Einblick in die Organisation von Praxisabläufen und auch in die daraus folgende Erstellung der Dienstpläne.

Da Dr. Gütlich Frau Biene umfassende Kenntnisse für den Einsatz in allen Bereichen einer ärztlichen Praxis vermitteln will, hat er ihr die Teilnahme an einem Textverarbeitungskurs ermöglicht. Jetzt teilt er sie seiner Verwaltungsfachkraft zu und beauftragt sie u.a., Kassenanfragen auf den entsprechenden Vordrucken unterschriftsreif vorzubereiten und diktierte Berichte zu schreiben, diese Schriftstücke zu versenden und die angefallenen Leistungen und Kosten nach den Möglichkeiten der jeweiligen Gebührenordnung abzurechnen.

7.1 Abrechnung nach EBM (Fall 7)

▶ **Fall 7:**

2. Jan. Dr. Gütlich stellt seinem Patienten August Aufrecht (48 Jahre; Mitglied der BARMER) eine Arbeitsunfähigkeitsbescheinigung aus (siehe LF 4).

24. Jan. Nachdem sich August Aufrecht am 22. Jan. dem Orthopäden Dr. Renk vorgestellt hat **(siehe LF 4)**, bittet Dr. Renk nach der Untersuchung Dr. Gütlich um einen Bericht über die Anamnese der zurückliegenden Jahre und die bereits erfolgten Therapiemaßnahmen sowie bisherigen Medikamentenverordnungen. Zusätzlich bittet er um Kopien von Arztberichten bisheriger fachärztlicher Untersuchungen.
Frau Biene schreibt den von Dr. Gütlich diktierten ärztlichen Brief (2 Seiten), fertigt die gewünschten Kopien (6 Seiten) an, versendet den Großbrief an Dr. Renk und rechnet die Leistungen nach den Vorgaben des EBM ab.

12. Feb. Anfrage der BARMER nach der voraussichtlichen Dauer der Arbeitsunfähigkeit nach Muster 53.

14. Feb. Herr Aufrecht erscheint bei Dr. Gütlich und bittet um einen Medikationsplan, da er von Dr. Renk drei verschiedene Medikamente verordnet bekommen hat.

Der EBM enthält hierzu Gebührenordnungsnummern in folgenden Bereichen:

- **Bereich II Kap. 1.6 Schriftliche Mitteilung, Gutachten**
- **Bereich V Kostenpauschalen**

7.1.1 Kap. 1.6 Schriftliche Mitteilungen, Gutachten (GOP 01 600 – 01 650)

Für das Entwerfen und Schreiben von ärztlichen Mitteilungen, sowie auch für das Ausfüllen von Formularanfragen stehen dem Arzt je nach Ausführlichkeit unterschiedliche Gebühren zu.

Für Auskünfte, Bescheinigungen, Zeugnisse, Berichte und Gutachten **auf besonderes Verlangen** der Krankenkasse bzw. des Medizinischen Dienstes gelten die Regelungen des Bundesmantelvertrages-Ärzte (BMV-Ä).

Kurze Bescheinigungen und Auskünfte auf vereinbarten Vordrucken **ohne** entsprechenden Aufdruck sind **ohne besonderes Honorar**, gegebenenfalls gegen Erstattung von Auslagen, auszustellen.

Zweitschriften und alle weiteren als der erste Ausdruck EDV-gespeicherter Berichte oder Arztbriefe mit Ausnahme der GOP 01 602 sind **nicht berechnungsfähig.**

Die für die **Herstellung** und **Versendung** dieser Zweitschriften entstandenen Kosten (z.B. Kopierkosten, Porto) können im Rahmen des Bereichs V Pauschalerstattungen geltend gemacht werden.

Bei **Probenuntersuchungen ohne Arzt-Patienten-Kontakt** sind die GOP 01 600 und 01 601 nicht berechnungsfähig.

Hausärzte müssen für Patienten, die mindestens drei systemisch wirkende Medikamente gleichzeitig über einen Zeitraum von mindestens 28 Tagen einnehmen, einen **Medikationsplan** (siehe LF 4, Kap. 4.4.1) ausstellen. Nur wenn der Patient keinen Arzt hat, sind auch Fachärzte dazu verpflichtet.

Auf der elektronische Gesundheitskarte können wichtige Notfalldaten des Patienten gespeichert werden. Zum Notfalldatenmanagement gehören das Anlegen, Aktualisieren und Löschen eines Notfalldatensatzes auf der Gesundheitskarte. Diese Leistungen werden mit den GOP 01 640 – 01 642 vergütet.

▶ Text der Gebührenordnung (Auszug)

GOP	Leistungsbeschreibung	Punkte
01 600	**Ärztlicher Bericht** über das Ergebnis einer Patientenuntersuchung *Der Höchstwert für die GOP 01 600 und 01 601 beträgt 180 Punkte je Behandlungsfall. Der Höchstwert ist auch auf den Arztfall anzuwenden.* *Die GOP 01 600 ist im Behandlungsfall nicht neben den Versicherten-, Grund- oder Konsiliarpauschalen berechnungsfähig.* *Die GOP 01 600 ist am Behandlungstag nicht neben den GOP 31 010 bis 31 013[1] berechnungsfähig.* *Die GOP Nr. 01 600 ist im Behandlungsfall nicht neben den GOP 01 793, 01 794, 01 841, 03 000, 03 030, 04 000, 04 030, ... berechnungsfähig.* *Die GOP 01 600 ist im Krankheitsfall nicht neben der GOP 01 842 berechnungsfähig.* [1] 31 010/31 013 Präoperativer Untersuchungskomplex; Operationsvorbereitung für ambulante und belegärztliche Eingriffe ...; diese Leistungen beinhalten obligat einen ärztlichen Brief nach GOP 01 601.	39
01 601	**Ärztlicher Brief in Form einer individuellen schriftlichen Information** des Arztes an einen anderen Arzt über den Gesundheits- bzw. Krankheitszustand des Patienten *Obligater Leistungsinhalt* – Schriftliche Informationen zu – Anamnese, – Befund(e), – Epikritische Bewertung, – Schriftliche Informationen zur Therapieempfehlung *Der Höchstwert für die GOP 01 600 und 01 601 beträgt 180 Punkte je Behandlungsfall. Der Höchstwert ist auch auf den Arztfall anzuwenden* *Die GOP 01 601 ist im Behandlungsfall nicht neben den Versicherten-, Grund- oder Konsiliarpauschalen berechnungsfähig.* *Die GOP 01 601 ist am Behandlungstag nicht neben den GOP 31 010 bis 31 013 berechnungsfähig.* *Die GOP 01 601 ist im Behandlungsfall nicht neben den GOP 01 793, 01 794, 01 841, 03 000, 03 030, 04 000, 04 030, ... berechnungsfähig.* *Die GOP 01 601 ist im Krankheitsfall nicht neben der GOP 01 842 berechnungsfähig.*	74
01 602	**GOP für die Mehrfertigung (z. B. Kopie) eines Berichtes oder Briefes** nach den GOP 01 600, 01 602, ... **an den Hausarzt** *Bei der Berechnung der GOP 01 602 ist auf dem Behandlungsausweis die Arztabrechnungsnummer oder der Name des Hausarztes ... anzugeben.* *Die GOP 01 602 für die Kopie eines Berichtes oder Briefes an den Hausarzt ist nur berechnungsfähig, wenn bereits ein Bericht oder Brief an einen anderen Arzt erfolgt ist.*	12

▶ Text der Gebührenordnung (Auszug)

GOP	Leistungsbeschreibung	Punkte
01 610	**Bescheinigung** zur Feststellung der Belastungsgrenze **(Muster 55)**	14
01 611	**Verordnung von med. Rehabilitation** unter Verwendung des Vordruckes **(Muster 61) ...**	302
01 612	**Konsiliarbericht** eines Vertragsarztes **vor Aufnahme einer Psychotherapie** durch den Psychologischen Psychotherapeuten oder Kinder- und Jugendlichenpsychotherapeuten **(Muster 22)** gemäß den Psychotherapie-Richtlinien	37
01 620	**Kurze Bescheinigung oder kurzes Zeugnis,** nur auf besonderes Verlangen der Krankenkasse oder Ausstellung der vereinbarten Vordrucke nach dem **Mustern 50**	30
01 621	**Krankheitsbericht,** nur auf besonderes Verlangen der Krankenkasse oder Ausstellung der vereinbarten Vordrucke nach den **Mustern 11, 53 oder 56**	44
01 622	**Ausführlicher schriftlicher Kurplan oder begründetes schriftliches Gutachten oder schriftliche gutachterliche Stellungnahme**, nur auf besonderes Verlangen der Krankenkasse oder **Ausstellung der vereinbarten Vordrucke nach den Mustern 20 a–d, 51, 52 oder 65**	83
01 623	**Kurvorschlag** des Arztes zum Antrag auf ambulante Kur, Ausstellung des vereinbarten Vordrucks nach **Muster 25**	53
01 624	Verordnung medizinischer **Vorsorge für Mütter und Väter** unter Verwendung des Vordrucks **Muster 64**	210
01 626	**Ärztliche Stellungnahme für die Krankenkasse bei der Beantragung einer Genehmigung zur Verordnung von Cannabis** einmal je Erstverordnung *Die GOP 01 626 ist höchstens viermal im Krankheitsfall berechnungsfähig.*	143
01 630	**Zuschlag zu den GOP 03 000, 04 000, ... für die Erstellung eines Medikationsplans** *Obligater Leistungsinhalt* – Erstellen eines Medikationsplans, – Aushändigung des Medikationsplans in Papierform an den Patienten oder dessen Bezugsperson, *Fakultativer Leistungsinhalt* – Übertragung des Medikationsplans auf die elektronische Gesundheitskarte (eGk) des Patienten einmal im Krankheitsfall *Die GOP 01 630 kann im Laufe von 4 Quartalen nur von einem Vertragsarzt abgerechnet werden.* *Die GOP 03 222, 03 362, ... sind in den drei Quartalen, die der Berechnung der GOP 01 630 folgen, nicht berechnungsfähig.* *Die GOP 01 630 ist im Behandlungsfall nicht neben den GOP 03 220, 03 221, 03 222, 03 362 ... berechnungsfähig.*	39
01 640	**Zuschlag** zu den Versichertenpauschalen, Grundpauschalen, Konsiliarpauschalen und zur GOP 30700 für **die Anlage eines Notfalldatensatzes** *Obligater Leistungsinhalt* – Persönlicher Arzt-Patienten-Kontakt – Überprüfung der Notwendigkeit zur Anlage eines Notfalldatensatzes, – Einholung der Einwilligung des Patienten zur Anlage eines Notfalldatensatzes und Anlage eines Notfalldatensatzes mit Eintragungen zu medizinisch notfallrelevanten Informationen über den Patienten, – Übertragung des Notfalldatensatzes auf die elektronische Gesundheitskarte (eGK) des Patienten, *Fakultativer Leistungsinhalt* – Aufklärung über die Hintergründe, Ziele, Inhalte und Vorgehensweise zur Erstellung von Notfalldatensätzen gemäß § 291a Absatz 3 Satz 1 Nummer 1 SGB V, – Erläuterung des Notfalldatensatzes gegenüber dem Patienten und/oder einer Bezugsperson, einmal im Krankheitsfall	80

Lernfeld 7
Seite 62

▶ Text der Gebührenordnung (Auszug)

GOP	Leistungsbeschreibung	Punkte
01 641	**Zuschlag** zu den Versichertenpauschalen, Grundpauschalen, Konsiliarpauschalen und zur GOP 30 700 für **den Notfalldatensatz** *Mit der Gebührenordnungsposition 01 641 wird insbesondere* *– die Überprüfung auf Notwendigkeit eines Notfalldatensatzes ohne anschließende Anlage oder* *– die Überprüfung und ggf. Aktualisierung eines vorhandenen Notfalldatensatzes (einschließlich Anpassung des Notfalldatensatzes auf der eGK) und/oder* *– die erstmalige Anlage oder Löschung eines Notfalldatensatzes mit ausschließlichen Eintragungen von Kommunikationsdaten (Versichertendaten, Angaben zu behandelnden Ärzten, Eintragungen zu im Notfall zu kontaktierenden Personen) und/oder freiwilligen Zusatzinformationen gemäß der Spezifikation der gematik zum Informationsmodell Notfalldaten-Management auf Wunsch des Patienten und/oder* *– die Übertragung des in der Vertragsarztpraxis bestehenden Notfalldatensatzes, z.B. bei einem Austausch oder Verlust der eGK des Patienten, vergütet.* *Die Gebührenordnungsposition 01 641 wird durch die zuständige Kassenärztliche Vereinigung zugesetzt.*	4
01 642	**Löschen des Notfalldatensatzes** *Die Gebührenordnungsposition 01 642 ist nur berechnungsfähig, sofern ein Notfalldatensatz mit medizinisch notfallrelevanten Informationen auf der eGK vorhanden ist und der Patient die Löschung sämtlicher Einträge ausdrücklich wünscht.* *Die Gebührenordnungsposition 01 640 ist in den drei Quartalen, die der Berechnung der Gebührenordnungsposition 01 642 unmittelbar folgen, nicht berechnungsfähig.*	1
01 645	Aufklärung und Beratung im Zusammenhang mit **einem ärztlichen Zweitmeinungsverfahren** sowie die Zusammenstellung, Mehrfertigung und Aushändigung von Befundmitteilungen, Berichten, Arztbriefen und anderen patientenbezogenen Unterlagen an den Patienten, einmal im Krankheitsfall *Die GOP 01 645 ist nur durch den indikationsstellenden Arzt … berechnungsfähig.* *Die Berechnung der GOP 01 645 setzt die eingriffsspezifische Dokumentation gemäß der bundeseinheitlich kodierten Zusatzkennzeichnung voraus.*	75
01 650	**Zuschlag DeQS-RL** (Richtlinie zur datengestützten einrichtungsübergreifenden Qualitätssicherung) zu verschiedenen operativen Verfahren	47

Lernfeld 7 Seite 63

7.1.2 Bereich V Kostenpauschalen (GOP 40 100–40 855)

In diesem Bereich geht es nicht um die Abrechnung ärztlicher Leistungen, sondern um Erstattungen von Kosten oder Auslagen, die dem Vertragsarzt bei seiner Tätigkeit für den Patienten entstehen.

Dieser Bereich des EBM gliedert sich in folgende Kapitel:

Kap.	Text	GOP
40.1	Präambel	
40.3	Kostenpauschalen für Versandmaterial, Versandgefäße usw. sowie für die Versendung bzw. den Transport von Untersuchungsmaterial, Röntgenaufnahmen und Filmfolien	40 100 – 40 106
40.4	Kostenpauschalen für die Versendung bzw. den Transport von Briefen, Szintigrammen und/oder schriftlichen Unterlagen, Kostenpauschale für Telefax	40 120 – 40 126
40.5	Kostenpauschalen für den Krankheitsbericht, Kurplan, Fotokopien, Testbriefchen, …	40 142 – 40 161

Kap.	Text	GOP
40.6	Leistungsbezogene Kostenpauschalen bei Herzkatheteruntersuchungen und koronaren Rekanalisationsbehandlungen	40 300 – 40 306
40.8	Leistungsbezogene Kostenpauschalen für interventionelle Eingriffe	40 454 – 40 555
40.10	Leistungsbezogene Kostenpauschalen für Radionuklide	40 500 – 40 584
40.11	Leistungsbezogene Kostenpauschalen für ophtalmologische Eingriffe	40 680 – 40 681
40.13	Leistungsbezogene Kostenpauschalen für endoskopische Gelenkeingriffe inklusive Arthroskopielösungen	40 750 – 40 754
40.14	Leistungsbezogene Kostenpauschalen für Sach- und Dienstleistungen bei Behandlung mit renalen Ersatzverfahren und extrakorporalen Blutreinigungsverfahren	40 815 – 40 838
40.15	Leistungsbezogene Kostenpauschalen für Sachkosten der Strahlentherapie	40 840 – 40 841
40.16	Leistungsbezogene Kostenpauschalen im Rahmen der Früherkennung von Brustkrebs durch Mammographie-Screening	40 850 – 40 855

Der EBM weist diese Kostenpauschalen nicht in Form eines Punktwertes aus, sondern in Form eines festen EUR-Betrag.
Beispielhaft werden im Folgenden Auszüge aus den Kapiteln 40.4 und 40.5 wiedergegeben:

▶ Text der Gebührenordnung (Auszug)

GOP	Leistungsbeschreibung (Kap. 40.4)	EUR
40 120	Kostenpauschale für die Versendung bzw. den Transport von **Briefen** und/oder **schriftlichen Unterlagen bis 20 g** (z.B. im Postdienst Standardbrief) oder für die **Übermittlung eines Telefax**	0,55
40 122	Kostenpauschale für die Versendung bzw. den Transport von **Briefen** und/oder **schriftlichen Unterlagen bis 50 g** und/oder **digitalen Befunddatenträgern** (z.B. im Postdienst Kompaktbrief)	0,90
40 124	Kostenpauschale für die Versendung bzw. den Transport von **Briefen** und/oder **schriftlichen Unterlagen bis 500 g** (z.B. im Postdienst Großbrief)	1,45
40 126	Kostenpauschale für die Versendung bzw. den Transport von **Briefen** und/oder **schriftlichen Unterlagen bis 1000 g** (z.B. im Postdienst Maxibrief)	2,20
40 142	Kostenpauschale für Leistungen entsprechend den GOP 01 620, 01 621 oder 01 622, bei **Abfassung in freier Form, wenn vereinbarte Vordrucke nicht verwendet werden können,** je Seite	1,50
40 144	Kostenpauschale für fotokopierte oder EDV-technisch reproduzierte **Befundmitteilungen, Berichte, Arztbriefe und andere patientenbezogene Unterlagen ausschließlich für den mit- oder weiterbehandelnden oder konsiliarisch tätigen Arzt oder den Arzt des Krankenhauses,** je Seite	0,13

▶ Erläuterungen

1. Bei den **Kostenpauschalen für Porto** orientieren sich die Beträge an älteren **Posttarifen.** Werden andere Transportunternehmen eingeschaltet, wie z.B. UPS oder DPD, mit meistens vom EBM abweichenden Tarifen, kann trotzdem nur nach den Tarifen des Kapitels 40 abgerechnet werden.

Es werden aber auch die zusätzlichen Kosten berücksichtigt, z.B. wenn infektiöses Material als Wertbrief versandt werden muss.

2. Für die Übermittlung eines **Arztbriefes in elektronischer Form** wird eine Pauschale von 55 Cent gezahlt, die sich Sender und Empfänger teilen müssen:
- **GOP 86 900** für das **Versenden** eines e-Arztbriefes, je Empfängerpraxis: 28 Cent
- **GOP 86 901** für das **Empfangen** eines e-Arztbriefes: 27 Cent.

(Hinweis: Diese Regelung endet spätestens am 31.12.2019)

7.1.3 Abrechnung Fall 7 (siehe Seite 60)

▶ Fall 7 – Hausarzt:

Abrechnung nach EBM:

2. Jan.	--------	Ausstellung Arbeitsunfähigkeitsbescheinigung (Muster 1), in Versichertenpauschale enthalten
24. Jan.	--------	Ärztlicher Brief in Form einer individuellen schriftlichen Information in Versichertenpauschale enthalten
	40 144 x 6	Kostenpauschale für Fotokopien
	40 124	Kostenpauschale für Großbrief
12. Feb.	01 621	Muster 53
14. Feb.	01 630	Medikationsplan

7.2 Abrechnung nach GOÄ (Fall 7)

▶ Fall 7:

2. Jan. Dr. Gütlich stellt seinem Patienten Adalbert Aufrecht (48 Jahre; Privatpatient) eine Arbeitsunfähigkeitsbescheinigung aus **(siehe LF 4)**.

24. Jan. Nachdem sich Adalbert Aufrecht am 22. Jan. dem Orthopäden Dr. Renk vorgestellt hat **(siehe LF 4)**, bittet Dr. Renk nach der Untersuchung Dr. Gütlich um einen Bericht über die Anamnese der zurückliegenden Jahre und die bereits erfolgten Therapiemaßnahmen sowie bisherigen Medikamentenverordnungen. Zusätzlich bittet er um Kopien von Arztberichten bisheriger fachärztlicher Untersuchungen.
Frau Biene schreibt den von Dr. Gütlich diktierten ärztlichen Brief (2 Seiten), fertigt die gewünschten Kopien (6 Seiten) an, versendet den Großbrief an Dr. Renk und rechnet die Leistungen nach den Vorgaben der GOÄ ab.

12. Feb. Herr Aufrecht bittet Dr. Gütlich um einen schriftlichen Befundbericht zur Krankheitsdiagnose und zur voraussichtlichen Dauer der Behandlungsbedürftigkeit für seine private Krankenversicherung.

14. Feb. Herr Aufrecht erscheint bei Dr. Gütlich und bittet um einen Medikationsplan, da er von Dr. Renk drei verschiedene Medikamente verordnet bekommen hat.

Lernfeld 7 Seite 65

Die GOÄ enthält hierzu Gebührenordnungsnummern in folgenden Bereichen:

- **Abschn. B VI.** **Berichte, Briefe**
- **GOÄ Teil 1 § 10** **Ersatz von Auslagen**

7.2.1 Abschn. B VI. Berichte, Briefe (Nrn. 70–96)

	Text der GOÄ (Auszug)	Punktzahl	1-fach EUR	2,3-fach EUR	3,5-fach EUR
70	Kurze Bescheinigung oder kurzes Zeugnis, Arbeitsunfähigkeitsbescheinigung *Neben der Leistung nach Nr. 70 sind Gebühren nach den Nrn. 95 und 96 nicht berechnungsfähig.*	40	2,33	5,36	8,16
75	Ausführlicher schriftlicher Krankheits- und Befundbericht (einschließlich Angaben zur Anamnese, zu dem(n) Befund(en), zur epikritischen Bewertung und gegebenenfalls zur Therapie) *Die Befundmitteilung oder der einfache Befundbericht ist mit der Gebühr für die zu Grunde liegende Leistung abgegolten.*	130	7,58	17,43	26,52
76	Schriftlicher Diätplan, individuell für den einzelnen Patienten aufgestellt	70	4,08	9,38	14,28

	Text der GOÄ (Auszug)	Punkt-zahl	1-fach EUR	2,3-fach EUR	3,5-fach EUR
77	Schriftliche, individuelle Planung und Leitung einer Kur mit diätischen, balneologischen und/oder klimatherapeutischen Maßnahmen unter Einbeziehung gesundheitserzieherischer Aspekte	150	8,74	20,11	30,60
80	Schriftliche gutachterliche Äußerung	300	17,49	40,22	61,20
95	Schreibgebühr, je angefangene DIN-A4-Seite	60	3,50	–	–
96	Schreibgebühr, je Kopie *Die Schreibgebühr nach den Nrn. 95 und 96 sind nur neben den Leistungen nach den Nrn. 80, 85 und 90 und nur mit dem einfachen Gebührensatz berechnungsfähig.*	3	0,17	–	–
100	Darüberhinaus beinhaltet die GOÄ einen eigenständigen Abschn. B VII. (Nrn. 100–107) über Leistungen im Zusammenhang mit der **Todesfeststellung.** Untersuchung eines Toten – einschließlich Feststellung des Todes und Ausstellung des Leichenschauscheines – **Hinweis:** Ab 1. Januar 2020 soll die **GOÄ-Nr. 100 „vorläufige Leichenschau"** heißen und mit rund 111 € vergütet werden. Die Mindestdauerder Untersuchung beträgt 20 Minuten. Hinzu kommt die dann neue **GOÄ-Nr. 101 „eingehende Leichenschau"** mit einer Mindestdauer von 40 Minuten. Das Honorar hierfür soll 166 € betragen. Die ebenfalls dann neue **GOÄ-Nr. 102** ist ein Zuschlag von 28 € zur GOÄ-Nr. 100 oder 101 bei **unbekannten Toten und/oder besonderen Umständen.**	250	14,57	33,52	51,00

Lernfeld 7
Seite 66

▶ Erläuterungen

1.	**Die Leistungen nach den Nrn. 70, 75, 76 und 80 (weitere sind in der GOÄ genannt) betreffen die Ausstellung von Bescheinigungen, Berichten oder Gutachten.** Für die Abrechnung einer solchen „schriftlichen" Leistung ist entscheidend, ob es sich z. B. um das Ausfüllen eines Vordrucks, um einen Bericht mit kurzer ärztlicher Auswertung oder um ein ausführliches ärztliches Gutachten handelt.
2.	**Schreibgebühren nach den Nrn. 95 und 96** können **zusätzlich nur** zu den Leistungen nach den Nrn. 80, 85 und 90 berechnet werden. Schreibgebühren können nur mit dem **einfachen Satz** berechnet werden; **Portokosten** für den postalischen Versand von Gutachten und Berichten dürfen berechnet werden.
3.	Die Kosten für Leistungen im Zusammenhang mit der **Todesfeststellung** trägt derjenige, der auch für die Bestattungskosten aufkommt.
4.	Für die **Zusendung der Arzt-Rechnung** an den Zahlungspflichtigen dürfen Versand und Portokosten **nicht** berechnet werden (siehe § 10).
5.	Das Ausstellen eines **Medikationsplans nach GOÄ** erfolgt analog, z. B. über die GOÄ-Nr. A76.

▶ *Beispiele*

A	*Der Arzt A schreibt an den Arzt B einen Brief und teilt diesem das Ergebnis seiner Untersuchung und den Röntgenbefund über Ernst Patient mit.* ***Abrechnung nach GOÄ: Nr. 75 + Porto***
B	*Ernst Patient erhält vom Arzt ein begründetes schriftliches Gutachten in 2-facher Ausführung, das insgesamt 6 Seiten umfasst, um damit seine Versorgungsansprüche zu belegen.* ***Abrechnung nach GOÄ: Nr. 80 + Nr. 95 x 6 + Nr. 96 x 6***
C	*Der Arzt schickt eine Rechnung an den Patienten.* ***Abrechnung nach GOÄ: nichts, auch Porto nicht berechnungsfähig***7.2.2

7.2.2 GOÄ Teil 1 § 10 Ersatz von Auslagen

Als **Ersatz von Auslagen (§ 10 GOÄ)** kann der Arzt neben den für die einzelnen ärztlichen Leistungen festgesetzten Gebühren nur Auslagen für ganz bestimmte Kosten dem Patienten in Rechnung stellen; andere Auslagen gehören zu den Betriebskosten und sind mit der Gebühr abgegolten.

Berechnungsfähig sind:

- Arzneimittel, Verbandmittel und sonstige Materialien, die der Patient behält oder die mit einer einmaligen Anwendung verbraucht sind.
- Versand- und Portokosten, die durch Leistungen nach den Abschnitten
  M = Laboratoriumsuntersuchungen,
  N = Histologie, Zytologie, Zytogenetik
  O = Strahlendiagnostik, Anwendung radioaktiver Stoffe (Radionuklide) und Strahlentherapie
  entstanden sind.
- Kosten für den Verbrauch von radioaktiven Stoffen
- Kosten, die im Gebührenverzeichnis als gesondert berechnungsfähig ausgewiesen sind (z.B. Tierkosten bei Laboruntersuchung)

Nicht berechnungsfähig sind:

- Kleinmaterialien wie Zellstoff, Mulltupfer, Mullkompressen, Schnellverbandmaterial, Verbandspray, Gewebeklebestoff, Holzspatel, Holzstäbchen, Wattestäbchen, Gummifingerlinge
- Reagenzien und Narkosemittel zur Oberflächenanästhesie
- Desinfektions- und Reinigungsmittel
- Augen-, Ohren-, Nasentropfen, Puder, Salben und geringwertige Arzneimittel zur sofortigen Anwendung
- Einmalartikel wie Einmalspritzen, Einmalkanülen, Einmalhandschuhe, Einmalharnblasenkatheter, Einmalskalpelle, Einmalproktoskope, Einmaldarmrohre, Einmalspekula

▶ **Hinweis:**

Die Auslagen dürfen **nur in der Höhe** geltend gemacht werden, wie sie auch **tatsächlich entstanden** sind.

Bei der Organisation von Praxisabläufen, hier insbesondere bei Schriftstücken, sind im Zusammenhang mit der **Aufbewahrung von Schriftgut** die unterschiedlichen Aufbewahrungsfristen zu beachten;
siehe hierzu ausführlich LF 1, Kap. 1.4 Ärztliche Pflichten.

7.2.3 Abrechnung Fall 7 (siehe Seite 65)

▶ **Fall 7 – Hausarzt:**

	Abrechnung nach GOÄ:	
2. Jan.	70	Ausstellung Arbeitsunfähigkeitsbescheinigung
24. Jan.	75	Ausführlicher schriftlicher Krankheits- und Befundbericht
	------	Schreibgebühr, nicht neben Nr. 75 berechnungsfähig
	0,30 €	Kopierkosten Auslagenersatz zu tatsächlichen Kosten nach § 10 (6 x 0,05 EUR = 0,30 EUR)
	1,55 €	Porto Großbrief, Auslagenersatz zu tatsächlichen Kosten nach § 10
12. Feb.	75	Ausführlicher schriftlicher Krankheits- und Befundbericht
	0,95 €	Porto Kompaktbrief, Auslagenersatz zu tatsächlichen Kosten nach § 10
14. Feb.	A76	Medikationsplan

7.3 Fragen und Fälle zu Lernfeld 7

1. **Sind nach EBM die Kosten des Postversandes in der Gebühr für schriftliche Mitteilungen oder Gutachten enthalten?**

➔ ....

....

2. **Erhält der Arzt für alle Bescheinigungen eine Gebühr nach EBM?**

➔ ....

3. **Welche Vergütung nach EBM steht für den zweiten Computerausdruck eines Arztbriefes zur Verfügung?**

➔ ....

4. **Welche Bedingungen gelten für die Abrechnung von Schreibgebühren nach GOÄ?**

➔ ....

➔ ....

5. **Dürfen nach GOÄ Portokosten berechnet werden im Zusammenhang mit der Übersendung**
a) eines Berichtes an den Hausarzt des Patienten,
b) der Liquidation an den Patienten?

➔ a) ....

➔ b) ....

6. **Mit welcher GOP darf der Hausarzt das Erstellen eines Medikationsplan abrechnen? Was muss er beachten?**

➔ ....

➔ ....

Rechnen Sie die folgenden Fälle ab; jeweils nach EBM für einen Kassen- und nach GOÄ für einen Privatpatienten.

7.	Fälle	EBM-GOP	GOÄ-Nrn.
a)	Der Radiologe Dr. Radarius bedankt sich in einem ärztlichen Bericht bei dem Orthopäden Dr. Renk für die Überweisung der Patientin Thea Trauma und teilt das Ergebnis der Patientenuntersuchung mit. Der Brief wiegt 14 g. Eine Kopie seines Berichtes (2 Seiten) schickt Dr. Radarius an den Hausarzt von Frau Trauma, Herrn Dr. Gütlich. Der Brief wiegt 16 g.		
b)	Der Patient Gustavo Grippa erhält nach symptombezogener Untersuchung und Beratung eine Arbeitsunfähigkeitsbescheinigung. Die Bescheinigung wiegt 8 g.		

Lernfeld 7
Seite 69

7.	Fälle	EBM-GOP	GOÄ-Nrn.
c)	Nach Ende der Sprechstunde stellt der Orthopäde Dr. Renk seinem Patienten Rudi Rastlos wegen dessen chronischer rheumatischer Erkrankung die Bescheinigung über die Feststellung der Belastungsgrenze nach Muster 55 aus und sendet diese an die gesetzliche Krankenkasse des Herrn Rastlos. Der Brief wiegt 11 g.		(gibt es für Privatpatienten nicht)
d)	Nach einer Operation bittet die gesetzliche Krankenkasse/private Krankenversicherung der Patientin Verena Vermeyen den Hausarzt Dr. Gütlich um einen ausführlichen schriftlichen Kurplan.		
e)	Nach vorheriger telefonischer Absprache händigt die medizinische Fachangestellte Heidi Hummel der Ehefrau von Patient Walter Wehrlos, den Dr. Gütlich gestern ins Krankenhaus eingewiesen hat, Fotokopien von Befundberichten (5 Seiten) für den Krankenhausarzt aus. Der Umschlag wiegt 35 g.		
f)	Auf Bitte von Patientin Inge Isegrim schreibt Herr Dr. Gütlich einen schriftlichen Krankheitsbericht als individuelle Information für ihre private Kranken(zusatz)versicherung.		
g)	Auf Verlangen der gesetzlichen Krankenkasse/privaten Krankenversicherung erstellt Dr. Renk eine schriftliche gutachterliche Stellungnahme ohne Verwendung eines vereinbarten Vordrucks (2 Seiten) über die Erkrankung seines Patienten Erwin Ernstl. Der Brief wiegt 15 g.		
h)	Auf Wunsch des Patienten Ludwig Leblos erstellt Dr. Gütlich einen ausführlichen ärztlichen Bericht über den Gesundheitszustand seines Patienten, den dieser für den Abschluss einer Lebensversicherung benötigt und sendet ihn Herrn Leblos zu. Der DIN-A4-Brief wiegt 27 g.		

Lernfeld 8 Patienten bei diagnostischen und therapeutischen Maßnahmen der Erkrankungen des Urogenitalsystems begleiten

Kenntnisse über anatomische, physiologische und pathologische Zusammenhänge des Urogenitalsystems sind Voraussetzung, um bei der Vorbereitung, Durchführung und Nachbereitung von entsprechenden diagnostischen und therapeutischen Maßnahmen mitwirken zu können.
Neben den Tätigkeiten am Patienten, die hier besonders Feingefühl und Diskretion verlangen, sind Laborarbeiten zu organisieren, die vorschriftsmäßige Aufbewahrung und Versendung von Proben sicherzustellen. Die erbrachten Leistungen werden nach Maßgabe der Gebührenordnungen und Regelwerke abgerechnet.

Teil 1: Erkrankungen des Urogenitalsystems

Lernziel im Lehrplan

Neben dem
➡ **Hausarzt**
wird bei diesen Erkrankungen insbesondere der
➡ **Urologe**
in Anspruch genommen.

Je nach Ausprägung der Symptomatik können unterschiedliche
➡ **gebietsspezifische Leistungen**
erbracht werden.

Bei Kassenpatienten erfolgt die Abrechnung nach
➡ **EBM.**

Bei Privatpatienten erfolgt die Abrechnung der medizinisch gleichen Leistungen nach
➡ **GOÄ.**

Inhaltsverzeichnis

Lernziel im Lehrplan

Inhaltsverzeichnis

Teil 2: Empfängnisregelung, Schwangerschaft und Geburt

Diese Leistungen können zu einem Teil vom
➡ **Hausarzt**,
aber überwiegend vom
➡ **Gynäkologen**
erbracht werden.

Leistung im Zusammenhang mit Schwangerschaft und Geburt können nur von
➡ **Gynäkologen**
erbracht werden.

Für Kassenpatienten sind die entsprechenden
➡ **Formulare der vertragsärztlichen Versorgung**
auszufüllen.

LF 8 Patienten bei diagnostischen und therapeutischen Maßnahmen der Erkrankung des Urogenitalsystems begleiten

▶ **Arbeitshinweis:**

Die inhaltliche Ausgestaltung dieses Lernfeldes im Rahmenlehrplan verlangt im Bereich der Abrechnung aus der Systematik der Gebührenordnungen heraus eine Gliederung in zwei große Teile:

- **Teil 1: Erkrankungen des Urogenitalsystems**
- **Teil 2: Empfängnisregelung, Schwangerschaft und Geburt**

Teil 1: Erkrankungen des Urogenitalsystem

▶ **Lernsituation:**

Während ihrer Ausbildung lernt Frau Biene die verschiedensten Krankheitsbilder kennen.

Dr. Gütlich erklärt ihr die unterschiedliche Symptomatik bei Erkrankungen des Urogenitalsystems, seine Möglichkeiten der Diagnostik und Therapie und die Notwendigkeit, die Patienten zur weiteren Diagnostik an einen Facharzt für Urologie überweisen zu müssen.

Sie bereitet die von Dr. Gütlich veranlassten Verordnungen und Überweisungen unterschriftsreif vor und hilft den Patienten bei der Organisation der weiteren ärztlichen Versorgung.

Frau Biene lernt, die erbrachten Leistungen nach der für den jeweiligen Kostenträger richtigen Gebührenordnung abzurechnen.

8.1 Hausärztliche Gebührenordnungspositionen (Fall 8)

▶ **Arbeitshinweis:**

Auch bei Erkrankungen des Urogenitalsystems kann der Hausarzt wie auch bei den Erkrankungen des Bewegunsapparates die ihm zugewiesenen Gebührenordnungspositionen abrechnen.

Hier gelten die entsprechenden EBM-Kapitel aus LF 4 Kap. 4.1 Hausärztliche Leistungen.

▶ **Fall 8:**

2.Okt. Patient Horst Harnisch (63 Jahre, Mitglied der Kaufmännischen Krankenkasse) erscheint in der Praxis seines Hausarztes Dr. Gustav Gütlich und klagt über Probleme beim Wasserlassen. Er müsse auch nachts häufiger aufstehen, habe ansonsten aber keine Schmerzen. Herr Harnisch gibt an, noch nie an einer Krebsfrüherkennungsuntersuchung teilgenommen zu haben.
Dr. Gütlich stellt bei der rektalen Untersuchung eine vergrößerte und höckrige Prostata fest. Er nimmt dem Patienten Blut ab und veranlasst die Untersuchung auf prostataspezifisches Antigen im Speziallabor. Er bestellt den Patienten für den 4. Okt. wieder ein.

4. Okt. Herr Harnisch erscheint wie bestellt bei Dr. Gütlich, der ihm in einem ausführlichen Beratungsgespräch über 15 Minuten mitteilt, dass der PSA-Wert deutlich erhöht ist und er eine weiterführende Diagnostik durch einen Urologen empfiehlt. Mit Einverständnis von Herrn Harnisch stellt Dr. Gütlich eine Überweisung zum Urologen wegen Verdacht auf Prostatatumor aus.

Fall 8 – Hausarzt: (siehe Seite 73)

Abrechnung nach EBM:

2. Okt. 03 000 Versichertenpauschale

4. Okt. 03 230 ausführliches ärztliches Gespräch von mind. 10 Minuten Dauer

8.2 Kap. 26 EBM Urologische Gebührenordnungspositionen (Fall 8 – Fortsetzung)

Fall 8 – Fortsetzung:

7. Okt. Patient Horst Harnisch erscheint mit der Überweisung seines Hausarztes Dr. Gütlich in der Praxis des Facharztes für Urologie Dr. Norbert Niersteiner.
Dr. Niersteiner untersucht den Patienten und findet in einer Ultraschalluntersuchung der Prostata den Tastbefund von Herrn Dr. Gütlich bestätigt. Aufgrund dieses Befundes und des erhöhten PSA-Wertes veranlasst er eine Computertomographie und bestellt Herrn Harnisch anschließend wieder ein.

10. Okt. Dr. Niersteiner empfängt Herrn Harnisch und teilt ihm mit, dass die Ergebnisse der Computertomographie den Verdacht auf ein Prostatakarzinom nicht ausräumen konnten und er deshalb eine Prostatapunktion durchführen möchte.
Mit dem Einverständnis von Herrn Harnisch führt Dr. Niersteiner die Punktion durch. Nach Vorliegen des histologischen Befundes wird Dr. Niersteiner seinen Patienten telefonisch informieren.

15. Okt. Dr. Niersteiner ruft Herrn Harnisch an und teilt ihm mit, dass sich kein Verdacht auf bösartige Veränderungen ergeben habe, empfiehlt aber kurzfristige Kontrollen und die regelmäßige Teilnahme an den Früherkennungsuntersuchungen.
Zur Behandlung der Miktionsbeschwerden bestellt er Herrn Harnisch noch einmal ein.

22. Okt. Dr. Niersteiner lässt sich noch einmal die Beschwerden von Herrn Harnisch genau schildern und führt dann eine Urethradruckprofilmessung durch. Anschließend verordnet er dem Patienten ein entsprechendes Medikament.

8.2.1 Kap. 26.1 Präambel

Die Präambel dieses Kapitel bestimmt, dass die hier genannten GOP ausschließlich von Fachärzten für Urologie berechnet werden können.

Weiterhin ist in der Präambel bestimmt, dass für die oben genannten Vertragsärzte außer den in diesem Kapitel genannten GOP die folgenden GOP berechnungsfähig sind:

aus Bereich II Arztgruppenübergreifende allgemeine GOP

EBM-GOP	Abschnitt	Leistungsbeschreibung (Kurzfassung)
01 100 – 01 102	1.1	Aufwandserstattung für die besondere Inanspruchnahme des Vertragsarztes durch einen Patienten
01 205, 01 207, 01 210, 01 212, 01 214, 01 216, 01 218, 01 220 – 01 224, 01 226	1.2	GOP für die Versorgung im Notfall und im organisierten ärztlichen Not(-fall)dienst
01 320 – 01 321	1.3	Grundpauschalen für ermächtigte Ärzte, Krankenhäuser bzw. Institute
01 410 – 01 416, 01 418, 01 420, 01 422, 01 424 – 01 426, 01 430, 01 435, 01 436, 01 439, 01 440, 01 450, 01 460, 01 461	1.4	Besuche, Visiten, Prüfung der häuslichen Krankenpflege, Verwaltungskomplex, telefonische Beratung, Konsultationspauschale, Verweilen, Cannabisbehandlung

aus Bereich II Arztgruppenübergreifende allgemeine GOP – Fortsetzung

EBM-GOP	Abschnitt	Leistungsbeschreibung (Kurzfassung)
01 510 – 01 512	1.5	Ambulante praxisklinische Betreuung und Nachsorge
01 600 – 01 602, 01 610 – 01 612, 01 620 – 01 624, 01 626, 01 630, 01 640 – 01 642, 01 650	1.6	Schriftliche Mitteilungen, Gutachten
01 701	1.7.1	Früherkennung von Krankheiten bei Kindern
01 731, 01 737, 01 740, 01 747, 01 748	1.7.2	Früherkennung von Krankheiten bei Erwachsenen
01 783, 01 800, 01 802 – 01 804, 01 806 – 01 811	1.7.4	Mutterschaftsvorsorge
01 820, 01 821	1.7.5	Empfängnisregelung
01 850, 01 851, 01 853, 01 854, 01 857	1.7.6	Sterilisation
01 949 – 01 952, 01 955, 01 956, 01 960	1.8	GOP bei Substitutionsbehandlung der Drogenabhängigkeit
02 100, 02 101, 02 110 – 02 112, 02 120	2.1	Infusionen, Transfusionen, Reinfusionen Programmierung von Medikamentenpumpen
02 200	2.2	Tuberkulintestung
02 300 – 02 302, 02 310, 02 320 – 02 323, 02 330, 02 331, 02 340, 02 341, 02 360	2.3	Kleinchirurgische Eingriffe, Allgemeine therapeutische Leistungen
02 510 – 02 512	2.5	Physikalisch-therapeutische GOP
19 310 bis 19 312	19 19.3	Pathologische GOP Diagnostische GOP

aus Bereich IV Arztgruppenübergreifende spezielle GOP

EBM-GOP	Abschnitt	Leistungsbeschreibung (Kurzfassung)
30 400 – 30 402, 30 410, 30 411, 30 420, 30 421	30.4	Physikalische Therapie
30 800	30.8	Soziotherapie
36 884	36.6	Belegärztlich konservativer Bereich
37100, 37102, 37113, 37120	37	Kooperations- und Koordinationsleistungen im Pflegeheim

Außerdem alle EBM-GOP aus den Kapiteln/Abschnitten:

30.1	Allergologie
30.2.1	Chirotherapie
30.3	Neurophysiologische Übungsbehandlung
30.5	Phlebologie
30.6	Proktologie
30.7.1	Schmerztherapeutische Versorgung chronisch schmerzkranker Patienten
30.7.2	Andere schmerztherapeutische Behandlungen
30.12	Spezielle Diagnostik und Eradikationstherapie bei Trägern mit MRSA
30.13	Spezialisierte geriatrische Diagnostik und Versorgung
31.2	Ambulante Operationen
31.3	Postoperative Überwachungskomplexe
31.4.3	Postoperative Behandlungskomplexe im Fachärztlichen Versorgungsbereich
31.5	Anästhesien im Zusammenhang mit der Erbringung von Leistungen des Abschnitts 31.2
31.6	Orthopädisch-chirurgisch konservative GOP
32	Laboratoriumsmedizin, Molekulargenetik und Molekularpathologie
33	Ultraschalldiagnostik
34	Diagnostische und interventionelle Radiologie, Computertomographie und Magnetfeld-Resonanz-Tomographie
35	Leistungen gemäß den Psychotherapie-Richtlinien
36.2	Belegärztliche Operationen
36.3	Postoperative Überwachungskomplexe
36.5	Anästhesien im Zusammenhang mit … Abschn. 36.2
36.6.2	Konservativ-belegärztliche Strukturpauschalen
37.3	Besonders qualifizierte und palliativmedizinische Versorgung
37.4	Versorgungsplanung
38	Delegationsfähige Leistungen

Zusätzlich berechnungsfähig sind Kostenpauschalen entsprechend den Regelungen in Bereich V.

8.2.2 Kap. 26.2 Urologische Grundpauschalen (GOP 26 210–26 212)

▶ Text der Gebührenordnung (Auszug)

GOP	Leistungsbeschreibung	Punkte
	Grundpauschale *Obligater Leistungsinhalt* – Persönlicher Arzt-Patienten-Kontakt *Fakultativer Leistungsinhalt* – Weitere persönliche oder andere Arzt-Patienten-Kontakte gemäß 4.3.1 und der Allgemeinen Bestimmungen, – Ärztlicher Bericht entspr. der GOP 01 600 – Individueller Arztbrief entspr. der GOP 01 601 – In Anhang 1 aufgeführte Leistungen einmal im Behandlungsfall	
26 210	für Versicherte bis zum vollendeten 5. Lebensjahr	149
26 211	für Versicherte ab Beginn des 6. bis zum vollendeten 59. Lebensjahr	166
26 212	für Versicherte ab Beginn des 60. Lebensjahr *Die GOP 26 210 bis 26 212 sind nicht neben der GOP 01 436 berechnungsfähig.*	198
26 220	**Zuschlag für die urologische Grundversorgung** gemäß Allgemeiner Bestimmungen 4.3.8 zu den GOP 26 210 bis 26 212 einmal im Behandlungsfall *Der Zuschlag nach der GOP 26 220 kann ausschließlich in Behandlungsfällen abgerechnet werden, in denen Leistungen der fachärztlichen Grundversorgung gemäß Anhang 3 und/oder regionaler Vereinbarungen erbracht und berechnet werden.*	35
26 222	**Zuschlag zur GOP 26 220** einmal im Behandlungsfall	9
26 227	**Zuschlag zur den GOP 26 210 – 26 212** (für das Erstellen eines Medikationsplans) einmal im Behandlungsfall *Die GOP 26 227 ist nicht berechnungsfähig, wenn im Krankheitsfall bereits die GOP 01 630 berechnet wurde.*	2

Hinweis: *Der Zuschlag nach GOP 26 220 wird von den meisten KV'en automatisch zugesetzt, die Zuschläge nach GOP 26 222 und 26 227 werden grundsätzlich automatisch zugesetzt!*

8.2.3 Kap. 26.3 Diagnostische und therapeutische GOP (GOP 26 310–26 352)

GOP	Leistungsbeschreibung	Punkte
26 310	**Urethro(-zysto)skopie des Mannes** *Obligater Leistungsinhalt* – Urethro(-zysto)skopie des Mannes, – Patientenaufklärung zur Untersuchung und zu den möglichen therapeutischen Maßnahmen in derselben Sitzung in angemessenem Zeitabstand vor dem Eingriff, – Information zum Ablauf der vorbereitenden Maßnahmen vor dem Eingriff und zu einer möglichen Sedierung und/oder Prämedikation, – Nachbeobachtung und -betreuung	

▶ Text der Gebührenordnung (Auszug)

GOP	Leistungsbeschreibung	Punkte
26 310	*Fakultativer Leistungsinhalt* – Prämedikation/Sedierung – Lokalanästhesie, – Probeexzision(en), – Schlitzung des/der Harnleiterostiums/-ostien, – Fremdkörperentfernung aus der männlichen Harnröhre unter urethroskopischer Sicht *Die Leistung nach der Nr. 26 310 ist im Behandlungsfall nicht neben der Leistung nach der Nr. 26 313 berechnungsfähig*	444
26 311	**Urethro(-zysto)skopie der Frau** *parallel zu 26 310*	272
26 312	**Urethradruckprofilmessung mit fortlaufender Registrierung** *Obligater Leistungsinhalt* – Elektromanometrische Druckmessung der Urethra, – Fortlaufende grafische Registrierung *Fakultativer Leistungsinhalt* – Physikalische(r) Funktionstest(s)	290
26 313	**Zusatzpauschale apparative** Untersuchung bei **Harninkontinenz** oder **neurogener Blasenentleerungsstörung** *Obligater Leistungsinhalt* – Elektromanometrische Druckmessung der Blase und des Abdomens, – EMG, – Fortlaufende grafische Registrierung, – Messung des Abdominaldruckes, *Fakultativer Leistungsinhalt* – Leistungen nach den Nrn. 26 310 bis 26 312, – Physikalische Funktionsteste *Die GOP 26 313 ist im Behandlungsfall nicht neben den GOP 26 310, 26 311, 26 312 und 26 340 berechnungsfähig.* einmal im Behandlungsfall	651
26 330	**Zusatzpauschale extrakorporale Stoßwellenlithotripsie (ESWL)** *Obligater Leistungsinhalt* – Extrakorporale Stoßwellenlithotripsie (ESWL) von Harnsteinen, – Patientenaufklärung in angemessenem Zeitabstand vor dem Eingriff, – Information zum Ablauf der vorbereitenden Maßnahmen vor dem Eingriff und zu einer möglichen Sedierung und/oder Prämedikation, – Nachbeobachtung und -betreuung, – Steinortung, *Fakultativer Leistungsinhalt* – Leistungen nach den Nrn. 02 100, 26 322, 26 325, Kap. 33 und 34, – Prämedikation/Sedierung, – in mehreren Sitzungen je behandelter Seite einmal im Krankheitsfall	5119

Text der Gebührenordnung (Auszug)

GOP	Leistungsbeschreibung	Punkte
26 340	**Kalibrierung/Bougierung der Harnröhre** *Obligater Leistungsinhalt* – Kalibrierung/Bougierung der Harnröhre, – Patientenaufklärung zur Untersuchung und zu den möglichen therapeutischen Maßnahmen in derselben Sitzung in angemessenem Zeitabstand, – Information zum Ablauf der vorbereitenden Maßnahmen vor dem Eingriff und zu einer möglichen Sedierung und/oder Prämedikation, – Nachbeobachtung und -betreuung *Fakultativer Leistungsinhalt* – Prämedikation/Sedierung *Die GOP 26 340 ist nicht neben den GOP 02 300 bis 02 302, 26 321 und 26 350 bis 26352 berechnungsfähig.* *Die GOP 26 340 ist im Behandlungsfall nicht neben der GOP 26 313 berechnungsfähig.*	81
26 341	**Prostatabiopsie** *Obligater Leistungsinhalt* – Entnahme von mindestens 6 histologisch verwertbaren Biopsaten aus der Prostata bei Verdacht auf das Vorliegen bzw. zur Kontrolle eines Malignoms Fakultativer *Leistungsinhalt* – Punktion(en) GOP 02 340, – Lokalanästhesie *Die GOP 26 341 ist nicht neben den GOP 02 300 bis 02 302, 02 340, 02 341 und 26 350 bis 26352 berechnungsfähig.*	187
26 350	**Kleinchirurgischer urologischer Eingriff I** *Obligater Leistungsinhalt* – Operativer Eingriff mit einer Dauer von bis zu 5 Minuten und/oder – Primäre Wundversorgung einmal am Behandlungstag	78
26 351	**Kleinchirurgischer urologischer Eingriff II** *Obligater Leistungsinhalt* – Spaltung einer Harnröhrenstriktur nach Otis und/oder – Entfernung einer oder mehrerer Geschwülste an der Harnröhrenmündung, einmal am Behandlungstag	118
26 352	**Kleinchirurgischer urologischer Eingriff III und/oder primäre Wundversorgung bei Säuglingen, Kleinkindern und Kindern** *Obligater Leistungsinhalt* – Primäre Wundversorgung bei Säuglingen, Kleinkindern und Kindern und/oder – Meatusplastik, einmal am Behandlungstag *Die GOP 26 350 bis 26 352 sind bei Neugeborenen, Säuglingen, Kleinkindern und Kindern bis zum vollendeten 12. Lebensjahr nach der GOP 31 271 oder 36 271 berechnungsfähig, sofern der Eingriff in Narkose erfolgt …*	219

Wie bereits dargestellt, darf ebenfalls der Facharzt für Urologie über die bisher genannten GOP auch aus dem **Bereich II Arztgruppenübergreifende allgemeine GOP und aus anderen EBM Abschnitten** die in seiner Präambel genannten EBM-GOP erbringen und abrechnen.

Für den Urologen sind hier insbesondere zu nennen GOP aus den Kapiteln

- **32 Laboratoriumsmedizin, Molekulargenetik und Molekularpathologie**
- **33 Ultraschalldiagnostik**
- **34.2 Diagnostische Radiologie**
- **34.3 Computertomographie**
- **34.4 Magnet-Resonanz-Tomographie**

Zur Stellung einer Diagnose können Leistungen aus diesen Bereichen für den Urologen zwingend notwendig sein, auch wenn er diese Leistungen nicht selbst erbringen kann und den Patienten bzw. Körpermaterial an die entsprechenden Fachärzte überweisen muss.

Um die Abrechung eines urologischen Krankheitsbildes für den lernfeldorientierten Fall vollständig zeigen zu können, werden die **oben aufgeführten EBM-Kapitel** im Folgenden erläutert.

8.2.4 GOP aus der gebietsspezifischen Präambel

Kap. 32 Laboratoriumsmedizin, ... (GOP 32 001 – 32 861)

Laboratoriumsuntersuchungen sind diagnostische Leistungen; sie werden zur Erkennung von Krankheiten und zur Therapiekontrolle eingesetzt. Wegen der großen Zahl der Laboratoriumsuntersuchungen im EBM können nur die grundlegenden Abrechnungsbestimmungen und eine Auswahl der Leistungen vorgestellt und erklärt werden.

Laboratoriumsuntersuchungen gliedern sich in vier Teilschritte; diese Teilschritte sind:

- Untersuchungsentscheidung, Entnahme des Untersuchungsmaterials einschl. Vorbereitung der Analyse
- Durchführung der Analyse mit Feststellung des Analysenergebnisses
- Beurteilung der Analyse
- Beurteilung der Ergebnisse

Laboratoriumsuntersuchungen können durch Überweisung an einen dazu qualifizierten Arzt veranlasst werden. Dazu ist der **„Überweisungsschein für Laboratoriumsuntersuchungen als Auftagsleistung" (Muster 10)** zu verwenden. Erfolgt die Laboruntersuchung in der Laborgemeinschaft wird das **Muster 10A (Anforderungsschein für Laboruntersuchungen bei Laborgemeinschaften)** verwendet. Die Abrechnung für Laboruntersuchungen, die nicht in der eigenen Praxis durchgeführt wurden, erfolgen in der Laborpraxis.

Das Kapitel Laboratoriumsmedizin ist im EBM in drei Abschnitte gegliedert:

32.1 Grundleistungen (Grundgebühr)

32.2 Allgemeine Laboratoriumsuntersuchungen

32.3 Spezielle Laboratoriumsuntersuchungen,
molekulargenetische und molekularpathologische Untersuchungen

Weil die technische Durchführung der Laboranalyse durch einen anderen Arzt erfolgen kann als durch den, der die Indikation zur Laboratoriumsuntersuchung stellt und das Ergebnis beurteilt, kann auch die Vergütung der Leistung geteilt werden.

Im EBM wird deshalb die **Vergütung** der Laboratoriumsuntersuchungen geteilt in das **Ärztliche Honorar** und die **Kostenerstattung für die Durchführung der Analyse.**

Bestimmte Laboruntersuchungen im Zusammenhang mit verschiedenen Untersuchungsindikationen unterliegen bei der vertragsärztlichen Abrechnung besonderen Bedingungen. Bei diesen **Ausnahmeindikationen** handelt es sich um Krankheitsfälle, die mit den Kennziffern 32 004 bis 32 024 im EBM belegt sind.

Untersuchungsindikation (Auszug)	Kennnummer
Antivirale Therapie bei chronischer Hepatitis B oder C mit Interferon und/oder Nukleosidanaloga	32 005
Erkrankungen oder Verdacht auf Erkrankungen, bei denen eine gesetzliche Meldepflicht besteht oder Mukoviszidose	32 006
Allergische Erkrankungen bei Kindern bis zum vollendeten 6. Lebensjahr	32 009
Tumorerkrankung unter antineoplastischer Therapie oder systemischer Zytostatika-Therapie und/oder Strahlentherapie	32 012
Substitutionsgeschützte Behandlung Opiatabhängiger gemäß den Richtlinien des Gemeinsamen Bundesausschusses	32 014
Manifester Diabetes mellitus	32 022

Ist ein Krankheitsfall oder eine Untersuchungsindikation mit einer Ausnahmekennnummer versehen, werden bestimmte Laborleistungen nicht für die Ermittlung des arztpraxisspezifischen Fallwertes berücksichtigt. Die Kennnummer wird ausschließlich in den Abrechnungsdatensatz des Patienten eingetragen, die Angabe auf Muster 10 oder 10A entfällt.

▶ Beispiel: ***Ausnahmekennziffer „manifester Diabetes mellitus“ 32022***

Bei Angabe der Ausnahmekennziffer 32022 für den manifesten Diabetes mellitus dürfen folgende GOP abgerechnet werden ohne den arztpraxisspezifischen Fallwert zu beeinflussen:

- **GOP 32025:** Bestimmung des Blutzuckers direkt am Patienten
- **GOP 32057:** Bestimmung des Blutzuckers
- **GOP 32066:** Bestimmung des Kreatinins im Blut
- **GOP 32094:** Bestimmung des HbA1- oder HbA1c-Wertes im Blut
- **GOP 32135:** Bestimmung des Urin-Mikroalbumins

Alle anderen durchgeführten oder veranlassten Laboruntersuchungen werden bei Patienten mit manifestem Diabetes mellitus für die Ermittlung des arztpraxisspezifischen Fallwertes berücksichtigt.

Der **arztpraxisspezifische Fallwert** ist wichtig für die Höhe des **Wirtschaftlichkeitsbonus,** den ein Arzt für jeden Patienten einmal im Quartal erhält, unabhängig davon, ob bei dem Patienten Laborleistungen erbracht bzw. veranlasst werden oder nicht. Die KV setzt dafür bei jedem Patienten, bei dem eine Versicherten-, Grund- oder Konsiliarpauschale angesetzt wird, die GOP 32001 (Wirtschaftlichkeitsbonus) automatisch zu. Die Höhe des Wirtschaftlichkeitsbonus ist grundsätzlich abhängig von der Arztgruppe. Arztgruppen mit höherem Laborbedarf wie Nephrologen erhalten mehr Punkte für den Wirtschaftlichkeitsbonus als beispielsweise Chirurgen:

GOP	Leistungsbeschreibung	Punkte (Auswahl)
32 001	Wirtschaftliche Erbringung und/oder Veranlassung der Abschnitte 32.2 und/oder 32.3	Allgemeinmedizin, hausärztliche Internisten, praktische Ärzte: 19 Chirurgie: 3 Urologie: 15

Der EBM nennt für jede Arztgruppe einen unteren und einen oberen begrenzenden Fallwert in Euro. Für die oben genannten Arztgruppen gilt:

Arztgruppe	Unterer begrenzender Fallwert in Euro	Oberer begrenzender Fallwert in Euro
Allgemeinmedizin, hausärztliche Internisten, praktische Ärzte	1,60	3,80
Chirurgie	0,00	0,40
Urologie	2,40	7,10

Die Begrenzungen haben folgende Bedeutung:

- Ist der arztpraxisspezifische Fallwert kleiner oder gleich dem arztgruppenspezifischen unteren Fallwert, beträgt der Wirtschaftlichkeitsfaktor 1. Die Praxis erhält den Bonus in voller Höhe.
- Ist der Wert größer oder gleich dem arztgruppenspezifischen oberen Fallwert, beträgt der Wirtschaftlichkeitsfaktor 0. Die Praxis erhält keinen Bonus.
- Liegt die Praxis mit ihren Kosten zwischen dem unteren und oberen Fallwert, dann liegt der Wirtschaftlichkeitsfaktor zwischen 0 und 1. Die Praxis bekommt einen anteiligen Bonus.

▶ Rechenbeispiele *für Hausärzte mit je 1000 Behandlungsfällen im Quartal*

- Dr. Gütlich hat im letzten Quartal für 1.500 Euro Laborleistungen erbracht bzw. veranlasst. Das sind 1,50 € pro Fall. Damit liegt er unter der unteren Grenze und bekommt den Wirtschaftlichkeitsbonus in voller Höhe (19 Punkten oder 2,02 €) für jeden Patienten automatisch zugesetzt, insgesamt sind das 2.020 € im Quartal.
- Der Hausarzt Dr. Minus hat für 4.000 Euro Laborleistungen erbracht bzw. veranlasst, also für 4 € pro Fall. Damit liegt er über der oberen Grenze und erhält keinen Wirtschaftlichkeitsbonus.
- Der Hausarzt Dr. Weniger hat für 2.800 Euro Laborleistungen erbracht bzw. veranlasst, also für 2,80 € pro Fall. Damit liegt er zwischen der unteren und oberen Grenze. Bei ihm wird der Wirtschaftlichkeitsfaktor anteilig gezahlt. Der Anteil wird folgendermaßen berechnet:
  - (1) obere Begrenzung minus arztpraxisspezifischer Fallwert (3,80 € – 2,80 € = 1)
  - (2) oberen Begrenzung minus untere Begrenzung (3,80 € – 1,60 € = 2,20)
  - (1) wird durch (2) geteilt (1 : 2,20 = 0,455)

  Dr. Weniger erhält 45,5 % des Wirtschaftlichkeitsbonus, also 19 x 1000 x 2,02 x 0,455, was ungefähr 919 € entspricht.

▶ Text der Gebührenordnung (Auszug)

GOP	Leistungsbeschreibung	EUR
	32.2.1 Basisuntersuchungen (32 025 – 32 042)	
32025	**Glukose**	1,60
32026	**TPZ** (Thromboplastinzeit)	4,70
32027	**D-Dimer** (nicht mittels trägergebundener Reagenzien) *Die Gebührenordnungspositionen 32025 bis 32027 sind nur berechnungsfähig bei Erbringung in der Arztpraxis des Vertragsarztes, der die Untersuchung veranlasst hat.*	15,30
32 030	**Orientierende Untersuchung** *Obligater Leistungsinhalt* – Orientierende Untersuchung mit visueller Auswertung mittels vorgefertigter Reagenzträger oder Reagenzzubereitungen *Fakultativer Leistungsinhalt* – Apparative Auswertung, – Verwendung von Mehrfachreagenzträgern *Können mehrere Bestandteile eines Körpermaterials sowohl durch Verwendung eines Mehrfachreagenzträgers als auch durch Verwendung mehrerer Einfachreagenzträger erfasst werden, so ist in jedem Fall nur einmal die GOP 32 010 berechnungsfähig. Bei mehrfacher Berechnung der GOP 32 010 ist die Art der Untersuchung anzugeben. Die GOP 32 030 ist für die Untersuchung des Urins mittels Harnteststreifen nicht berechnungsfähig.*	0,50
32 031	**Mikroskopische Untersuchung des Harns auf morphologische Bestandteile**	0,25
32 032	**Bestimmung des ph-Wertes durch apparative Messung** (außer im Harn)	0,25
32 033	**Harnteststreifen** auf **mindestens fünf** der folgenden Parameter: Eiweiß, Glukose, Erythrozyten, Leukozyten, Nitrit, pH-Wert, spezifisches Gewicht, Ketonkörper ggf. einschließlich Kontrolle auf Ascorbinsäure einschließlich visueller oder apparativer Auswertung *Die GOP 32 033 ist nicht neben den GOP 01 732, 32 880, 32 881, 32 882 berechnungsfähig.*	0,50
32 035	**Erythrozytenzählung**	0,25
32 036	**Leukozytenzählung**	0,25
32 037	**Thrombozytenzählung**	0,25
32 038	**Hämoglobin**	0,25
32 039	**Hämatokrit** *Werden in Akut- bzw. Notfällen Leistungen entspr. der GOP 32 035 bis 32 039 als Einzelbestimmungen im Eigenlabor erbracht, sind die GOP 32 035 bis 32 039 einzeln berechnungsfähig.*	0,25
32 042	Bestimmung der **Blutkörperchensenkungsgeschwindigkeit**	0,25
	32.2.2 Mikroskopische Untersuchungen (32 045 – 32 052)	
32 045	**Mikroskopische Untersuchung** eines Körpermaterials *Obligater Leistungsinhalt* – Nativpräparat (z.B. Kalilauge-Präparat, Untersuch. auf Trichomonaden) und/oder – nach einfacher Färbung (z.B. mit Methylenblau, Fuchsin, Laktophenoblau u.a.) *Fakultativer Leistungsinhalt* – Phasenkontrastdarstellung – Dunkelfeld *Die GOP 32 045 ist nicht neben der GOP 01 827 berechnungsfähig.*	0,25
32 050	**Mikroskopische Untersuchung** eines Körpermaterials nach **Gram-Färbung**	0,40
32 051	Mikroskopische **Differenzierung** und Beurteilung aller korpuskulären Bestandteile des gefärbten **Blutausstriches** (Differenzialblutbild)	0,40
32 052	Quantitative Bestimmung(en) der morphologischen Bestandteile durch **Kammerzählung** der Zellen im **Sammelharn,** … (Addis-Count)	0,25

▶ Text der Gebührenordnung (Auszug) (Fortsetzung)

GOP	Leistungsbeschreibung	EUR
	32.2.3 Physikalische oder chemische Untersuchungen (32 055 – 32 107)	
32 055	Quantitative **Bestimmung eines Arzneimittels** (z. B. Theophyllin, Antikonvulsiva, Herzglykoside) in einem Körpermaterial mittels trägergebundener (vorportionierter) Reagenzien und apparativer Messung (z. B. Reflexionsmessung), je Untersuchung	2,05
	Quantitative **Bestimmung von Substraten, Enzymaktivitäten oder Elektrolyten**, auch mittels trägergebundener (vorportionierter) Reagenzien, gilt für die GOP 32 056 bis 32 087 je Untersuchung	
32 056	**Gesamteiweiß**	0,25
32 057	**Glukose**	0,25
32 058	**Bilirubin gesamt**	0,25
32 059	**Bilirubin direkt**	0,40
32 060	**Cholesterin gesamt**	0,25
32 061	**HDL-Cholesterin**	0,25
32 062	**LDL-Cholesterin**	0,25
32 063	**Triglyceride**	0,25
32 064	**Harnsäure**	0,25
32 065	**Harnstoff**	0,25
32 069	**GOT**	0,25
32 070	**GPT**	0,25
32 071	**Gamma-GT**	0,25
32 089	**Zuschlag** zu den GOP 32 057, 32 064, 32 065 oder … bei Erbringung mittels trägergebundener (vorportionierter) Reagenzien im Labor **innerhalb der eigenen Praxis als Einzelbestimmung(en)**, je Leistung	0,80
	32.2.4 Gerinnungsuntersuchungen (32 110 – 32 117)	
32 110	Blutungszeit (standardisiert)	0,75
32 111	Rekalzifizierungszeit	0,75
32 112	PTT	0,60
32 113	Quick-Wert, Plasma	0,60
32 114	Quick-Wert, Kapillarblut	0,75
32 115	Thrombinzeit	0,75
	32.2.5 Funktions- und Komplexuntersuchungen (32 120 – 32 125)	
32 120	Bestimmung von **mindestens zwei** der folgenden **Parameter**: Erythrozytenzahl, Leukozytenzahl (ggf. einschl. orientierender Differenzierung), Thrombozytenzahl, Hämoglobin, Hämatokrit, mechanisierte Retikulozytenzählung, insgesamt *Die GOP 32 120 ist nicht neben den GOP 32 035 bis 32 039, 32 047, 32 122 und 32 125 berechnungsfähig.*	0,50
32 121	**Mechanisierte Zählung** der Neutrophilen, Eosinophilen, Basophilen, Lymphozyten und Monozyten, insgesamt	0,60
32 122	**Vollständiger Blutstatus** mittels automatisierter Verfahren *Obligater Leistungsinhalt* – Hämoglobin, – Hämatokrit, – Erythrozyten-, Leukozyten- und Thrombozytenzählung, – Mechanisierte Zählung der Neutrophilen, Eosinophilen, Basophilen, Lymphozyten und Monozyten *Fakultativer Leistungsinhalt* – Mechanisierte Zählung der Retikulozyten, – Bestimmung weiterer hämatologischer Kenngrößen *Die GOP 32 122 ist nicht neben den GOP 32 035 bis 32 039, … berechnungsfähig.*	1,10

▶ Text der Gebührenordnung (Auszug) (Fortsetzung)

GOP	Leistungsbeschreibung	EUR
32 123	**Zuschlag** zu den GOP 32 121 oder 32 122 bei **nachfolgender mikroskopischer Differenzierung** und Beurteilung aller korpuskulären Bestandteile des gefärbten Blutausstriches	0,40
32 124	Bestimmung der **endogenen Kreatininclearance**	0,80
32 125	Bestimmung von **mindestens 6** der folgenden **Parameter**: Erythrozyten, Leukozyten, Thrombozyten, Hämoglobin, Hämatokrit, Kalium, Glukose im Blut, Kreatinin, Gamma-GT **vor Eingriffen in Narkose oder in rückenmarksnaher Regionalanästhesie** (spinal, peridural) *Die GOP 32 125 ist nicht neben den GOP 32 035 bis 32 039, 32 047, 32 057, … berechnungsfähig.*	1,45
	32.2.6 Immunologische Untersuchungen und Untersuchungen auf Drogen (32 128 – 32 150)	
	Immunologischer oder gleichwertiger chemischer Nachweis, ggf. einschließlich mehrerer Probenverdünnungen, gilt für die GOP 32 128 und 32 130 bis 32 136 je Untersuchung z.B.	
32 128	C-reaktives Protein	1,15
32 132	Schwangerschaftsnachweis	1,30
32 150	Immunologischer Nachweis von Troponin I u./o. Troponin I auf vorgefertigtem Reagenzträger bei akutem koronaren Syndrom	11,25
	32.2.7 Mikrobiologische Untersuchungen (32 151 – 32 152)	
32 151	**Kulturelle** bakteriologische und/oder mykologische **Untersuchung**	1,15
32 152	Orientierender **Schnelltest auf A-Streptokokken-Gruppenantigen** bei Patienten bis zum vollendeten 16. Lebensjahr	2,55
	32.2.8 Laborpauschalen im Zusammenhang mit präventiven Leistungen (32 880 – 32 882)	
32 880	**Harnteststreifen** gemäß Anlage 1 der Gesundheitsuntersuchungs-Richtlinie auf Eiweiß, Glukose, Erythrozyten Leukozyten und Nitrit	0,50
32 881	Bestimmung der **Nüchternplasmaglukose** gemäß Anlage 1 der Gesundheits-untersuchungs-Richtlinie	0,25
32 882	Bestimmung des **Lipidprofils** (Gesamtcholesterin, LDL-Cholesterin, HDL-Cholesterin und Triglyceride) gemäß Anlage 1 der Gesundheits-untersuchungs-Richtlinie	1,00
	32.3.4 Klinisch-chemische Untersuchungen (32 230 – 32 421)	
	Quantitative **Bestimmung mittels Immunoassay**, gilt für die GOP 32 350 bis 32 361 je Untersuchung	
32 351	**Prostataspezifisches Antigen** (PSA) oder freies PSA	4,80
	32.3.10 Bakteriologische Untersuchungen (32 700 – 32 770)	
32 720	**Kulturelle Untersuchung auf ätiologisch relevante Bakterien,** gilt für die GOP 32 720 bis 32 727 je Untersuchung **Urinuntersuchung** mit mindestens zwei Nährböden (ausgenommen Eintauch-nährböden) und/oder mit apparativer Wachstumsmessung	5,50
32 721	**Untersuchung von Sekreten des Respirationstrakts,** z.B. Sputum, Bronchialsekret, mit mindestens drei Nährböden	7,20
32 722	**Stuhluntersuchung** mit mindestens fünf Nährböden, ...	8,00

Kap. 33 Ultraschalldiagnostik (GOP 33 000 – 33 092)

▶ Text der Gebührenordnung (Auszug)

GOP	Leistungsbeschreibung	Punkte
33 042	**Sonographische Untersuchung des Abdomens oder dessen Organe und/oder des Retroperitoneums oder dessen Organe einschl. der Nieren** mittels **B-Mode**-Verfahren, je Sitzung *Die GOP 33 042 ist im Behandlungsfall höchstens zweimal berechnungsfähig. Sofern die GOP 01 748 neben der GOP 33 042 berechnet wird, ist ein Abschlag von 77 Punkten auf die GOP 33 042 vorzunehmen.* Anm.: Weitere Ausschlüsse sind zu beachten.	157
33 043	**Sonographische Untersuchung** eines oder mehrerer **Uro-Genital-Organe** mittels **B-Mode-**Verfahren, je Sitzung Anm.: Weiter Ausschlüsse sind zu beachten.	87
33 044	**Sonographische Untersuchung** eines oder mehrerer **weiblicher Genitalorgane, ggf. einschließlich Harnblase**, mittels **B-Mode**-Verfahren, Anm.: Weitere Ausschlüsse sind zu beachten.	141

Kap. 34.2 Diagnostische Radiologie
Kap. 34.2.5 Urogenitalorgane (GOP 34 255 – 34 257)

▶ Text der Gebührenordnung (Auszug)

GOP	Leistungsbeschreibung	Punkte
34 255	**Ausscheidungsurographie** *Obligater Leistungsinhalt* – Leeraufnahme(n) vor Kontrastmitteleinbringung – Kontrastmitteleinbringung(en), – Röntgenaufnahme(n) nach Kontrastmittelgabe *Fakultativer Leistungsinhalt* – Spätaufnahme(n)	424
34 256	**Urethrozystographie oder Refluxzystogramm** *Obligater Leistungsinhalt* – Aufnahme(n) nach Kontrastmittelapplikation, – Kontrastmitteleinbringung(en) *Fakultativer Leistungsinhalt* – Miktionsaufnahme(n) – Leeraufnahme(n) vor Kontrastmitteleinbringung	578
34 257	**Retrograde Pyelographie einer Seite** *Obligater Leistungsinhalt* – Leeraufnahme(n), – Kontrastmitteleinbringung(en), – Aufnahme(n) nach Kontrastmittelapplikation, – Zystoskopie	884

Lernfeld 8 Seite 85

Kap. 34.3 Computertomographie
Kap. 34.3.4 Abdomen, Retroperitoneum, Becken (GOP 34 340 – 34 345)

▶ **Text der Gebührenordnung (Auszug)**

GOP	Leistungsbeschreibung	Punkte
34 340	**CT-Untersuchung des Oberbauches** *Obligater Leistungsinhalt* – Darstellung vom Zwerchfell bis einschließlich Nieren	663
34 341	**CT-Untersuchung des gesamten Abdomens** *Obligater Leistungsinhalt* – Darstellung vom Zwerchfell bis zum Beckenboden	819
34 342	**CT-Untersuchung des Beckens** *Obligater Leistungsinhalt* – Darstellung vom Beckenkamm bis zum Beckenboden	663

Kap. 34.4 Magnet-Resonanz-Tomographie
Kap. 34.4.4 Abdomen, Retroperitoneum, Becken (GOP 34 440 – 34 442)

▶ **Text der Gebührenordnung (Auszug)**

GOP	Leistungsbeschreibung	Punkte
34 440	**MRT-Untersuchung des Oberbauches** *Obligater Leistungsinhalt* – Darstellung des Zwerchfells bis einschließlich Nieren	1213
34 441	**MRT-Untersuchung des Abdomens** *Obligater Leistungsinhalt* – Darstellung des Zwerchfells bis zum Beckenboden	1213
34 442	**MRT-Untersuchung des Beckens** *Obligater Leistungsinhalt* – Darstellung des gesamten Beckens	1213

Lernfeld 8
Seite 86

8.2.5 Abrechnung des Urologen nach EBM (Fall 8 – Fortsetzung)

(siehe Seite 74)

Hinweis: Von der KV automatisch zugesetzte GOP werden nicht aufgeführt!

▶ **Fall 8 – Fortsetzung – Urologe:**

7. Okt.	26 211	Grundpauschale
	33 043	Sonographische Untersuchung
10. Okt.	02 340	Prostatapunktion (s. Buchkap. 8.2.1: Kap. 26.1 EBM Präambel)
15. Okt.	------	(nichts)
22. Okt.	26 312	Urethradruckprofilmessung mit fortlaufender Registrierung

8.3 GOÄ-Abrechnung bei Urologieleistungen (Fall 8)

▶ Fall 8:

2. Okt. Patient Heinz Harnisch (63 Jahre, Privatpatient) erscheint in der Praxis des Urologen Dr. Niersteiner und klagt über Probleme beim Wasserlassen. Er müsse auch nachts häufiger aufstehen, habe ansonsten aber keine Schmerzen. Herr Harnisch gibt an, noch nie an einer Krebsfrüherkennungsuntersuchung teilgenommen zu haben.
Dr. Niersteiner untersucht die Harnorgane des Patienten vollständig und stellt bei der rektalen Untersuchung eine vergrößerte und höckrige Prostata fest. Er nimmt dem Patienten Blut ab und veranlasst die Untersuchung auf prostataspezifisches Antigen (PSA). Er berät und bestellt den Patienten für den 4. Okt. wieder ein.

4. Okt. Herr Harnisch erscheint wie bestellt bei Dr. Niersteiner, der ihm in einem ausführlichen Beratungsgespräch (15 min) mitteilt, dass der PSA-Wert deutlich erhöht ist und er eine weiterführende Diagnostik wegen Verdacht auf Prostatatumor empfiehlt.

7. Okt. Dr. Niersteiner untersucht die Harnorgane des Patienten vollständig und findet in einer Ultraschalluntersuchung der Prostata seinen Tastbefund bestätigt. Aufgrund dieses Befundes und des erhöhten PSA-Wertes veranlasst er eine Computertomographie und bestellt Herrn Harnisch wieder ein.

10. Okt. Dr. Niersteiner empfängt Herrn Harnisch und teilt ihm mit (Gesprächsdauer: 12 min), dass die Ergebnisse der Computertomographie den Verdacht auf ein Prostatakarzinom nicht ausräumen konnten und er deshalb eine Prostatapunktion durchführen möchte.
Mit dem Einverständnis von Herrn Harnisch führt Dr. Niersteiner die Punktion durch. Nach Vorliegen des histologischen Befundes wird Dr. Niersteiner seinen Patienten telefonisch informieren.

15. Okt. Dr. Niersteiner ruft Herrn Harnisch an und teilt ihm mit, dass sich kein Verdacht auf bösartige Veränderungen ergeben habe, empfiehlt aber kurzfristige Kontrollen und die regelmäßige Teilnahme an den Früherkennungsuntersuchungen.
Zur Behandlung der Miktionsbeschwerden bestellt er Herrn Harnisch noch einmal ein.

22. Okt. Dr. Niersteiner lässt sich noch einmal die Beschwerden von Herrn Harnisch genau schildern und führt dann eine Urethradruckprofilmessung durch. Anschließend verordnet er dem Patienten ein entsprechendes Medikament.

8.3.1 Abschn. K Urologie (Nrn. 1700–1860)

	Text der GOÄ (Auszug)	Punktzahl	1-fach EUR	2,3-fach EUR	3,5-fach EUR
1700	Spülung der männlichen Harnröhre und/oder Instillation von Arzneimitteln	45	2,62	6,03	9,18
1703	Unblutige Fremdkörperentfernung aus der männlichen Harnröhre	148	8,63	19,84	30,19
1704	Operative Fremdkörperentfernung aus der männlichen Harnröhre	554	32,29	74,27	113,02
1711	Unblutige Fremdkörperentfernung aus der weiblichen Harnröhre	74	4,31	9,92	15,10
1712	Endoskopie der Harnröhre (Urethroskopie)	119	6,94	15,95	24,28

	Text der GOÄ (Auszug)	Punkt-zahl	1-fach EUR	2,3-fach EUR	3,5-fach EUR
1713	Endoskopie der Harnröhre (Urethroskopie) mit operativem Eingriff (z.B. Papillomkoagulation, Erstbougierung und/oder Spaltung einer Striktur)	296	17,25	39,68	60,39
1714	Entfernung einer oder mehrerer Geschwülste an der Harnröhrenmündung	230	13,41	30,83	46,92
1715	Spaltung der Harnröhrenstriktur nach Otis	300	17,49	40,22	61,20
1728	Katheterisierung der Harnblase beim Mann	59	3,44	7,91	12,04
1730	Katheterisierung der Harnblase bei der Frau	37	2,16	4,96	7,55
1777	Elektro- oder Kryo-(Teil-)resektion der Prostata	924	53,86	123,87	188,50
1778	Operative Entfernung eines Prostataadenoms, auch transurethral	1850	107,83	248,01	377,41
1785	Zytoskopie	207	12,07	27,75	42,23
1786	Zystoskopie einschl. Entnahme von Gewebematerial	355	20,69	47,59	72,42
1792	Uroflowmetrie einschl. Registrierung	212	12,36	28,42	43,25
1798	Urethradruckprofilmessung mit fortlaufender Registrierung – einschl. physikalischer Provokationstests –	550	32,06	73,73	112,20
1816	Schlitzung des Harnleiterostiums, als selbständige Leistung	481	28,04	64,48	98,13
1817	Operative Entfernung eines oder mehrerer Harnleitersteine(s)	2220	129,40	297,61	452,89
1860	Extrakorporale Stoßwellenlithotripsie – einschl. Probeortung, Grob- und/oder Feineinstellung, Dokumentation und Röntgenkontrolle –, je Sitzung	6000	349,72	804,36	1224,03

8.3.2 Abschn. C III. Punktionen (Nrn. 300 – 321)

Allgemeine Bestimmung:

Zum Inhalt der Leistungen für Punktionen gehören die damit im Zusammenhang stehenden Injektionen, Instillationen, Spülungen sowie Entnahmen z.B. von Blut, Liquor, Gewebe.

	Text der GOÄ (Auszug)	Punkt-zahl	1-fach EUR	2,3-fach EUR	3,5-fach EUR
315	Punktion eines Organs (z.B. Leber, Milz, Niere, Hoden)	250	14,57	33,52	51,00
316	Punktion des Douglasraums	250	14,57	33,52	51,00
318	Punktion der Harnblase oder eines Wasserbruchs	120	6,99	16,09	24,48
319	Punktion der Prostata oder Punktion der Schilddrüse	200	11,66	26,81	40,80

8.3.3 Abschn. C VI. Sonographische Leistungen (Nrn. 401 – 424)

Allgemeine Bestimmungen:

1. Die Zuschläge nach den Nrn. 401 sowie 404 bis 406 sind nur mit dem einfachen Gebührensatz berechnungsfähig.
2. Die Zuschläge bzw. Leistungen nach den Nrn. 410 bis 418 sind nicht nebeneinander berechnungsfähig.
5. Mit den Gebühen für die Zuschläge bzw. Leistungen nach den Nrn. 401 bis 424 ist die erforderliche Bilddokumentation abgegolten.
6. Als Organe im Sinne der Leistungen nach den Nrn. 410 und 420 gelten neben den anatomisch definierten Organen auch der Darm, Gelenke als Funktionseinheiten sowie Muskelgruppen, Lymphknoten und/oder Gefäße einer Körperregion.
   Als Organ gilt die jeweils untersuchte Körperregion unabhängig davon, ob nur Gefäße oder nur Lymphknoten oder Gefäße und Lymphknoten bzw. Weichteile untersucht werden.
   Die Darstellung des Darms gilt als eine Organuntersuchung unabhängig davon, ob der gesamte Darm, mehrere Darmabschnitte oder nur ein einziger Darmabschnitt untersucht werden.

	Text der GOÄ (Auszug)	Punktzahl	1-fach EUR	2,3-fach EUR	3,5-fach EUR
401	Zuschlag zu den sonographischen Leistungen nach den Nrn. 410 bis 418 bei zusätzlicher Anwendung des Duplex-Verfahrens – ggf. einschl. Farbkodierung – *Der Zuschlag nach Nr. 401 ist neben den Leistungen nach den Nrn. 406, 422 bis 424, 644, 645, 649 und/oder 1754 nicht berechnungsfähig.*	400	23,31	–	–
410	Ultraschalluntersuchung eines Organs *Das untersuchte Organ ist in der Rechnung anzugeben.*	200	11,66	26,81	40,80
417	Ultraschall der Schilddrüse	280	12,24	28,15	42,84
420	Ultraschalluntersuchung von bis zu drei weiteren Organen im Anschluss an eine Leistung nach den Nrn. 410 bis 418, je Organ *Die untersuchten Organe sind in der Rechnung anzugeben.* *Die Leistung nach Nr. 420 kann je Sitzung höchstens dreimal berechnet werden.*	80	4,66	10,72	16,32

▶ Erläuterungen

1.	Das Kapitel **„Sonographische Leistungen"** enthält **17 einzelne Leistungen**, zum Teil Sonographie- oder Ultraschall-Untersuchungen zum Teil aber auch Zuschlagsleistungen für die unterschiedlichen Untersuchungsbereiche.
2.	Ein Vergleich der Sonographie-Leistungen in der GOÄ mit dem EBM ergibt, dass im EBM eine Spezialisierung erfolgt ist. Die Abrechnung erfordert deshalb genaue Kenntnisse der verschiedenen Abrechnungsmöglichkeiten.
3.	Die GOÄ verlangt, dass das untersuchte Organ **in der Rechnung mit anzugeben** ist (z.B. beide Nieren).

8.3.4 Abschn. M Laboratoriumsuntersuchungen

Zu den **Laborleistungen nach den Nrn. 3500–4787 GOÄ** zählen:

M I. **Vorhalteleistungen in der eigenen Praxis**
M II. **Basislabor**
M III. **Untersuchungen von körpereigenen oder körperfremden Substanzen und körpereigenen Zellen**
M IV. **Untersuchungen zum Nachweis und zur Charakterisierung von Krankheitserregern**

M I. Vorhalteleistungen in der eigenen Praxis (Nrn. 3500–3532)

Abschnitt M I. enthält die im Praxislabor des niedergelassenen Arztes erbringbaren Laborleistungen.

Voraussetzung für die Abrechnung dieser Leistungen ist, dass diese direkt beim Patienten (z.B. auch anlässlich eines Hausbesuchs) oder innerhalb von vier Stunden nach der Probennahme in den Praxisräumen des Arztes erbracht werden. Mit Rücksicht auf die höheren Vorhaltekosten des Praxislabors sind die Leistungen im Vergleich zu entsprechenden Leistungen des Basislabors in Abschnitt M II. höher bewertet.

Die Leistungen nach den Nummern 3500 bis 3532 sind nicht berechnungsfähig, wenn sie in einem Krankenhaus, einer krankenhausähnlichen Einrichtung, einer Laborgemeinschaft oder in einer Laborärztlichen Praxis erbracht werden.

	Text der GOÄ (Auszug)	Punktzahl	1-fach EUR	1,15-fach EUR	1,3-fach EUR
3500#	Blut im Stuhl, dreimalige Untersuchung Die Kosten für ausgegebenes Testmaterial sind anstelle der Leistung nach Nr. 3500 berechnungsfähig, wenn die Auswertung aus Gründen unterbleibt, die der Arzt nicht zu vertreten hat.	90	5,25	6,03	6,82
3501#	Blutkörperchensenkungsgeschwindigkeit (BKS, BSG)	60	3,50	4,02	4,55
	Mikroskopische Einzelbestimmung, je Messgröße	60	3,50	4,02	4,55
3504#	Erythrozyten				
3505#	Leukozyten				
3506#	Thrombozyten				
3508#	Mikroskopische Untersuchung eines Nativpräparates, ggf. nach einfacher Aufbereitung im Durchlicht- oder Phasenkontrastverfahren, je Material	80	4,66	5,36	6,06
3509#	Mikroskopische Untersuchung nach einfacher Einfärbung, je Material	100	5,83	6,70	7,58
3510#	Mikroskopische Untersuchung nach differenzierter Färbung (z.B. Gram-Färbung), je Präparat	120	6,99	8,04	9,09
3511#	Untersuchung eines Körpermatarials mit vorgefertigten Reagenzträgern (z.B. Glukose), je Untersuchung	50	2,91	3,35	3,79
Untersuchung folgender Messgrößen unabhängig vom Messverfahren, je Messgröße Katalog (Nrn. 3512–3521)		70	4,08	4,69	5,30
3514#	Glucose				
3518#	Harnsäure				
3520#	Kreatinin				
3528#	Schwangerschaftstest (Nachweisgrenze < 500 U/l)	130	7,58	8,71	9,85

	Text der GOÄ (Auszug)	Punkt-zahl	1-fach EUR	1,15-fach EUR	1,3-fach EUR
3529#	Schwangerschaftstest (Nachweisgrenze < 50 U/l)	150	8,74	10,05	11,37
3531#	Urinsediment	70	4,08	4,69	5,30
3532#	Phasenkontrastmikroskopische Untersuchung eines Urinsediments	90	5,25	6,03	6,82

M II. Basislabor (Nrn. 3541.H – 3621)

In Abschnitt M II. sind etwa 50 Leistungen („Routineuntersuchungen") in 8 Untergruppen zusammengefasst.

Diese Leistungen sind delegierbar. Damit können für die Leistungen im Bereich des Basislabors die Rationalisierungsvorteile von Laborgemeinschaften wirtschaftlich sinnvoll genutzt werden. Die Höchstwerteregelung soll einer Mengenausweitung vorbeugen.

Allgemeine Bestimmungen:

Die aufgeführten Laborleistungen dürfen auch dann als eigene Leistungen berechnet werden, wenn diese nach fachlicher Weisung unter der Aufsicht eines anderen Arztes in Laborgemeinschaften oder in von Ärzten ohne eigene Liquidationsberechtigung geleiteten Krankenhauslabors erbracht werden.

Für die mit H1 gekennzeichneten Untersuchungen ist der Höchstwert nach Nr. 3541.H zu beachten.

	Text der GOÄ (Auszug)	Punkt-zahl	1-fach EUR	1,15-fach EUR	1,3-fach EUR
3541.H#	Höchstwert für die mit H1 gekennzeichneten Untersuchungen des Abschnitts M II.	480	27,98	32,17	36,37
3550#	Blutbild und seine Bestandteile Die Leistung nach Nr. 3550 beinhaltet die Erbringung mind. eines der folgenden Parameter, darf jedoch unabhängig von der Zahl der erbrachten Parameter aus demselben Probenmaterial nur einmal berechnet werden: Erythrozytenzahl und/oder Hämatokrit und/oder Hämoglobin und/ oder mittleres Zellvolumen (MCV) und die errechneten Kenngrößen (z.B. MCH, MCHC) und die Erythrozytenverteilungskurve und/oder Leukozytenzahl und/oder Thrombozytenzahl.	60	3,50	4,02	4,55
3560#	Glucose	40	2,33	2,68	3,03
3562.H1#	Cholesterin	40	2,33	2,68	3,03
3581.H1#	Bilirubin, gesamt	40	2,33	2,68	3,03
3583.H1#	Harnsäure	40	2,33	2,68	3,03
3584:H1#	Harnstoff (Harnstoff-N, BUN)	40	2,33	2,68	3,03
3585.H1#	Kreatinin	40	2,33	2,68	3,03

M III. Untersuchungen von körpereigenen oder körperfremden Substanzen und körpereigenen Zellen (Nrn. 3630.H bis 4469)

Der Abschnitt M III. ist in 22 Untergruppen gegliedert.

Diese Leistungen sind nicht in einer Laborgemeinschaft erbringbar – also nur vom behandelnden Arzt selbst oder von einem Laborarzt. Hier greifen auch eine Reihe von Höchstwerteregelungen.

	Text der GOÄ (Auszug)	Punktzahl	1-fach EUR	1,15-fach EUR	1,3-fach EUR
3630.H#	Höchstwert für die mit H2 gekennzeichneten Untersuchungen aus Abschnitt M III 8	870	50,71	58,32	65,92
3631.H#	Höchstwert für die mit H3 gekennzeichneten Untersuchungen aus Abschnitt M III 10	1400	81,60	93,84	106,08
3633.H#	Höchstwert für die mit H4 gekennzeichneten Untersuchungen aus Abschnitt M III 14	550	32,06	36,87	41,68
1. Ausscheidungen (Urin, Stuhl)					
3650#	Blut im Stuhl, dreimalige Untersuchung Die Kosten für ausgegebenes Testmaterial sind anstelle der Leistung nach Nr. 3650 berechnungsfähig, wenn die Auswertung aus Gründen unterbleibt, die der Arzt nicht zu vertreten hat.	60	3,50	4,02	4,55
3653#	Urinsediment, mikroskopisch	50	2,91	3,35	3,79
3654#	Zellzählung im Urin (Addis-Count), mikroskopisch	80	4,66	5,36	6,06
10. Tumormarker					
3905.H3#	Carcinoembryonales Antigen (CEA), ...	250	14,57	16,67	18,94
3907.H3#	Neuronenspezifische Enolase (NSE), ...	450	26,23	30,16	34,10
3908.H3#	Prostataspezifisches Antigen (PSA), ...	300	17,49	20,11	22,73
20. Antikörper gegen Virusantigene					
4362#	Quantitative Bestimmung von Antikörpern Katalog Antikörper gegen Varizella-Zoster-Virus Epstein-Barr-Virus, heterophile Antikörper (...)	500	39,73	45,69	51,65

M IV. Untersuchungen zum Nachweis und zur Charakterisierung von Krankheitserregern (Nrn. 4500 bis 4787)

Der Abschnitt M IV. ist methodenorientiert in 5 Untergruppen gegliedert; Leistungen zum Nachweis von Bakterien, Viren, Pilzen und Parasiten.

1. Untersuchung zum Nachweis und zur Charakterisierung von Bakterien
b. Züchtung/Gewebekultur

4530#	Untersuchung zum Nachweis von Bakterien durch einfache Anzüchtung ... auf Nährböden, ... je Nährmedium	80	4,66	5,36	6,06
4531#	Untersuchung zum Nachweis von Bakterien durch Anzüchtung ... bei besonderer Temperatur, je Nährmedium	100	5,83	6,70	7,58
e. Keimzahl, Hemmstoffe					
4605#	Untersuchung zur Bestimmung der Keimzahl mittels Eintauchobjektträgerkultur (...), semiquantitiv, je Urinuntersuchung	60	3,50	4,02	4,55
4606#	Untersuchung zur Bestimmung der Keimzahl in Flüssigkeiten mittels Oberflächenkulturen oder Plattengussverfahren ..., je Untersuchungsmaterial	250	14,57	16,376	18,94

▶ Erläuterungen

1.	**Laborleistungen** sind ausschließlich **diagnostische** Leistungen Zur besseren Abgrenzung sind diese Leistungen mit „#" gekennzeichnet.
2.	Für Laborleistungen hat die Bundesregierung einen **eigenen Gebührenrahmen** vorgegeben. Im Absatz 4 des § 5 wurde festgeschrieben: Schwellenwert = 1,15-fach Höchstwert = 1,3-fach
3.	Die einzelnen Untersuchungen bezeichnet man auch als **Parameter**; darunter versteht man die einzelnen Messwerte einer Untersuchung.
4.	Die **venöse Blutentnahme** für blut-chemische Untersuchungen ist immer zusätzlich berechnungsfähig nach **Nr. 250***. Die **kapilläre Blutabnahme ist bei Kindern** bis zum vollendeten 8. Lebensjahr nach Nr. **250a*** berechnungsfähig.
5.	Der **Höchstwert** begrenzt die Berechungsfähigkeit von Laborparametern dieser Gruppe oder dieses Kataloges. Die unter Höchstwert fallenden Untersuchungen sind in der 5. und 6. Stelle der GO-Nr. durch **H1 bis H4** gekennzeichnet. Diese Kennzeichnung ist **Bestandteil der GO-Nummer** und muss **in der Rechnung mit angegeben** werden.
6.	Die erbrachten **Einzelleistungen** sind auch dann in der Rechnung **namentlich** aufzuführen, wenn für diese insgesamt der Höchstwert berechnet wird.
7.	Die Untersuchung von **Punktaten** erfordert vorher die Punktion; in aller Regel nach einer der **Nrn. 300–321**.
8.	Wird die **Leistung nach Nr. 3500** – Untersuchung auf Blut im Stuhl, 3 Untersuchungen – durchgeführt, sind die Kosten für die Testbriefchen mit der Gebühr abgegolten. Kann die Untersuchung aus Gründen, die beim Patienten liegen, nicht durchgeführt werden, darf der Arzt die Kosten für die Testbriefchen berechnen.
9.	Für die in **Abschnitt M I** – Vorhalteleistungen in der eigenen, niedergelassenen Praxis – aufgeführten Leistungen gibt es eine **große Einschränkung der Berechnungsfähigkeit**: Die Leistungen nach den Nrn. 3500–3532 sind **nicht** berechnungsfähig, wenn sie in einem **Krankenhaus**, einer **krankenhausähnlichen Einrichtung**, in einer **Laborgemeinschaft** oder in einer **laborärztlichen Praxis** erbracht werden. Das bedeutet, diese Leistungen können nur abgerechnet werden, wenn die Untersuchung direkt beim Patienten oder im eigenen Praxislabor innerhalb von 4 Stunden nach der Probenentnahme durchgeführt wird. Das bedeutet auch, dass diese Leistungen **nicht an einen Laborarzt überwiesen** werden können.
10.	Die Abrechnung des **immunologischen Stuhltestes** (iFOBT) auf okkultes Blut nach GOÄ erfolgt **analog**, z. B. über die GOÄ-Nr. A3756.

Lernfeld 8 Seite 93

8.3.5 Abschn. O Strahlendiagnostik (Nrn. 5000–5855)

	Text der GOÄ (Auszug)	Punktzahl	1-fach EUR	1,8-fach EUR	2,5-fach EUR
5200*	Harntraktkontrastuntersuchung – einschließlich intravenöser Verabreichung des Kontrastmittels	600	34,97	62,95	87,43
5220*	Harntraktkontrastuntersuchung – einschl. retrograder Verabreichung des Kontrastmittels, gegebenenfalls einschl. Durchleuchtung(en) – , je Seite	300	17,49	31,48	43,72
5230*	Harnröhren - und/oder Harnblasenkontrastuntersuchung (Urethrozystographie) – … –, als selbstständige Leistung	300	17,49	31,48	43,72
5250*	Gebärmutter – und/oder Eileiterkontrastuntersuchung einschließlich Durchleuchtung(en)	400	23,31	41,97	58,29

	Text der GOÄ (Auszug)	Punktzahl	1-fach EUR	1,8-fach EUR	2,5-fach EUR
Computertomographie					
5369*	Höchstwert für Leistungen nach den Nrn. 5370 bis 5374 *Die im einzelnen erbrachten Leistungen sind in der Rechnung anzugeben.*	3000	174,86	314,75	437,15
5370*	CT im Kopfbereich	2000	116,57	209,83	291,44
5371*	CT im Hals- und/oder Thoraxbereich	2300	134,06	241,31	335,15
5372*	CT im Abdominalbereich	2600	151,55	272,78	378,87
5373*	CT des Skeletts	1900	110,75	199,34	276,86
5374*	CT der Zwischenwirbelräume im Bereich der Hals-, Brust- und/oder Lendenwirbelsäule	1900	110,75	199,34	276,86
Magnetresonanztomographie					
5700*	MRT im Bereich des Kopfes ...	4400	256,46	461,64	641,16
5705*	MRT im Bereich der Wirbelsäule ...	4200	244,81	440,65	612,02
5715*	MRT im Bereich des Thorax ...	4300	250,64	451,14	626,59
5720*	MRT im Bereich des Abdomens und/oder des Beckens	4400	256,46	461,64	641,16
5721*	MRT der Mamma(e)	4000	233,15	419,67	582,87
5735*	Höchstwert für Leistungen nach den Nrn. 5700 bis 5730 *Die im einzelnen erbrachten Leistungen sind in der Rechnung anzugeben.*	6000	349,72	629,50	874,31

8.3.6 Abrechnung nach GOÄ (Fall 8) (siehe Seite 87)

▶ Fall 8 – Urologe:

2. Okt.	1	Beratung
	6	vollständige körperliche Untersuchung der Harnorgane
	250	Blutabnahme aus der Vene
	3908.H3	Prostataspezifisches Antigen (PSA)
4. Okt.	3	ausführliche Beratung
7. Okt.	6	vollständige Untersuchung
	410	Sonographische Untersuchung (Prostata)
10. Okt.	319	Prostatapunktion
	------	Nr. 3 nur als alleinige Leistung; hier nicht zu berechnen, da geringerwertig als Nr. 319. Nr. 1 ist nicht berechnungsfähig, da sie im Behandlungsfall nur einmal neben Leistung aus den Bereichen C–O berechnet werden darf.
15. Okt.	1	Beratung
22. Okt.	1798	Urethradruckprofilmessung mit fortlaufender Registrierung

8.3.7 ✎Wie war das noch? (zu Kap. 8.1 bis 8.3)

1. Welche Ärzte dürfen nach der Präambel von EBM-Kapitel 26 Urologische GOP erbringen und abrechnen?

➔ ....

2. Welche GOÄ-Position kann für die Harngewinnung (Katheterisierung) beim Mann abgerechnet werden?

➔ ....

3. In welchem Abschnitt der GOÄ sind die Leistungen für die Urindiagnostik genannt?

➔ ....

4. Welche Angabe ist nach GOÄ bei der Abrechnung sonographischer Leistungen in der Rechnung zwingend erforderlich?

➔ ....

5. In welche vier Teilschritte gliedern sich Laboratoriumsuntersuchungen?

➔ ....
➔ ....
➔ ....
➔ ....

6. Welche zwei Bestandteile werden bei der Vergütung von Laboratoriumsuntersuchungen im EBM unterschieden?

➔ ....
➔ ....

7. Mit welchem Gebührensatz dürfen die Zuschläge zu den sonographischen Leistungen nach GOÄ berechnet werden?

➔ ....

8. Nennen Sie nach GOÄ den Schwellenwert für Laboratoriumsuntersuchungen?

➔ ....

9. Welche GOÄ-Nr. kann für die venöse Blutentnahme abgerechnet werden?

➔ ....

10.	Fälle	EBM-GOP	GOÄ-Nrn.
9. Sep.	Paul Panther, 56 Jahre, sucht einen Urologen wegen nächtlichen Harndrangs auf und berichtet, er habe das Gefühl, die Blase würde sich nicht vollständig entleeren. Nach eingehender Untersuchung der Harnorgane stellt der Urologe eine Vergrößerung der Prostata fest. Bevor er ein Medikament verordnet, möchte er aber die Harnabflussprobleme objektivieren. Nach einem Beratungsgespräch bestellt der Arzt Herrn Panther für den übernächsten Tag wieder ein.		
10. Sep.	Paul Panther erscheint zur vereinbarten Untersuchung. Es wird eine Urethradruckprofilmessung mit fortlaufender Registrierung durchgeführt. Anschließend bespricht der Urologe ausführlich das Untersuchungsergebnis und diskutiert die Möglichkeiten einer Prostataoperation. Der Arzt verordnet ein Medikament zur Besserung des nächtlichen Harndrangs und erklärt seine Wirkung. Das Gespräch erstreckt sich über 25 Minuten.		
12. Sep.	Paula Pisolato, 48 Jahre, sucht den Urologen auf, weil sie Blut im Urin festgestellt hat. Aus der Anamnese und der vollständigen Untersuchung der Harnorgane lässt sich eine Genitalblutung ausschließen, so dass der Arzt eine Urethrozystoskopie durchführt. Der Arzt stellt fest, dass ein Harnleiterstein kurz vor dem Eintritt in die Blase besteht. Er führt eine Harnleiterostiumschlitzung durch und entfernt den Stein (EBM-GOP 31 271). Er erläutert eingehend die Entstehung von Harnleitersteinen, gibt entsprechende Ernährungshinweise und klärt Frau Pisolato darüber auf, dass sie sich bei der Beobachtung von Blut im Urin in den nächsten Tagen keine Sorgen machen soll. Der Urologe bestellt Frau Pisolato zur Kontrolle wieder in einer Woche. Das Gespräch dauert 28 Minuten.		
10. Okt.	Paula Pisolato erscheint erneut in der Praxis des Urologen und klagt über dieselben Beschwerden wie vor vier Wochen. Der Arzt untersucht die Harnorgane vollständig und auch mit Ultraschall (Niere li, Niere re, Blase, Harnleiter), stellt erneut einen Harnleiterstein, diesmal auf der anderen Seite, fest, der im oberen Drittel des Harnleiters sitzt. Er lässt eine Röntgenkontrastuntersuchung durchführen und diskutiert mit Frau Pisolato eine Nierensteinzertrümmerung, wenn sich der Stein in den nächsten zwei Tagen nicht bewegen sollte. Er empfiehlt der Patientin, viel zu trinken, sich häufig zu bewegen und bestellt sie in zwei Tagen wieder ein.		
14. Okt.	Paula Pisolato kommt nüchtern in die urologische Praxis und klagt über starke Schmerzen. Der Urologe findet durch Ultraschall den Stein unverändert an derselben Stelle und führt deshalb am selben Tag noch die Stoßwellenlithotripsie durch.		

Teil 2: Empfängnisregelung, Schwangerschaft und Geburt

▶ Lernsituation:

Besonderes Interesse bringt Frau Biene den Patientinnen entgegen, die Dr. Gütlich in Fragen der Empfängnisregelung berät.

Da Dr. Gütlich großen Wert auf einen vertrauensvollen und verständnisvollen Umgang mit seinen Patienten legt, bittet er Frau Biene, sich mit besonderer Hingabe und Rücksicht schwangeren Patientinnen zuzuwenden. Er erklärt ihr, dass dies nicht nur aus medizinischen Gründen geboten ist, sondern auch wegen der besonderen psychischen Situation der Patientinnen. Er weist Frau Biene in diesem Zusammenhang an, Schwangere insbesondere vor Infektionsrisiken zu schützen.

Dr. Gütlich erklärt Frau Biene, dass die Leistungen im Rahmen der Mutterschaftsvorsorge und der Geburtshilfe von ihm nicht abgerechnet werden können. Frau Biene bereitet die von Dr. Gütlich veranlassten Verordnung und Überweisungen unterschriftsreif vor und hilft den Patienten bei der Organisation der weiteren ärztlichen Versorgung.

Frau Biene lernt, die erbrachten Leistungen nach der für den jeweiligen Kostenträger richtigen Gebührenordnung abzurechnen.

Obwohl es sich bei Schwangerschaft und Geburt grundsätzlich nicht um Krankheit handelt, wird die ärztliche Betreuung der Schwangeren bis zur Geburt und deren Überwachung als medizinische Aufgabe verstanden, die in der ärztlichen Versorgung der Bevölkerung wahrgenommen wird. Die dabei anfallenden Leistungen werden nach den jeweiligen Gebührenordnungen abgerechnet, soweit sie nicht als Leistungen der Hebammen in einer eigenen Gebührenordnung aufgelistet sind.

Im EBM und in der GOÄ werden die ärztlichen Leistungen im Zusammenhang mit der Empfängnisregelung, während Schwangerschaft und bei Geburt jeweils nach getrennten Kapiteln abgerechnet:

■ **Empfängnisregelung**	• **EBM**	Kap. 1.7 (5)	Empfängnisregelung
	• **GOÄ**	Abschn. B I	Allgemeine Beratungen und Untersuchungen
■ **Schwangerschaft**	• **EBM**	Kap. 1.7 (4)	Mutterschaftsvorsorge
	• **GOÄ**	Abschn. B III	Spezielle Beratungen und Untersuchungen
■ **Geburt**	• **EBM**	Kap. 8	Frauenärztliche, geburtshilfliche und reproduktionsmedizinische GOP
	• **GOÄ**	Abschn. H	Geburtshilfe und Gynäkologie

▶ Arbeitshinweis:

Die ärztlichen Leistungen im Zusammenhang mit der **Früherkennung** von Brust- und Gebärmutterkrebs werden im **LF 11 Prävention** behandelt.

Die Abrechnung der **Behandlung** dieser Krebserkrankungen erfolgt nach den Kapiteln beispielsweise der **Fachärzte der Strahlenheilkunde.**
Diese Leistungen werden hier nicht besprochen.

Nicht im Rahmenlehrplan genannt und deshalb auch nicht Bestandteil dieses Buchkapitels sind ärztliche Leistungen im Zusammenhang von **Sterilisation und Schwangerschaftsabbruch.**

8.4 Empfängnisregelung

8.4.1 Abrechnung des Hausarztes nach EBM (Fall 9)

▶ Fall 9:

16. Okt. Die Patientin Gundi Glücklich (19 Jahre, Mitglied der Knappschaft) erscheint zum ersten Mal in diesem Quartal in der Praxis ihres Hausarztes Dr. Gütlich und wünscht die Ausstellung eines „Pillenrezeptes“. Die MFA übergibt ihr die Wiederholungsverordnung.

21. Nov. Frau Glücklich erscheint in der Praxis ihres Hausarztes Dr. Gütlich und wünscht wegen Beschwerden mit der Pille und starken Vorbehalten gegen die Einnahme von Hormonen eine Beratung zur Empfängnisregelung. Sie schlägt von sich aus das Einsetzen eines Intrauterinpessars vor, weil ihre Freundin Dolly damit sehr gute Erfahrungen gemacht habe. Dr. Gütlich akzeptiert den Vorschlag von Frau Glücklich. Da er aber das Intrauterinpessar nicht selbst einsetzen darf, überweist er die Patientin zum Gynäkologen.

Der Hausarzt kann nach der Präambel seines EBM-Abschnittes nur bestimmte, dort genannte Leistungen abrechnen; dies sind aus **EBM-Kap. 1.7.5 Empfängnisregelung:**

▶ Text der Gebührenordnung (Auszug)

GOP	Leistungsbeschreibung	Punkte
01 820	**Ausstellung von Wiederholungsrezepten, Überweisungsscheinen oder Übermittlung von Befunden oder ärztlichen Anordnungen** an den Patienten im Auftrag des Arztes durch das Praxispersonal, auch mittels technischer Kommunikationseinrichtungen, im Zusammenhang mit Empfängnisregelung, Sterilisation oder Schwangerschaftsabbruch *Die GOP 01 820 ist nicht neben anderen GOP und an demselben Behandlungstag nicht mehrfach berechnungsfähig.*	11
01 821	**Beratung im Rahmen der Empfängnisregelung** *Obligater Leistungsinhalt* – Leistungen gemäß den Richtlinien zur Empfängnisregelung und zum Schwangerschaftsabbruch des Gemeinsamen Bundesausschusses einmal im Krankheitsfall *Die GOP 01 821 ist nicht neben den GOP 01 850 und 01 900 berechnungsfähig.* *Die GOP 01 821 ist im Behandlungsfall nicht neben der GOP 01 822 berechnungsfähig.*	71
01 822	**Beratung ggf. einschließlich Untersuchung im Rahmen der Empfängnisregelung** *Obligater Leistungsinhalt* – Leistungen gemäß den Richtlinien zur Empfängnisregelung und zum Schwangerschaftsabbruch des Gemeinsamen Bundesausschusses, – Beratung im Rahmen der Empfängnisregelung (GOP 01 821), *Fakultativer Leistungsinhalt* – Untersuchung gemäß den Richtlinien zur Empfängnisregelung und zum Schwangerschaftsabbruch des Gemeinsamen Bundesausschusses, einmal im Behandlungsfall	113
01 828	**Entnahme von Venenblut** für den Varizella-Zoster-Virus-Antikörper-Nachweis im Rahmen der Empfängnisregelung	19
01 840	**Chlamydia trachomatis** – Nachweis im Urin gemäß Richtlinie zur Empfängnisregelung und zum Schwangerschaftsabbruch	67

▶ **Hinweis:**

Chlamydien gehören zu den am häufigsten vorkommenden sexuell übertragbaren Erkrankungen. Unbehandelt können sie Entzündungen auslösen und Unfruchtbarkeit verursachen. Deshalb wird für sexuell aktiven **Frauen bis zum abgeschlossenen 25. Lebensjahr einmal jährlich** die Untersuchung einer Probe auf genitale Chlamydia trachomatis-Infektionen angeboten. Als Hilfestellung für die Information der Frau zu diesem Screening ist das Merkblatt mit dem Titel „Warum wird mir ein jährlicher Chlamydientest angeboten?" zur Verfügung zu stellen

▶ **Fall 9 – Hausarzt:** (siehe Seite 98)

	Abrechnung nach EBM:	
16. Okt.	01 820	„Pillenrezept"
21. Nov.	01 821	Beratung im Rahmen der Empfängnisregelung
	03 000	Versichertenpauschale
	--------	Überweisung in Versichertenpauschale enthalten

8.4.2 Abrechnung des Gynäkologen nach EBM (Fall 9 – Fortsetzung)

▶ **Fall 9 – Fortsetzung:**

25. Nov. Frau Gundi Glücklich (19 Jahre) erscheint mit der Überweisung ihres Hausarztes in der Praxis der Gynäkologin Dr. Nina Niederkleine.
Auch Frau Dr. Niederkleine hält vor dem geschilderten Hintergrund die Implantation eines Intrauterinpessars für sachgerecht. Sie entnimmt Zellmaterial aus dem Muttermund und führt eine zytologische Untersuchung des Abstrichs durch. Anschließend setzt sie dann den Intrauterinpessar ein, weil Frau Glücklich sich in einem günstigen Zeitpunkt ihres Zyklus befindet.

13. Dez. Frau Glücklich erscheint in der Praxis von Frau Dr. Nina Niederkleine zur Ultraschallkontrolle ihres Intrauterinpessars.
Frau Dr. Niederkleine stellt fest, dass der Intrauterinpessar richtig sitzt und berät Frau Glücklich über mögliche Begleiterscheinungen bei der Anwendung. Sie teilt der Patientin auch mit, dass der Abstrich unauffällig ist.

Der Facharzt für Gynäkologie kann nach der Präambel seines EBM-Abschnittes darüberhinaus weitere Leistungen der **Empfängnisregelung aus Kap. 1.7.5** abrechnen; dies sind:

▶ **Text der Gebührenordnung (Auszug)**

GOP	Leistungsbeschreibung	Punkte
01 825	**Entnahme von Zellmaterial** von der Ektozervix und aus der Endozervix im Rahmen der Empfängnisregelung, einschl. Kosten *Obligater Leistungsinhalt* – Entnahme von Zellmaterial von der Ektozervix und aus der Endozervix, – Fixierung des Ausstriches *Fakultativer Leistungsinhalt* – Entnahme mittels Bürste	19
01 826	**Zytologische Untersuchung** im Rahmen der Empfängnisregelung, *Obligater Leistungsinhalt* – Zytologische Untersuchung eines oder mehrerer Abstriche(s), auch Bürstenabstriche, von Ekto- und/oder Endozervix *Fakultativer Leistungsinhalt* – Abstrichentnahme von Ekto- und/oder Endozervix, einschl. Kosten	58

▶ Text der Gebührenordnung (Auszug)

GOP	Leistungsbeschreibung	Punkte
01 827	**Mikroskopische Untersuchung** des Nativabstriches des Scheidensekrets im Rahmen der Empfängnisregelung	27
01 830	**Einlegen, Wechseln oder Entfernung eines Intrauterinpessars (IUP)** im Rahmen der Empfängnisregelung bei Frauen bis zum vollendeten 22. Lebensjahr *Obligater Leistungsinhalt* – Einlegen, Wechseln oder Entfernung eines Intrauterinpessars (IUP) *Fakultativer Leistungsinhalt* – Sonographische Untersuchung eines oder mehrer weiblicher Genitalorgane, ggf. einschl. Harnblase, mittels B-Mode-Verfahren (GOP 33 044) – Transkavitäre Untersuchung	203
01 831	**Ultraschallkontrolle** frühestens 8 Tage bis höchstens 6 Wochen nach Applikation eines Intrauterinpessars (IUP) im Rahmen der Empfängnisregelung	149
01 832	**Subkutane Applikation eines Depot-Kontrazeptivums** im Rahmen der Empfängnisregelung bei Frauen bis zum vollendeten 22. Lebensjahr *Fakultativer Leistungsinhalt* – Lokalanästhesie	65
01 835	**Wissenschaftlich** begründete **humangenetische Beurteilung** *Obligater Leistungsinhalt* – Wissenschaftlich begründete humangenetische Beurteilung, *Fakultativer Leistungsinhalt* – Schriftliche Zusammenfassung für den/die Begutachtete(n), einmal im Krankheitsfall	143

Darüberhinaus enthält die Präambel ähnlich den anderen Facharztkapiteln eine Vielzahl anderer abrechnungsfähiger GOP.

Zusätzlich kann der Gynäkologe die in seinem Kapitel speziell aufgeführten Leistungen abrechnen; im Rahmen der Empfängnisregelung sind das die **Frauenärztlichen Grundpauschalen:**

▶ Text der Gebührenordnung (Auszug)

GOP	Leistungsbeschreibung	Punkte
	Grundpauschale *Obligater Leistungsinhalt* – Persönlicher Arzt-Patienten-Kontakt *Fakultativer Leistungsinhalt* – Weitere persönliche oder andere Arzt-Patienten-Kontakte gemäß 4.3.1 und der Allgemeinen Bestimmungen, – Ärztlicher Bericht entspr. der GOP 01 600, – Individueller Arztbrief entspr. der GOP 01 601, – Untersuchung und Behandlung der Harninkontinenz, – Sterilitätsbehandlung mittels Gonadotropinstimulation und/oder Antiöstrogenen – Diagnostik und Behandlung einer Patientin mit einer morphologischen Veränderung einer Hormondrüse und/oder mit einer laboratoriumsmedizinisch gesicherten Hormonüber- oder -unterfunktion, – In Anhang 1 aufgeführte Leistungen, einmal im Behandlungsfall	
08 210	für Versicherte bis zum vollendeten 5. Lebensjahr	113
08 211	für Versicherte ab Beginn des 6. bis zum vollendeten 59. Lebensjahr	145
08 212	für Versicherte ab Beginn des 60. Lebensjahr	147
	Die GOP 08 210 bis 08 212 sind nicht neben der GOP 01 436 berechnungsfähig.	

08 220	**Zuschlag für die gynäkologische Grundversorgung** gemäß Allgemeiner Bestimmungen 4.3.8 zu den GOP 08 210 bis 08 212 einmal im Behandlungsfall *Der Zuschlag nach der GOP 08 220 kann ausschließlich in Behandlungsfällen abgerechnet werden, in denen nur Leistungen der fachärztlichen Grundversorgung gemäß Anhang 3 und/oder regionaler Vereinbarungen erbracht und berechnet werden.*	24
08222	**Zuschlag zur GOP 08 220,** einmal im Behandlungsfall	6
08227	**Zuschlag zur GOP 08210 – 08212,** (für das Erstellen eines Medikationsplans) einmal im Behandlungsfall *Die GOP 08 227 ist nicht berechnungsfähig, wenn im Krankheitsfall bereits die GOP 01 630 berechnet wurde.*	2

Hinweis: *Der Zuschlag nach GOP 08 220 wird von den meisten KV'en automatisch zugesetzt, die Zuschläge nach GOP 08 222 und 08 227 werden grundsätzlich automatisch zugesetzt!*

▶ Fall 9 – Fortsetzung – Gynäkologe: (siehe Seite 99)

Abrechnung nach EBM:

25. Nov.	08 211	Grundpauschale
	01 826	Zytologische Untersuchung (Anmerkung: Die Entnahme des Materials ist darin enthalten!)
	01 830	Einlegen eines Intrauterinpessars (IUP)
13. Dez.	01 831	Ultraschallkontrolle

8.4.3 Abrechnung nach GOÄ (Fall 9)

▶ Fall 9:

16. Okt. Die Patientin Gerdi Glücklich (19 Jahre, Privatpatientin) erscheint zum ersten Mal in diesem Quartal in der Praxis ihres Hausarztes Dr. Gütlich und wünscht die Ausstellung eines „Pillenrezeptes". Die MFA übergibt ihr die Wiederholungsverordnung.

21. Nov. Frau Glücklich erscheint in der Praxis ihres Hausarztes Dr. Gütlich und wünscht wegen Beschwerden mit der Pille und starken Vorbehalten gegen die Einnahme von Hormonen eine Beratung zur Empfängnisregelung. Sie schlägt von sich aus das Einsetzen eines Intrauterinpessars vor, weil ihre Freundin Dolly damit sehr gute Erfahrungen gemacht habe. (Dauer des Beratungsgesprächs: 12 min)
Dr. Gütlich akzeptiert den Vorschlag von Frau Glücklich und überweist sie formlos zum Gynäkologen.

25. Nov. Frau Gerdi Glücklich erscheint in der Praxis der Gynäkologin Dr. Nina Niederkleine. Auch Frau Dr. Niederkleine hält vor dem geschilderten Hintergrund die Implantation eines Intrauterinpessars für sachgerecht und berät Frau Glücklich entsprechend. Die Ärztin untersucht die Genitalorgane von Frau Glücklich vollständig, entnimmt Zellmaterial aus dem Muttermund und führt eine zytologische Untersuchung des Abstrichs durch. Anschließend setzt sie dann den Intrauterinpessar ein, weil Frau Glücklich sich in einem günstigen Zeitpunkt ihres Zyklus befindet.

13. Dez. Frau Glücklich erscheint in der Praxis von Frau Dr. Niederkleine zur Ultraschallkontrolle ihres Intrauterinpessars.
Frau Dr. Niederkleine stellt fest, dass der Intrauterinpessar richtig sitzt und berät Frau Glücklich über mögliche Begleiterscheinungen bei der Anwendung. Sie teilt der Patientin auch mit, dass der Abstrich unauffällig ist.

In der GOÄ gibt es keinen Abschnitt der vergleichsweise wie im EBM die Leistungen der Empfängnisregelung zusammenfasst. Der Arzt kann die entsprechenden Leistungen erbringen, muss die abrechenbaren Nummern aber verschiedenen GOÄ-Abschnitten entnehmen.

	Text der GOÄ (Auszug)	Punktzahl	1-fach EUR	2,3-/ 1,8-/ 1,15-fach EUR	3,5-/ 2,5-/ 1,3-fach EUR
1	Beratung – auch mittels Fernsprecher –	80	4,66	10,72	16,32
2*	Ausstellung von Wiederholungsrezepten ... *(auch für „Pillenrezept")*	30	1,75	3,15	4,37
7	Vollständige körperliche Untersuchung mindestens eines der folgenden Organsysteme: ... der gesamte weibliche Genitaltrakt ...	160	9,33	21,45	32,64
297	Entnahme und Aufbereitung von Abstrichmaterial zur zytologischen Untersuchung ...	45	2,62	6,03	9,18
4850*	Zytologische Untersuchung ...	87	5,07	9,13	12,86
3508#	Mikroskopische Untersuchung **(s. auch ausführlich LF 8 Kap. 8.3.4)**	80	4,66	5,36	6,06
3509#	Mikroskopische Untersuchung **(s. auch ausführlich LF 8 Kap. 8.3.4)**	100	5,83	6,70	7,58
	Qualitativer Nachweis von Antikörpern ... gegen				
4335*	Varizella-Zoster-Virus *(Anm.: Nr. 250 für Blutentnahme zu berechnen)*	290	16,90	19,44	21,97
1091	Einlegen oder Wechseln eines Intrauterinpessars *(Anm.: keine Altersbeschränkung)*	106	6,18	14,21	21,62
1092	Entfernen eines Intrauterinpessars	52	3,03	6,97	10,61
410	Ultraschalluntersuchung **(s. auch ausführlich LF 8 Kap. 8.3.2)**	200	11,66	26,81	40,80

Die **Subkutane Applikation eines Depot-Kontrazeptivums** kann nach den **GOÄ-Nummern 252** (Injektion) und **490** (Infiltrationsanästhesie kleiner Bezirke) abgerechnet werden.

Lernfeld 8
Seite 102

▶ Fall 9 – Hausarzt: (siehe Seite 101)

Abrechnung nach GOÄ:

16. Okt. 2 Wiederholungsrezept

21. Nov. 3 eingehende Beratung

▶ Fall 9 – Gynäkologe:

Abrechnung nach GOÄ:

25. Nov. 1 Beratung
7 vollständige Untersuchung der Genitalorgane
297 Entnahme und Aufbereitung von Abstrichmaterial
4850 Zytologische Untersuchung
1091 Einlegen eines Intrauterinpessars (IUP)

13. Dez. 410 Ultraschalluntersuchung (Gebärmutter)
... Beratung nicht berechnungsfähig

8.5 Schwangerschaft

8.5.1 Abrechnung nach EBM (Fall 10)

▶ Fall 10:

13. Mai Frau Christel Christkind (27 Jahre, Mitglied der LKK) erscheint erstmalig in diesem Quartal in der Praxis der sie betreuenden Gynäkologin Frau Dr. Niederkleine.
Frau Christkind glaubt, schwanger zu sein. Frau Dr. Niederkleine untersucht, führt eine Ultraschalluntersuchung durch und stellt eine Schwangerschaft Ende des zweiten Monats fest. Sie stellt den Mutterpass aus und trägt dort alle Ergebnisse der im Rahmen der Mutterschaftsvorsorge notwendigen Untersuchungen ein.
Sofern keine besonderen Beschwerden auftreten, soll Frau Christkind Ende Juni zur nächsten Kontrolluntersuchung in die Praxis kommen.

Die GOP des **Abschnitts 1.7.4 Mutterschaftsvorsorge** sind, von im EBM genau genannten GOP abgesehen, nur von Fachärzten für Frauenheilkunde berechnungsfähig.

▶ Text der Gebührenordnung (Auszug)

GOP	Leistungsbeschreibung	Punkte
01 770	**Betreuung einer Schwangeren gemäß ... (Mutterschafts-Richtlinien)** *Obligater Leistungsinhalt* – Beratung und Untersuchungen gemäß den Mutterschafts-Richtlinien, – Ultraschalluntersuchungen, – Bilddokumentation(en), einmal im Behandlungsfall *Die GOP 01 770 kann für die Betreuung einer Schwangeren im Laufe eines Quartals nur von einem Vertragsarzt abgerechnet werden. Dies gilt auch, wenn mehrere Vertragsärzte in die Betreuung eingebunden sind (z.B. bei Vertretung, im Notfall oder bei Mit- bzw. Weiterbehandlung).*	1093
01 771	**Zuschlag im Zusammenhang mit der Gebührenordnungsposition 01 770 bei der Ultraschalluntersuchung mit Biometrie und systematischer Untersuchung der fetalen Morphologie im 2. Trimenon** gemäß Anlage 1a der Mutterschafts-Richtlinien *Obligater Leistungsinhalt* – Ultraschalluntersuchung(en) im 2. Trimenon nach Anlage 1a der Mutterschafts-Richtlinien mit Biometrie und systematischer Untersuchung der fetalen Morphologie, – Bilddokumentation(en), – Beratungen, einmal im Behandlungsfall *Die GOP 01771 ist einmal je Schwangerschaft berechnungsfähig. Bei Mehrlingen ist die GOP 01771 entsprechend der Zahl der Mehrlinge mehrfach berechnungsfähig.*	440
01 772	**Weiterführende Sonographie** *Obligater Leistungsinhalt* – Sonographische Untersuchungen zur differentialdiagnostischen Abklärung und/oder Überwachung von pathologischen Befunden bei Vorliegen der Indikationen gemäß Anlage 1c I. der Mutterschafts-Richtlinien, – Bilddokumentation, *Fakultativer Leistungsinhalt* – in mehreren Sitzungen einmal im Behandlungsfall *Bei Mehrlingen ist die GOP 01 772 entsprechend der Zahl der Mehrlinge mehrfach berechnungsfähig.*	382

▶ Text der Gebührenordnung (Auszug)

GOP	Leistungsbeschreibung	Punkte
01 776	**Vortest auf Gestationsdiabetes** gemäß Abschnitt A Nr. 8 der Richtlinien des G-BA (Mutterschafts-Richtlinien) *Obligater Leistungsinhalt* – Orale Gabe von 50 g Glukoselösung (unabhängig vom Zeitpunkt der letzten Mahlzeit), – Entnahme von Venenblut 1h nach Gabe von 50 g Glukoselösung, – Veranlassung der Bestimmung der Plasmaglukosekonzentration – Beratung über Gestationsdiabetes – Dokumentation im Mutterpass *Fakultativer Leistungsinhalt* – Veranlassung eines OG TT bei Überschreiten des unteren Grenzwertes, ... höchstens zweimal im Krankheitsfall *Die GOP 01 776 ist nur einmal je Schwangerschaft berechnugsfähig. In der GOP 01 776 sind die Kosten für die Glukoselösung nicht enthalten.*	106
01 777	**Oraler Glukosetoleranztest (OG TT)** zum Ausschluss/Nachweis eines Gestationsdiabetes gemäß Mutterschafts-Richtlinien *Obligater Leistungsinhalt* – Orale Gabe von 75 g Glukoselösung nach Einhaltung von mindestens 8h Nahrungskarenz – Dreimalige Entnahme von Veneneblut (nüchtern, 1h sowie 2h nach Gabe der Glukoselösung – Veranlassung der Bestimmung der Plasmaglukosekonzentration, ... höchstens zweimal im Krankheitsfall *Die GOP 01 777 ist nur einmal je Schwangerschaft berechnungsfähig.* *In der GOP 01 777 sind die Kosten für die Glukoselösung nicht enthalten.* *Die GOP 01 777 ist nur berechnungsfähig bei Schwangeren, deren Plasmaglukosekonzentration im Venenblut im Vortest auf Gestationsdiabetes nach der GOP 01 776 in dem ... vorgesehenen Bereich lag.*	129
01 780	**Planung der Geburtsleitung** durch den betreuenden Arzt der Entbindungsklinik gemäß den Mutterschafts-Richtlinien *Obligater Leistungsinhalt* – Untersuchung(en), – Besprechung mit der Schwangeren *Fakultativer Leistungsinhalt* – Externe kardiotographische Untersuchung (CTG) ... (GOP 01 786) – Sonographische Untersuchung eines oder mehrerer weiblicher Genitalorgane, ... (GOP 33 044) *Die GOP 01 780 ist nicht durch den Arzt berechnungsfähig, der die Schwangere während der Schwangerschaft betreut.*	348
01 786	**Externe kardiotokographische Untersuchung (TG)**	117
01 815	**Untersuchung und Beratung der Wöchnerin** gemäß Abschnitt F. 1. oder F. 2. der Mutterschafts-Richtlinien	134

Erläuterungen

1. **Leistungen der Mutterschaftsvorsorge**, die bei **Vertretung, im Notfall oder bei Mit- bzw. Weiterbehandlung** erbracht werden, sind nach den **kurativen Leistungspositionen** berechnungsfähig.

   Zu beachten sind die von der Kassenärztlichen Vereinigung vorgegebenen Kennzeichnungen präventiver Leistungen.

2. **Die Berechnung der sonographischen Untersuchungen** im Rahmen der Mutterschaftsvorsorge setzt die **Genehmigung der KV** nach der Ultraschall-Verordnung voraus.

3. Die **GOP 01 770** ist eine **Komplexgebühr** und umfasst **alle Leistungen** zur Kontrolle einer normalen Schwangerschaft.

4. In der 27.–29. Schwangerschaftswoche wird eine **Screeninguntersuchung auf einen Schwangerschaftsdiabetes** durchgeführt. Liegt der Blutglukosewert bei der Untersuchung über 135 mg/de wird ein OG TT durchgeführt.

Fall 10 – Gynäkologe: (siehe Seite 103)

Hinweis: Die Mutterschaftsvorsorge ist eine präventive Leistung, bei der eine Grundpauschale grundsätzlich nicht abgerechnet werden darf. In den vorliegenden Behandlungsfällen wird angenommen, dass auch kurative Leistungen anfallen, die die Abrechnung der Grundpauschale berechtigen.

Abrechnung nach EBM:

13. Mai

08 221 Grundpauschale
01 770 Betreuung einer Schwangeren
-------- Ultraschall in 01 770 enthalten
-------- Ausstellung Mutterpass in 01 770 enthalten

26. Juni Frau Christel Christkind erscheint wie vereinbart zu einer Kontrolluntersuchung bei der betreuenden Gynäkologin Frau Dr. Niederkleine. Frau Dr. Niederkleine untersucht gemäß Mutterschafts-Richtlinien.

-------- (nichts)

11. Aug. Frau Christel Christkind erscheint erneut zu einer Kontrolluntersuchung bei der betreuenden Gynäkologin Frau Dr. Niederkleine.
Frau Dr. Niederkleine untersucht, gibt wegen leichter Ödeme Ernährungsempfehlungen und führt die erweiterte Ultraschalluntersuchung im 2. Trimenon gemäß Mutterschafts-Richtlinien durch. Dabei legt sie besonderen Wert auf die Erfassung der kindlichen Maße. Da Frau Christkind darüber etwas beunruhigt ist, informiert Frau Dr. Niederkleine sie umfassend über den Sinn der Ultraschalldiagnostik während der Schwangerschaft.

08 221 Grundpauschale
01 770 Betreuung einer Schwangeren
01 771 Zuschlag zur GOP 01 770 für die Ultraschalluntersuchung im 2. Trimenon

21. Sep. Frau Christel Christkind erscheint erneut zu einer Kontrolluntersuchung bei Frau Dr. Niederkleine. Die Ärztin führt den Vortest auf Schwangerschaftsdiabetes durch. Frau Christkind wünscht eine Ultraschalluntersuchung, weil sie die Dokumentation gerne später in das Fotoalbum ihres Kindes einkleben möchte. Frau Dr. Niederkleine bespricht mit Frau Christkind, dass sie diese Ultraschallaufnahme nach GOÄ berechnen muss, da es dafür zurzeit keine medizinische Indikation gibt.
Frau Dr. Niederkleine untersucht gemäß Mutterschafts-Richtlinien und führt auch die Ultraschalluntersuchung wunschgemäß durch.

01 776 Vortest auf Gestationsdiabetes
415 GOÄ Ultraschalluntersuchung in der Schwangerschaft, Wunschleistung – Rechnung an Patientin

Abrechnung nach EBM – Fortsetzung:

7. Nov. Frau Christel Christkind erscheint wieder bei Frau Dr. Niederkleine. Frau Christkind klagt erstmals über Rückenschmerzen und Taubheitsgefühlen in den Händen.
Frau Dr. Niederkleine untersucht gemäß Mutterschafts-Richtlinien, führt eine Ultraschalluntersuchung durch, stellt fest, dass die Beschwerden schwangerschaftsbedingt sind und händigt die Bescheinigung über den mutmaßlichen Tag der Entbindung aus.

08 221	Grundpauschale
01 770	Betreuung einer Schwangeren
--------	Ultraschall in 01 770 enthalten
--------	Ausstellung Bescheinigung (Muster 3) in 01 770 enthalten

15. Nov. (Sa.) Frau Christel Christkind ruft um 20.30 Uhr ihre Gynäkologin Frau Dr. Niederkleine privat an und berichtet von Schmerzen und dem Gefühl von ersten Wehen.
Frau Dr. Niederkleine macht sich sofort auf den Weg (8 km) und sucht Frau Christkind auf. Sie untersucht, führt ein Kardiotokogramm durch und empfiehlt Frau Christkind strenge Bettruhe. Sie kündigt für morgen Vormittag ihren erneuten Besuch an.

01 412	Dringender Besuch an Samstagen zwischen 19 und 7 Uhr
WP	Wegepauschale
01 786	Kardiotokogramm
--------	Untersuchung in 01 770 vom 7. Nov. enthalten

16. Nov. (So.) Frau Dr. Niederkleine besucht wie geplant Frau Christkind. Sie untersucht, führt Wehenschreibung durch und empfiehlt weiterhin strenge Bettruhe. Sie bittet Frau Christkind, morgen Vormittag in der Sprechstunde anzurufen und mitzuteilen, wie es ihr geht.

01 410	Besuch
WP	Wegepauschale
--------	Untersuchung in 01 770 vom 7. Nov. enthalten

17. Nov. (Mo.) Frau Christkind ruft Frau Dr. Niederkleine in der Praxis an und berichtet über Besserung bei körperlicher Schonung. Frau Dr. Niederkleine bittet Frau Christkind, nach Möglichkeit, Donnerstag zu einer außerplanmäßigen Untersuchung in die Praxis zu kommen.

--------	Telefongespräch in 01 770 enthalten

20. Nov. (Do.) Frau Christkind wird von ihrem Ehemann wie geplant in die Praxis von Frau Dr. Niederkleine gebracht.
Frau Dr. Niederkleine untersucht und äußert den Verdacht, dass sich das Kind in eine Beckenendlage gedreht hat. Sie führt deshalb eine Ultraschalluntersuchung durch und findet ihren Verdacht bestätigt.

01 772	Weiterführende Sonographie

27. Nov. (Do.) Frau Christkind wird wieder von ihrem Ehemann in die Praxis von Frau Dr. Niederkleine gebracht.
Frau Christkind berichtet über intensive Kindsbewegungen und gelegentliche ziehende Beschwerden im Rücken. Frau Dr. Niederkleine untersucht erneut und stellt mit Ultraschall fest, dass sich das Kind wieder in eine Schädellage gedreht hat. Alle übrigen Befunde gemäß Mutterschaftsrichtlinien sind im Normbereich.

--------	Weiterführende Sonographie in 01 772 vom 20. Nov. enthalten

12. Dez. (Fr.) Frau Christkind erscheint wieder mit ihrem Ehemann in der Praxis von Frau Dr. Niederkleine. Die Beschwerden haben sich gelegt und beide freuen sich auf den nahenden Geburtstermin. Frau Dr. Niederkleine untersucht erneut, stellt keine pathologischen Befunde mehr fest. Da Frau Christkind eine Hausgeburt wünscht, werden alle erforderlichen Planungen einschl. Hinzuziehung einer Hebamme ausführlich durchgesprochen, zumal die Geburt an den Feiertagen erfolgen könnte. Das Gespräch dauert deshalb 27 Minuten.

--------	(nichts)

8.5.2 Abrechnung nach GOÄ (Fall 10)

▶ Fall 10:

13. Mai Frau Christine Christkind (27 Jahre, Privatpatientin) erscheint erstmalig in diesem Quartal in der Praxis der sie betreuenden Gynäkologin Frau Dr. Niederkleine.
Frau Christkind glaubt, schwanger zu sein. Frau Dr. Niederkleine untersucht, führt eine Ultraschalluntersuchung durch und stellt eine Schwangerschaft Ende des zweiten Monats fest. Sie stellt den Mutterpass aus und trägt dort alle Ergenisse der im Rahmen der Mutterschaftsvorsorge notwendigen Untersuchungen ein.
Sofern keine besonderen Beschwerden auftreten, soll Frau Christkind Ende Juni zur nächsten Kontrolluntersuchung in die Praxis kommen.

Nach der GOÄ werden Leistungen der Mutterschaftsvorsorge nach den Nrn. 23 und 24 abgerechnet. Zusätzlich erbrachte Leistungen aus anderen Bereichen können daneben abgerechnet werden.

	Text der GOÄ (Auszug)	Punkt-zahl	1-fach EUR	2,3-fach EUR	3,5-fach EUR
23	Erste Vorsorgeuntersuchung in der Schwangerschaft mit Bestimmmung des Geburtstermins – einschl. Erhebung der Anamnese und Anlagen des Mutterpasses sowie Beratung der Schwangeren über die Mutterschaftsvorsorge, einschl. Hämoglobinbestimmung – *Neben der Leistung nach Nr. 23 sind die Leistungen nach den Nummern 1, 3, 5, 7 und/oder 3550 nicht berechnungsfähig.*	300	17,49	40,22	61,20
24	Untersuchung im Schwangerschaftsverlauf – einschl. Beratung und Bewertung der Befunde, ggf. auch im Hinblick auf Schwangerschaftsrisiken – *Neben der Leistung nach Nr. 24 sind die Leistungen nach den Nrn. 1, 3, 5 und/oder 7 nicht berechnungsfähig.*	200	11,66	26,81	40,80
415	Ultraschalluntersuchung im Rahmen der Mutterschaftsvorsorge – ggf. einschl. Biometrie und Beurteilung der Organentwicklung –	300	17,49	40,22	61,20

▶ Fall 10 – Gynäkologe: (siehe Seite 107)

Abrechnung nach GOÄ:

13. Mai 23 Erste Vorsorgeuntersuchung in der Schwangerschaft
415 Ultraschall
-------- Ausstellung Mutterpass in Nr. 23 enthalten

26. Juni Frau Christine Christkind erscheint wie vereinbart zu einer Kontrolluntersuchung bei der betreuenden Gynäkologin Frau Dr. Niederkleine. Frau Dr. Niederkleine untersucht gemäß Mutterschafts-Richtlinien.

24 Untersuchung im Schwangerschaftsverlauf

11. Aug. Frau Christine Christkind erscheint erneut zu einer Kontrolluntersuchung bei der betreuenden Gynäkologin Frau Dr. Niederkleine.
Frau Dr. Niederkleine untersucht, gibt wegen leichter Ödeme Ernährungsempfehlungen und führt die Ultraschalluntersuchung gemäß Mutterschafts-Richtlinien durch. Dabei legt sie besonderen Wert auf die Erfassung der kindlichen Maße. Da Frau Christkind darüber etwas beunruhigt ist, informiert Frau Dr. Niederkleine sie umfassend über den Sinn der Ultraschalldiagnostik während der Schwangerschaft

24 Untersuchung im Schwangerschaftsverlauf
415 Ultraschall

21. Sep. Frau Christel Christkind erscheint erneut zu einer Kontrolluntersuchung bei Frau Dr. Niederkleine. Die Ärztin führt den Vortest auf Schwangerschaftdiabetes durch. Frau Christkind wünscht eine Ultraschalluntersuchung, weil sie die Dokumentation gerne später in das Fotoalbum ihres Kindes einkleben möchte.
Frau Dr. Niederkleine untersucht gemäß Mutterschafts-Richtlinien und führt auch die Ultraschalluntersuchung wunschgemäß durch.

250 Venenblutentnahme
3560 Glukose
--,-- € Materialkosten für Glukoselösung in Euro
24 Untersuchung im Schwangerschaftsverlauf
415 Ultraschall

7. Nov. Frau Christel Christkind erscheint wieder bei Frau Dr. Niederkleine. Frau Christkind klagt erstmals über Rückenschmerzen und Taubheitsgefühlen in den Händen.
Frau Dr. Niederkleine untersucht den Schwangerschaftsverlauf, führt eine Ultraschalluntersuchung durch, stellt fest, dass die Beschwerden schwangerschaftsbedingt sind und händigt eine formlose Bescheinigung über den mutmaßlichen Tag der Entbindung aus.

24 Untersuchung im Schwangerschaftsverlauf
415 Ultraschall
-------- Ausstellung Bescheinigung in Nr. 24 enthalten

15. Nov. (Sa.) Frau Christel Christkind ruft um 20.30 Uhr ihre Gynäkologin Frau Dr. Niederkleine privat an und berichtet von Schmerzen und dem Gefühl von ersten Wehen.
Frau Dr. Niederkleine macht sich sofort auf den Weg (8 km) und sucht Frau Christkind auf. Sie untersucht, führt ein Kardiotokogramm durch und empfiehlt Frau Christkind strenge Bettruhe. Sie kündigt für morgen Vormittag ihren erneuten Besuch an.

50 Besuch
F Zuschlag 20.30 Uhr
H Zuschlag Samstag
15,34 € Wegegeld
24 Untersuchung im Schwangerschaftsverlauf
1002 Externe Kardiotokographische Untersuchung (s. Kap. 8.6.2 Geburt – GOÄ)

▶ Fall 10 – Gynäkologe:

Abrechnung nach GOÄ – Fortsetzung:

16. Nov. (So.) Frau Dr. Niederkleine besucht wie geplant Frau Christkind. Sie untersucht, führt Wehenschreibung durch und empfiehlt weiterhin strenge Bettruhe. Sie bittet Frau Christkind, morgen Vormittag in der Sprechstunde anzurufen und mitzuteilen, wie es ihr geht.

50	Besuch
H	Zuschlag Sonntag
10,23 €	Wegegeld
24	Untersuchung im Schwangerschaftsverlauf
1002	Externe Kardiotokographische Untersuchung (s. Kap. 8.6.2 Geburt – GOÄ)

17. Nov. (Mo.) Frau Christkind ruft Frau Dr. Niederkleine in der Praxis an und berichtet über Besserung bei körperlicher Schonung.
Frau Dr. Niederkleine bittet Frau Christkind, nach Möglichkeit Donnerstag zu einer außerplanmäßigen Untersuchung in die Praxis zu kommen.

1	Beratung, Telefongespräch

20. Nov. (Do.) Frau Christkind wird von ihrem Ehemann wie geplant in die Praxis von Frau Dr. Niederkleine gebracht.
Frau Dr. Niederkleine untersucht und äußert den Verdacht, dass sich das Kind in eine Beckenendlage gedreht hat. Sie führt deshalb eine Ultraschalluntersuchung durch und findet ihren Verdacht bestätigt.

24	Untersuchung im Schwangerschaftsverlauf
415	Ultraschall

27. Nov. (Do.) Frau Christkind wird wieder von ihrem Ehemann in die Praxis von Frau Dr. Niederkleine gebracht.
Frau Christkind berichtet über intensive Kindsbewegungen und gelegentliche ziehende Beschwerden im Rücken. Frau Dr. Niederkleine untersucht erneut und stellt mit Ultraschall fest, dass sich das Kind wieder in eine Schädellage gedreht hat. Alle übrigen Befunde gemäß Mutterschaftsrichtlinien sind im Normbereich.

24	Untersuchung im Schwangerschaftsverlauf
415	Ultraschall

12. Dez. (Fr.) Frau Christkind erscheint wieder mit ihrem Ehemann in die Praxis von Frau Dr. Niederkleine. Die Beschwerden haben sich gelegt und beide freuen sich auf den nahenden Geburtstermin. Frau Dr. Niederkleine untersucht erneut, stellt keine pathologischen Befunde mehr fest. Da Frau Christkind eine Hausgeburt wünscht, werden alle erforderlichen Planungen einschl. Hinzuziehung einer Hebamme ausführlich durchgesprochen, zumal die Geburt an den Feiertagen erfolgen könnte. Das Gespräch dauert deshalb 27 Minuten.

24	Untersuchung im Schwangerschaftsverlauf, für die gesamten 27 Min.
415	Ultraschall

8.6 Geburt

8.6.1 Abrechnung nach EBM (Fall 10 – Fortsetzung)

▶ Fall 10 – Fortsetzung:

24. Dez. (Mi.)	15.40 h	Frau Christkind informiert wie besprochen ihre Gynäkologin Frau Dr. Niederkleine telefonisch zu Hause über die ersten Wehen in größeren zeitlichen Abständen. Sie besprechen das weitere Vorgehen. Frau Dr. Niederkleine erbittet den Anruf der Hebamme, wenn die Geburt entsprechend fortgeschritten ist.
	18.00 h	Bei Frau Christkind ist die Hebamme eingetroffen, weil die Wehen in kürzeren Zeitabständen auftreten.
	22.00 h	Die Hebamme ruft Frau Dr. Niederkleine an und informiert sie über den Geburtsstand. Sie teilt ihr mit, dass Frau Christkind sie bei der Geburt dabei haben möchte.
	22.15 h	Frau Dr. Niederkleine fährt zu Frau Christkind. Sie stellt dort fest, dass die Geburt unmittelbar bevorsteht. Sie untersucht und nachdem sie einen Scheidendammschnitt gemacht hat, bringt Frau Christkind um 22.45 h ein gesundes Mädchen zur Welt.
	22.45 h	Nach Geburt der Plazenta kontrolliert Dr. Niederkleine diese auf Vollständigkeit. Anschließend spritzt sie ein Mittel zur Kontraktion der Gebärmutter. Sie näht den Scheidendammschnitt, kontrolliert den Stand der Gebärmutter, bespricht sich mit der Hebamme und verabschiedet sich mit allen guten Wünschen für das Neugeborene und die Eltern.
29. Dez.		Der stolze Vater meldet seine Tochter beim Standesamt auf den Namen Maria an.

Die entsprechenden Abrechnungsziffern für die Leistungen der Geburtshilfe stehen im
EBM-Kap. 8.4 Frauenärztliche GOP – Geburtshilfe.

▶ Text der Gebührenordnung (Auszug)

GOP	Leistungsbeschreibung	Punkte
08 231	**Zuschlag zur Grundpauschale im Rahmen der Geburtshilfe,** bei denen Gebührenordnungspositionen des Abschnitts 8.4 berechnet werden, einmal im Behandlungsfall	90
08 411	**Betreuung und Leitung einer Geburt** *Obligater Leistungsinhalt* – Erst- und Folgeuntersuchung der Gebärenden, – Abschlussuntersuchung nach beendeter Geburt *Fakultativer Leistungsinhalt* – Kardiotokographische Leistungen während der Geburt, – Blutentnahmen beim Feten unter der Geburt, – Lösung des Eipols, – Dehnung des Muttermundes, – Intrazervikale Prostaglandinapplikation, – Eröffnung der Fruchtblase, – Naht eines oder mehrer Zervixrisse(s), – Naht von Scheidenrissen, – Naht von Dammrissen, – Episiotomie, – Naht einer Episiotomie	2030
08 412	**Zuschlag** zu der **GOP 08 411** bei Leitung und Betreuung einer **komplizierten Geburt**	518
08 415	**Zuschlag** zu der **GOP 08 411** bei Leitung und Betreuung einer Geburt **bei Schnittentbindung**	690

Fall 10 – Fortsetzung – Gynäkologe: (siehe Seite 110)

24. Dez. Abrechnung nach EBM:

01 412	Dringender Besuch am 24. Dez. zwischen 19 und 7 Uhr
08 211	Grundpauschale
08 231	Zuschlag Geburtshilfe
WP	Wegepauschale
08 411	Betreuung und Leitung der Geburt

8.6.2 Abrechnung nach GOÄ (Fall 10 – Fortsetzung)

Die Leistungen von **Geburtshilfe** und Gynäkologie werden in der GOÄ im Abschnitt H unter den **Nrn. 1001 – 1168** aufgeführt.

	Text der GOÄ (Auszug)	Punktzahl	1-fach EUR	2,3-/ 1,8-fach EUR	3,5-/ 2,5-fach EUR
1001*	Tokographische Untersuchung	120	6,99	12,59	17,49
1002*	Externe kardiotokographische Untersuchung	200	11,66	20,98	29,14
1003	Interne kardiotokographische Untersuchung – ggf. einschl. einer im zeitlichen Zusammenhang des Geburtsvorganges vorausgegangenen externen Kardiotokographie –	379	22,09	50,81	77,32
1012	Blutentnahme beim Fetus	74	4,31	9,92	15,10
1020	Erweiterung des Gebärmutterhalses durch Dehnung im Zusammenhang mit einer Geburt – ggf. einschl. Eipollösung	148	8,63	19,84	30,19
1021	Beistand von mindestens zwei Stunden Dauer bei einer Geburt, die auf natürlichem Wege nicht beendet werden kann, ausschließlich Kunsthilfe	266	15,50	35,66	54,27
1022	Beistand bei einer Geburt, auch Risikogeburt, regelwidriger Kindslage, Mehrlingsgeburt, ausschließlich Kunsthilfe, sofern der Arzt die Geburt auf natürlichem Wege bis zur Beendigung geleitet hat	1300	75,77	174,28	265,21
1025	Entbindung durch Manualextraktion am Beckenende	554	32,29	74,27	113,02
1026	Entbindung durch Vakuumextraktion	832	48,50	111,54	169,73
1027	Entbindung durch Zange	832	48,50	111,54	169,73
1028	Äußere Wendung	370	21,57	49,60	75,48
1032	Schnittentbindung von der Scheide oder von den Bauchdecken aus	2310	134,64	309,68	471,25
1041	Entfernung der Nachgeburt oder von Resten durch inneren Eingriff mit oder ohne Kürettement	824	48,03	110,47	168,10
1044	Naht der weichen Geburtswege – auch nach vorangegangener künstlicher Erweiterung – und/oder Naht eines Dammrisses I. oder II. Grades und/oder Naht eines Scheidenrisses	420	24,48	56,31	85,68
1050	Instrumentale Einleitung einer Geburt oder Fehlgeburt, als selbständige Leistung	296	17,25	39,68	60,39

▶ **Fall 10 – Fortsetzung – Gynäkologe:** (siehe Seite 110)

24. Dez. Abrechnung nach GOÄ:

1	Beratung (15.40 Uhr)
50	Besuch (22.15 Uhr)
G	Zuschlag Leistungen nach 22.00 Uhr
15,34 €	Wegegeld
1022	Beistand bei einer Geburt
1044	Naht der weichen Geburtswege

▶ **Arbeitshinweis:**

Die ersten Früherkennungsuntersuchungen des Neugeborenen werden im **LF 11 Prävention** dargestellt.

8.7 Formular der vertragsärztlichen Versorgung:

In den beiden lernfeldorientierten Fällen des Lernfeldes 8 wurde folgendes, bisher nicht thematisiertes, **Formular der vertragsärztlichen Versorgung** genannt:

- **Zeugnis über den mutmaßlichen Tag derEntbindung** **Muster 3**

8.7.1 Zeugnis über den mutmaßlichen Tag der Entbindung (Muster 3)

Muster 3

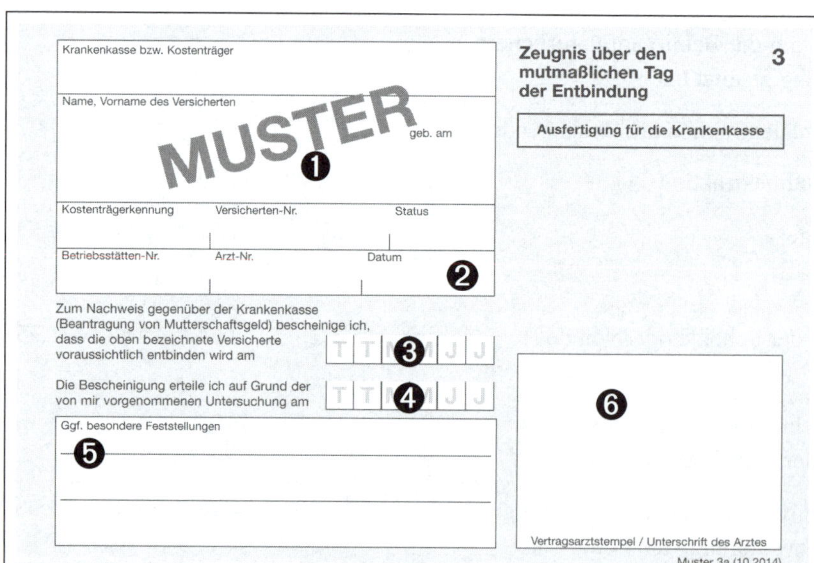
Krankenkasse bzw. Kostenträger

Name, Vorname des Versicherten

geb. am

MUSTER ❶

Kostenträgerkennung | Versicherten-Nr. | Status

Betriebsstätten-Nr. | Arzt-Nr. | Datum ❷

Zeugnis über den mutmaßlichen Tag der Entbindung 3

Ausfertigung für die Krankenkasse

Zum Nachweis gegenüber der Krankenkasse (Beantragung von Mutterschaftsgeld) bescheinige ich, dass die oben bezeichnete Versicherte voraussichtlich entbinden wird am T T M M J J ❸

Die Bescheinigung erteile ich auf Grund der von mir vorgenommenen Untersuchung am T T M M J J ❹

Ggf. besondere Feststellungen ❺

❻

Vertragsarztstempel / Unterschrift des Arztes

Muster 3a (10.2014)

Farbe: gelb / weiß

Muster 3 darf **nur** nach einer ärztlichen Untersuchung ausgestellt werden.

Zwei Daten sind von großer Bedeutung:

- Untersuchungsdatum
- Ausstellungsdatum

Die Zahlung des Mutterschaftsgeldes erfolgt vor der Entbindung nur aufgrund dieses Zeugnisses.

Die hier abgebildete **Rückseite von Muster 3** ist von der Versicherten auszufüllen:

Vor der Weitergabe des Vordrucks an die Krankenkasse von der Versicherten auszufüllen.

Name, Vorname — Geburtsdatum T T M M J J

PLZ — Wohnort — Straße, Haus-Nr.

Kontoinhaber

MUSTER

IBAN

Geldinstitut — BIC

Angaben zum Beschäftigungsverhältnis

Ich bin derzeit — gekündigt / befristet zum T T M M J J

☐ beschäftigt, bei

Anschrift des Arbeitgebers

☐ selbständig

☐ arbeitslos

☐ Künstlerin / Publizistin

Erklärung:
Änderungen meiner Angaben teile ich der Krankenkasse umgehend mit. Sofern sich der mutmaßliche Entbindungstermin verschiebt, informiere ich meine Krankenkasse und meinen Arbeitgeber bzw. die Agentur für Arbeit.

Datum T T M M J J — Unterschrift der Versicherten

Das Muster 3 wird der **Patientin** ausgehändigt.

Nach dem **Ausfüllen** der Rückseite muss sie den Vordruck an ihre **Krankenkasse** weitergeben.

Entsprechen die eingetragenen Daten nicht den o. a. Vorschriften, erhält die Schwangere vor der Entbindung kein Mutterschaftsgeld.

Beim ordnungsgemäßen Ausfüllen von Muster 3 sind folgende Punkte zu beachten:

❶ Das **Personalienfeld** wird mittels der Gesundheitskarte ausgedruckt.

❷ Das **Ausstellungsdatum** muss hier eingetragen werden.

❸ Das berechnete **Datum der voraussichtlichen Entbindung** ist einzutragen.

❹ Das **Datum der Untersuchung**, auf der die Ausstellung dieser Bescheinigung beruht, ist anzugeben.

❺ Als **besondere Feststellung** gilt beispielsweise die Angabe von Mehrlingsschwangerschaften.

❻ **Vertragsarztstempel und Unterschrift** des Arztes.

8.7.2 ✎Wie war das noch? (zu Kap. 8.4 bis 8.7)

1. In welchem Abschnitt der GOÄ sind die Vorsorgeleistungen während einer Schwangerschaft genannt?

➔ ....

2. In welchem Abschnitt des EBM findet man die Leistungen im Zusammenhang mit einer Geburt?

➔ ....

3. Welche EBM-GOP ist für ein Wiederholungsrezept („Pillenrezept“) berechnungsfähig, das die MFA der Patientin aushändigt?

➔ ....

4. Welche GOÄ-Nr. ist für ein Wiederholungsrezept („Pillenrezept“) berechnungsfähig, das die medizinische Fachangestellte der Patientin aushändigt?

➔ ....

5. Wie viele Vertragsärzte können nach EBM innerhalb eines Quartals die GOP 01 770 für die Betreuung einer Schwangeren abrechnen, wenn die Schwangere Leistungen von der üblicherweise betreuenden Gynäkologin, deren Urlaubsvertretung und von einem Vertragsarzt im Notfall in Anspruch nimmt?

➔ ....

6. Welcher Arzt rechnet die EBM-GOP 01 780 für die Planung der Geburtsleitung ab?

➔ ....

7. Wie viele Stunden muss der Beistand bei einer Geburt, die auf natürlichem Wege nicht beendet werden kann, zur Berechnung der Leistung nach der Nr. 1021 GOÄ mindestens dauern?

➔ ....

8. Wofür benötigt die Schwangere die Bescheinigung über den mutmaßlichen Tag der Entbindung?

➔ ....

10.	Fälle	EBM-GOP	GOÄ-Nrn.
2. Okt.	Ulrike Uterius, 28 Jahre, erscheint beim Gynäkologen und berichtet, dass ihr Zyklus unregelmäßig sei und sie in den letzten Monaten verstärkt Haarausfall bemerkt habe. Der Gynäkologe erhebt die Anamnese und untersucht die Genitalorgane vollständig. Für eine laboratoriumsmedizinische Hormondiagnostik in einem Speziallabor nimmt er Blut ab. Der Arzt berät die Patientin und vereinbart einen neuen Termin in ungefähr zwei Wochen.	08211 16,15	1 4,66 7 9,33 250 2,33 16,32
12. Okt.	Manuela Mammanski, 23 Jahre, kommt erstmals in diesem Quartal in die Praxis des Gynäkologen, weil sie kurz vor dem Geburtstermin steht und glaubt, Wehen bekommen zu haben. Nach einer symtombezogenen Untersuchung bestätigt der Arzt in einem Beratungsgespräch den Verdacht, begleitet sie auf seine Belegstation und veranlasst eine Kardiotokographie. Nachdem der Arzt eine Stunde in seiner Praxis war, wird er in den Kreissaal gerufen, weil Frau Mammanski unmittelbar vor der Geburt steht. Er leitet die Geburt, entfernt die Nachgeburt und gratuliert der glücklichen Mutter nach der Abschlussuntersuchung zu ihrem gesunden Kind.	08211 16,15 08411 328,51 08416 34,61 01771 45,93 425,20	1 4,66 5 4,66 1002 11,66 1022 75,77 1041 48,03 144,78
19. Okt.	Ulrike Uterius erscheint wie vereinbart beim Gynäkologen, der mit ihr ausgiebig die Ergebnisse der Hormondiagnostik erörtert. Er verordnet ein Hormonpräparat zunächst für die Dauer von drei Monaten und vereinbart einen neuen Termin mit Frau Uterius. Das Gespräch dauert 18 Minuten.		3 8,74
24. Okt.	Frau Brigitte Busenius, 31 Jahre, kommt in die Praxis des Gynäkologen, weil ihre Periode in diesem Monat ausgeblieben und im Vormonat nur sehr schwach gewesen ist. Beim Schwangerschaftstest, den sie in der Apotheke gekauft hat, ist sie sich nicht ganz sicher, sie hat aber das Gefühl, schwanger zu sein. Der Gynäkologe untersucht Frau Busenius, tastet eine vergrößerte Gebärmutter und führt eine Ultraschalluntersuchung durch. Er bestätigt die Schwangerschaft und stellt Frau Busenius einen Mutterpass aus, in den er die Ergebnisse der Mutterschaftsvorsorgeuntersuchungen einträgt. Abschließend bestellt er Frau Busenius zum nächsten Vorsorgetermin.	08211 16,15 01770 128,11 144,26	23 17,49

8.8 Fragen und Fälle zu Lernfeld 8

1. Welche EBM-GOP ist für die alleinige Ausstellung eines „Pillenrezepts" an einem Behandlungstag abzurechnen?

- ◯ GOP 01 430
- ◯ GOP 01 820
- ◯ GOP 40 410
- ◯ keine EBM-GOP, aber nach GOÄ
- ◯ überhaupt nicht berechnungsfähig

2. Welche Abrechnungsregel gilt für die EBM-GOP 01 770 (Betr. einer Schwangeren während der Schwangerschaft)?

- ◯ je nach Notwendigkeit
- ◯ maximal zweimal im Quartal
- ◯ nur einmal im Monat
- ◯ nur einmal im Behandlungsfall
- ◯ nur einmal während der Schwangersch.

3. Nach welcher EBM-GOP rechnet ein Urologe seine Grundpauschale für einen 67-jährigen Patienten ab?

- ◯ GOP 03 000
- ◯ GOP 03 010
- ◯ GOP 08 212
- ◯ GOP 13 212
- ◯ GOP 26 212

4. Welche Kassenpatienten sind von der Zuzahlung bei stationärer Behandlung befreit?

- ◯ Auszubildende
- ◯ Eltern mit mehr als vier Kindern
- ◯ Frauen bei Mutterschaftsvorsorge
- ◯ Kinder und Jugendliche
- ◯ Verheiratete

5.	Fall	EBM-GOP	GOÄ-Nrn.
24. Feb.	Patient Peter Pinkawa, 34 Jahre, kommt mit Überweisung seines Hausarztes Dr. Gütlich in die Praxis des Urologen Dr. Niersteiner. Der Patient klagt über starke Schmerzen beim Wasserlassen und andauerndes Brennen in der Harnröhre. Dr. Niersteiner berät, untersucht die Urogenitalorgane vollständig, führt eine Ultraschalluntersuchung (Niere li, Niere re, Harnblase) durch und lässt sich eine Urinprobe geben, die er auf Bakterien untersuchen lässt. Er bestellt den Patienten drei Tage später wieder ein, weil er mit ihm die Ergebnisse der Urinkultur besprechen möchte. Für die Zwischenzeit verordnet er ein schmerzstillendes und krampflösendes Medikament.		1 4,66 6 5,83 VI 410 11,66 420 4,66 420 4,66 31,47
27. Feb.	Vereinbarungsgemäß erscheint Herr Pinkawa bei Dr. Niersteiner. Der Befund der Urinkulturen hat einen behandlungsbedürftigen Befund ergeben. Dr. Niersteiner verordnet ein Antibiotikum und bestellt den Patienten in acht Tagen zur Kontrolle der Urinprobe wieder ein.		4530 4,66
6. Mrz.	Herr Pinkawa kommt termingerecht in die Praxis von Dr. Niersteiner und berichtet, dass sich die Schmerzen deutlich gebessert hätten, aber noch nicht ganz verschwunden wären. Dr. Niersteiner führt eine Ultraschalluntersuchung (Niere li, Niere re, Harnblase) durch und stellt ein Wiederholungsrezept für das Antibiotikum aus. Er bittet Herrn Pinkawa, sich wieder zu melden, wenn die Beschwerden nach vollständiger Einnahme des Antibiotikums noch fortbestehen sollten.		420 4,66 420 4,66 410 11,66 20,98

57,11

6.	Fall	EBM-GOP	GOÄ-Nrn.
12. Apr.	Frauke von Freude, 23 Jahre, ist schwanger und darf sich auf Zwillinge freuen. Sie kommt zur Vorsorgeuntersuchung in die Praxis der Gynäkologin Dr. Nina Niederkleine. Die Gynäkologin führt heute die erste Vorsorgeuntersuchung dieses Quartals einschl. Ultraschalluntersuchung durch. Sie berät Frau von Freude u.a. auch hinsichtlich ihrer Gewichtsprobleme. Zur differential-diagnostischen Abklärung führt sie weitere sonographische Untersuchungen durch.		

7.	Fall	EBM-GOP	GOÄ-Nrn.
21. Mai	Frau Maria Marry, 28 Jahre, sucht die Gynäkologin Frau Dr. Niederkleine auf, weil sie kürzlich geheiratet habe und Nachwuchs geplant sei. Sie möchte gerne wissen, ob ihr Immunschutz gegen Varizellen ausreichend ist. Außerdem bittet sie um eine gründliche gynäkologische Untersuchung. Frau Dr. Niederkleine untersucht vollständig gynäkologisch und kontrolliert einen pathologischen Tastbefund mit Ultraschalluntersuchung. Außerdem nimmt sie Blut ab zur Bestimmung des Varizella-Zoster-Antikörper-Titers. Sie berät und bestellt die Patientin für die kommende Woche zur Besprechung der Ergebnisse.		

Lernfeld 9 Patienten bei diagnostischen und therapeutischen Maßnahmen der Erkrankungen des Verdauungssystems begleiten

Kenntnisse über anatomische, physiologische und pathologische Zusammenhänge des Verdauungssystems sind Voraussetzung, um bei der Vorbereitung, Durchführung und Nachbereitung von entsprechenden diagnostischen und therapeutischen Maßnahmen mitwirken zu können. Zusätzlich sind besondere Kenntnisse über die Maßnahmen zur Früherkennung bösartiger Erkrankungen (Prävention) und über spezielle Stoffwechselerkrankungen (Diabetes) erforderlich.

Neben den Tätigkeiten am Patienten sind Laborarbeiten zu organisieren, die vorschriftsmäßige Aufbewahrung und Versendung von Proben sicherzustellen einschließlich der sachgerechten Ausfüllung der notwendigen Formulare. Die erbrachten Leistungen werden nach Maßgabe der Gebührenordnungen und Regelwerke abgerechnet.

Teil 1: Untersuchungsmethoden bei Erkrankungen des Verdauungssystems

Lernziel im Lehrplan

Zu den ersten diagnostischen Maßnahmen gehört die
➡ **Untersuchung auf occultes Blut.**

Zu weiteren diagnostischen Leistungen gehören
➡ **Ultraschall- und Röntgenuntersuchungen**

sowie
➡ **Endoskopieuntersuchungen.**

Inhaltsverzeichnis

Teil 2: Untersuchungs- und Betreuungsleistungen bei Diabetikern

Grundlage therapeutischer Leistungen bei Diabetikern sind die Ergebnisse von
➡ **Laboruntersuchungen.**

Für den langfristigen Erfolg therapeutischer Maßnahmen ist eine fortwährende
➡ **Betreuung**
des Diabetikers erforderlich.

LF 9 Patienten bei diagnostischen und therapeutischen Maßnahmen der Erkrankung des Verdauungssystems begleiten

▶ Lernsituation:

Frau Biene ist aufgrund ihrer täglichen beruflichen Erfahrung erstaunt, wie viele Patienten über Beschwerden klagen, die auf Erkrankungen des Verdauungssystems zurückzuführen sind. Sie hat in den Arzt-Patienten-Gesprächen gelernt, welche von diesen Erkrankungen als Stoffwechselstörungen anzusehen sind.

Frau Biene erläutert den Patienten die Durchführung des immunologischen Stuhltestes im Rahmen der Krebsfrüherkennung.

Da Dr. Gütlich viele Patienten mit Diabetes betreut, erfährt Frau Biene, welche zunehmende Bedeutung der Diabetes als Volkskrankheit gewinnt.

▶ Arbeitshinweis:

Die inhaltliche Ausgestaltung dieses Lernfeldes im Rahmenlehrplan setzt zwei Schwerpunkte. Zunächst wird im Rahmen der Patientenbetreuung auf die Besonderheiten bei der Betreuung von Diabetikern ausdrücklich hingewiesen. Zum anderen wird die Betonung auf bestimmte Untersuchungsmethoden wie Ultraschalluntersuchung und Endoskopie gelegt.

Da die Gebührenordnungen die Abrechnung ärztlicher Leistungen zu diesen zwei Schwerpunkten in unterschiedlichen Kapiteln regeln, gliedert sich der Text zu diesem Lernfeld in zwei große Teile:

- **Teil 1: Untersuchungsmethoden bei Erkrankungen des Verdauungssystems**
- **Teil 2: Untersuchungs- und Betreuungsleistungen bei Diabetikern**

Der Aufbau der Gebührenordnungskapitel für **Laboruntersuchungen in EBM und GOÄ** wurde bereits in **LF 8 Kap. 8.2.3 und 8.3.3** dargestellt.
Im Folgenden werden deshalb die im Rahmen von Laboruntersuchungen typischen Leistungen listenförmig (z.T. in Kurzform) aufgeführt.
Laboruntersuchungen werden entweder selbst oder in einer **Laborgemeinschaft** durchgeführt (Überweisung mittels Muster 10A) oder an einen **Laborarzt** (Überweisung mittels Muster 10) überwiesen. Die Abrechnung von überwiesenen Leistungen durch Laborärzte wird hier nicht gezeigt.

Teil 1: Untersuchungsmethoden bei Erkrankungen des Verdauungssystems

▶ Arbeitshinweis:

Der Rahmenlehrplan nennt drei inhaltliche Schwerpunkte:

- **Untersuchung auf occultes Blut,**
- **Ultraschall- und Röntgenuntersuchungen,**
- **Endoskopieuntersuchungen.**

9.1 Untersuchung auf occultes Blut (Fall 11)

▶ Fall 11:

25. Mrz. Patient Peter Petrüblich (58 Jahre) erscheint zum zweiten Mal in diesem Quartal in der Praxis seines Hausarztes Dr. Gütlich. Die letzte Krebsfrüherkennungsuntersuchung (unauffällig) liegt acht Monate zurück.
Herr Petrüblich berichtet seinem Hausarzt, dass er seit einigen Tagen unter einen Wechsel zwischen Durchfall und Verstopfung leidet. Der Patient fürchtet unter einem Dickdarm-Karzinom zu leiden. Die rektale Untersuchung durch Dr. Gütlich ist unauffällig (symptombezogene Untersuchung). Der Arzt berät und händigt Herrn Petrüblich einen immunologischen Test auf occultes Blut aus.

31. Mrz. Herr Petrüblich überreicht Frau Biene seinen Stuhltest und erhält von ihr einen Termin zur Besprechung am 2. April. Frau Biene übersendet die Stuhlprobe dem Speziallabor.

2. Apr. Wie vereinbart erscheint Herr Petrüblich in der Praxis von Dr. Gütlich. Da das Ergebnis des Stuhltests unauffällig ist, kann Dr. Gütlich den Patienten beruhigen. Er erklärt Herrn Petrüblich, dass ein Dickdarm-Karzinom aufgrund der unauffälligen Vorsorge-Koloskopie, die vor zwei Jahren stattfand, unwahrscheinlich sei.

9.1.1 Untersuchung auf occultes Blut nach EBM

▶ Text der Gebührenordnung (Auszug)

GOP	Leistungsbeschreibung	Punkte
01 737	**Ausgabe und Weiterleitung eines Stuhlprobenentnahmesystems gemäß Abschnitt D. III der Krebsfrüherkennungs-Richtlinie, inkl. Beratung** *Obligater Leistungsinhalt* – Ausgabe und Rücknahme des Stuhlentnahmesystems – Veranlassung der Untersuchung der Stuhlprobe auf okkultes Blut im Stuhl	57

Die GOP 01 737 umfasst die **Ausgabe, Rücknahme und Weiterleitung des Stuhlproben-Entnahmesystems** sowie die Beratung des Patienten bei einer **präventiven** Untersuchung. Bei der Überweisung mittels Muster 10 muss unbedingt das Feld „präventiv" angekreuzt werden. Bei **kurativer** Indikation sind Ausgabe, Rücknahme und Weiterleitung in das Labor abgegolten. Es gibt keine GOP hierfür!
Die **Durchführung der Testuntersuchung** wurde als **Leistung des Speziallabors,** die eine vorherige Genehmigung der KV voraussetzt, in den Einheitlichen Bewertungsmaßstab aufgenommen. Daher dürfen nur Ärzte mit Abrechnungsgenehmigung für diese Leistung den Test vornehmen und folgende GOP abrechnen:

- GOP 01 738 für präventive Untersuchung (Bewertung 75 Punkte, Vergütung 7,90 Euro)
- GOP 32 457 für kurative Untersuchung (Bewertung 59 Punkte, Vergütung 6,21 Euro)

In den Laborleistungen enthalten sind die Kosten für das Stuhlproben-Entnahmesystem.

▶ Fall 11 – Hausarzt:

Abrechnung nach EBM:

25. Mrz.	-------	Ausgabe des Stuhlprobenentnahmesystems (kurativ nicht abrechenbar)
31. Mrz.	-------	(nichts)
2. Apr.	03 000	Versichertenpauschale

9.1.2 Untersuchung auf occultes Blut nach GOÄ

Ein immunologischer Stuhltest ist eine neuere Untersuchung und deshalb in der GOÄ nicht aufgeführt. Die Leistung kann **analog** abgerechnet werden, z. B. über die GOÄ-Nr. A3756. Die Abrechnung erfolgt über das Speziallabor direkt mit dem Patienten. In der Praxis kann die Beratung nach GOÄ-Nr. 1 oder 3 abgerechnet werden. Bringt der Patient das Probenröhrchen nicht zurück, dürfen ihm die Materialkosten in Rechnung gestellt werden.

▶ **Fall 11 – Hausarzt:** (siehe Seite 121)

Abrechnung nach GOÄ:

25. Mrz.	1	Beratung
	5	Symptombezogene Untersuchung
	...	Ausgabe des Stuhlprobenentnahmesystems (nicht abrechenbar)
31. Mrz.	...	(nichts) (Hinweis: Die Abrechnung der GOÄ-Nr. A 3756 erfolgt durch die Laborpraxis)
2. Apr.	1	Beratung

9.2 Ultraschall- und Röntgenuntersuchungen (Fall 12)

▶ **Fall 12:**

5. Apr. Mit der Überweisung seines Hausarztes Dr. Gütlich erscheint der 57-jährige Patient Stefan Schweins in der Praxis des Gastroenterologen Dr. Fritz Finger. Er klagt über ständige Schmerzen im Oberbauch und unregelmäßigen Stuhl.
Nach ausgiebiger Anamnese und vollständiger Untersuchnung aller Bauchorgane äußert Dr. Finger den Verdacht auf ein Gallenblasenleiden, das differentialdiagnostisch abgeklärt werden müsse. Zunächst führt er deshalb eine Ultraschalluntersuchung der Oberbauchorgane durch, bei der sich Gallensteine herausstellen. Dabei stößt Dr. Finger auf einen Befund im Dickdarmbereich, der ihm verdächtig vorkommt.
Zunächst gibt Dr. Finger Herrn Schweins einen immunologischen Test auf occultes Blut mit und bespricht mit ihm die möglicherweise notwendige endoskopische Diagnostik.

10. Apr. Nach der Auswertung des Tests ruft Dr. Finger den Patienten an und teilt ihm mit, dass der Test auf occultes Blut positiv ist. Dr. Finger bespricht die weitere Vorgehensweise (Dauer der Besprechung: 20 Minuten) und stellt zur Abklärung des sonographischen Befundes im Dickdarmbereich eine Überweisung zur radiologischen Untersuchung aus, die Herr Schweins sich in der Praxis abholen will.

Der **Gastroenterologe** ist ein Facharzt für Innere Medizin und Gastroenterologie. Die von ihm abrechenbaren GOP sind dementsprechend dem EBM-Kap. 13.3.3 Gastroenterologische GOP zu entnehmen einschließlich den in der Präambel zusätzlich ausdrücklichen genannten GOP.

▶ Text der Gebührenordnung (Auszug)

GOP	Leistungsbeschreibung	Punkte
	Grundpauschale einmal im Behandlungsfall	
13 390	für Versicherte bis zum vollendeten 5. Lebensjahr	108
13 391	für Versicherte ab Beginn des 6. bis zum vollendeten 59. Lebensjahr	191
13 392	für Versicherte ab Beginn des 60. Lebensjahr	198
	Die GOP 13 390 bis 13 392 sind nicht neben der GOP 01 436 berechnungsfähig.	
13 394	**Zuschlag** zu den GOP 13 390 bis 13 392 für die gastroenterologisch-internistische Grundversorgung, einmal im Behandlungsfall	41
13 396	**Zuschlag** zur GOP 13 394, einmal im Behandlungsfall	11
13 397	**Zuschlag** zu den GOP 13 390–13 392 (für das Erstellen eines Medikationsplans) einmal im Behandlungsfall *Die GOP 13 397 ist nicht berechnungsfähig, wenn im Krankheitsfall bereits die GOP 01 630 berechnet wurde.*	2

Hinweis: *Der Zuschlag nach GOP 13 394 wird von den meisten KV'en automatisch zugesetzt, die Zuschläge nach GOP 13 396 und 13 397 werden grundsätzlich automatisch zugesetzt!*

9.2.1 Ultraschall- und Röntgenuntersuchungen nach EBM

Der Gastroenterologe darf aufgrund der Präambel zu EBM-Kapitel 13.3.3 alle GOP der Kap. 33 Ultraschalldiagnostik und 34 Diagnostische und interventionelle Radiologie, Computertomographie und Magnetfeld-Resonanz-Tomographie abrechnen.

▶ Text der Gebührenordnung (Auszug)

GOP	Leistungsbeschreibung	Punkte
33 042	Sonographische Untersuchung des **Abdomens oder dessen Organe und/oder des Retroperitoneums oder dessen Organe einschl. der Nieren** mittels **B-Mode**-Verfahren, je Sitzung *Die GOP 33 042 ist im Behandlungsfall höchstens zweimal berechnungsfähig.* Anm.: Weitere Ausschlüsse sind zu beachten.	157
33 043	Sonographische Untersuchung eines oder mehrerer **Uro-Genital-Organe** mittels **B-Mode-**Verfahren, je Sitzung Anm.: Zahlreiche Ausschlüsse sind zu beachten.	87

Kap. 34.2 Diagnostische Radiologie
Kap. 34.2.4 Thorax und Abdomen (GOP 34 240–34 252)

▶ Text der Gebührenordnung (Auszug)

GOP	Leistungsbeschreibung	Punkte
34 243	**Röntgenübersichtsaufnahme(n) des Abdomens** *Obligater Leistungsinhalt* – Aufnahme(n) des Abdomens in einer Ebene	95
34 244	**Röntgenübersichtsaufnahme(n) des Abdomens** *Obligater Leistungsinhalt* – Aufnahmen des Abdomens in mindestens zwei Ebenen	141
34 245	**Röntgenübersichtsaufnahme(n) von Teilen des Abdomens** *Obligater Leistungsinhalt* – Aufnahme(n) von Teilen des Abdomens in einer Ebene	106
34 246	**Röntgenuntersuchung der Speiseröhre** *Obligater Leistungsinhalt* – Kontrastmitteleinbringung(en) – Durchleuchtung(en) (BV/TV)	302
34 247	**Röntgenuntersuchung des Magens und/oder Zwölffingerdarms** *Obligater Leistungsinhalt* – Kontrastmitteleinbringung(en) – Durchleuchtung(en) (BV/TV) – Doppelkontrasttechnik – Darstellung des Magens und/oder des Zwölffingerdarms *Fakultativer Leistungsinhalt* – Darstellung der Speiseröhre	474

▶ Text der Gebührenordnung (Auszug)

GOP	Leistungsbeschreibung	Punkte
34 248	**Röntgenuntersuchung des Dünndarms** *Obligater Leistungsinhalt* – Darstellung des ganzen Dünndarms in Doppelkontrasttechnik, – Einbringung des Kontrastmittels mittels einer Sonde (Sellink-Technik)	1056
34 250	**Röntgenuntersuchung der Gallenblase und/oder Gallengänge** *Obligater Leistungsinhalt* – Kontrastmitteleinbringung(en) – Darstellung der Gallenblase und/oder Gallengänge	419
34 251	**Röntgenkontrastuntersuchung des Dickdarms** *Obligater Leistungsinhalt* – Darstellung des Dickdarms retrograd bis zur Ileocoecalklappe in Doppelkontrasttecknik und/oder – Stopplokalisation bei Tumor und/oder Ileus und/oder – Darstellung des Restcolons über Stoma, – Kontrastmitteleinbringung(en) – Durchleuchtung (BV/TV)	886
34 252	**Röntgenkontrastuntersuchung des Dickdarms beim Neugeborenen, Säugling, Kleinkind oder Kind bis zum vollendeten 12. Lebensjahr** *Obligater Leistungsinhalt* – Darstellung des Dickdarms bei einem Neugeborenen, … – Kontrastmitteleinbringung(en) – Durchleuchtung(en) (BV/TV) *Fakultativer Leistungsinhalt* – Reposition bei Invagination	764

Darüberhinaus kennt der EBM auch CT-Leistungen und MRT-Leistungen (s. dazu LF 8, Buchkap. 8.2.3).

▶ Fall 12 – Gastroenterologe: (siehe Seite 122)

Abrechnung nach EBM:

5. Apr.	13 391	Grundpauschale	
	33 042	Sonographische Untersuchung	
	------	Ausgabe des Stuhlprobenentnahmesystems (nicht abrechenbar)	
10. Apr.	------	(nichts)	

9.2.2 Ultraschall- und Röntgenuntersuchungen nach GOÄ

Neben den Ultraschalluntersuchungen nach den Nrn. 410 und 420 **(s. LF 8, Buchkap. 8.3.2)** kennt die GOÄ nach **Abschn. O Strahlendiagnostik** folgende Leistungen im Bereich des Verdauungssystems:

	Text der GOÄ (Auszug)	Punktzahl	1-fach EUR	1,8-fach EUR	2,5-fach EUR
5150*	Speiseröhre, ggf. einschl. ösophago-gastraler Übergang, Kontrastuntersuchung (auch Doppelkontrast) – einschl. Durchleuchtung(en) –, als selbständige Leistung	550	32,06	57,70	80,15

	Text der GOÄ (Auszug)	Punkt-zahl	1-fach EUR	1,8-fach EUR	2,5-fach EUR
5157*	Oberer Verdauungstrakt (Speiseröhre, Magen, Zwölffingerdarm und oberer Abschnitt des Dünndarms), Monokontrastuntersuchung – einschl. Durchleuchtung(en)	700	40,80	73,44	102,00
5158*	wie 5157 als Doppelkontrastdarstellung – ggf. einschl. Nr. 5150	1200	69,94	125,90	174,86
5163*	Dünndarmkontrastuntersuchung mit im Bereich der Flexura duodeno-jejunalis endender Sonde – einschl. Durchleuchtung(en)	1300	75,77	136,39	189,43
5165*	Monokontrastuntersuchung von Teilen des Dickdarms – einschl. Durchleuchtung(en) –	700	40,80	73,44	102,00
5166*	Dickdarmdoppelkontrastuntersuchung – einschl. Durchleuchtung(en)	1400	81,60	146,88	204,01
5170*	Kontrastuntersuchung von Gallenblase und/oder Gallenwegen und/oder Pankreasgängen	400	23,31	41,97	58,29
5190*	Bauchübersicht, in einer Ebene oder Projektion *Die Leistung nach Nr. 5190 ist je Sitzung nur einmal berechnungsfähig.*	300	17,49	31,48	43,72
5191*	Bauchübersicht, in zwei oder mehr Ebenen oder Projektionen	500	29,14	52,46	72,86
5192*	Bauchteilaufnahme – ggf. in mehreren Ebenen oder Spezialprojektionen	200	11,66	20,98	29,14

Darüberhinaus kennt die GOÄ auch CT-Leistungen und MRT-Leistungen (s. dazu LF 8, Buchkap. 8.3.4).

▶ Fall 12 – Gastroenterologe: (siehe Seite 122)

Abrechnung nach GOÄ:

5. Apr.	1	Beratung
	7	vollständige Untersuchung der Bauchorgane
	410	Ultraschalluntersuchung des Abdomens
10. Apr.	3	ausführliche Beratung

9.3 Endoskopieuntersuchungen (Fall 12 – Fortsetzung)

▶ Fall 12 – Fortsetzung:

14. Apr. Nach Vorliegen des Ergebnisses der Kontrastmitteluntersuchung des Dickdarms und aufgrund des positiven Occult-Blut-Testes erklärt der Gastroenterologe Dr. Finger seinem Patienten Schweins, dass sich jetzt die Indikation zu einer Koloskopie stellt. (Gesprächsdauer: 18 Min.) Nach dem Einverständnis von Herrn Schweins bespricht Dr. Finger noch den Vorbereitungs- und Untersuchungsablauf und händigt ihm die notwendigen Abführmittel aus.

16. Apr. Herr Schweins erscheint zum abgesprochenen Termin in der Praxis von Dr. Finger. Nach einem kurzen Gespräch mit dem Patienten führt Dr. Finger die Koloskopie durch. Nachdem der Patient aus der Kurznarkose aufgewacht ist, bespricht der Arzt das Ergebnis mit ihm und sagt die Zusendung eines ärztlichen Briefes an den Hausarzt zu.

9.3.1 Endoskopieuntersuchungen nach EBM

Die folgenden Endoskopieuntersuchungen können nur von besonders qualifizierten Fachärzten und darüber hinaus z.T. nur mit Genehmigung der zuständigen Kassenärztlichen Vereinigung abgerechnet werden.

▶ Text der Gebührenordnung (Auszug)

GOP	Leistungsbeschreibung	Punkte
13 400	**Ösophago-Gastroduodenaler Komplex** *Obligater Leistungsinhalt* – Ösophagoskopie und/oder – Ösophagogastroskopie und/oder – Ösophagogastroduodenoskopie, – Patientenaufklärung zur Untersuchung und zu den möglichen therapeutischen Maßnahmen in derselben Sitzung in angemessenem Zeitabstand vor dem Eingriff, – Information zum Ablauf der vorbereitenden Maßnahmen vor dem Eingriff und zu einer möglichen Sedierung und/oder Prämedikation, – Nachbeobachtung und -betreuung – Foto-/Videodokumentation(en) *Fakultativer Leistungsinhalt* – 13C-Harnstoff-Atemtest (GOP 02 400), – Ureasennachweis, einschl. Kosten, – Probeexzision, – Probepunktion, – Fremdkörperentfernung(en), – Blutstillung(en), – Prämedikation/Sedierung	835
13 421	**Zusatzpauschale Koloskopie** *Obligater Leistungsinhalt* – Totale Koloskopie mit Darstellung des Zökums, – Patientenaufklärung zur Koloskopie und zur Prämedikation, in angemessenem Zeitabstand vor dem Eingriff, – Aufklärung zum Vorgehen und zu einer möglichen Polypenabtragung und anderer therapeutischer Maßnahmen in derselben Sitzung, – Information zu Ablauf und Dauer der Darmreinigung, – Foto-/Videodokumentation, – Nachbeobachtung und -betreuung, – Einhaltung der Maßnahmen zur Überprüfung der Hygienequalität ..., – Vorhaltung der geeigneten Notfallausstattung ... *Fakultativer Leistungsinhalt* – Lagekontrolle durch ein bildgebendes Verfahren, – Probeexzision(en), – Aushändigung aller Substanzen zur Darmreinigung, – Gerinnungsuntersuchungen und kleines Blutbild, – Prämedikation/Sedierung – Darstellung des terminalen Ileums	1766
13 422	**Zusatzpauschale (Teil-)Koloskopie** *Obligater Leistungsinhalt* – (Teil-)Koloskopie entspr. der GOP 13 421 mindestens mit Darstellung des Kolon transversum	1080

Fall 12 – Fortsetzung – Gastroenterologe: (siehe Seite 125)

Abrechnung nach EBM:

14. Apr.	------	(nichts)
16. Apr.	13 421	Zusatzpauschale Koloskopie
	------	ärztlicher Brief in Grundpauschale enthalten
	40 120	Porto

9.3.2 Endoskopieuntersuchungen nach GOÄ

	Text der GOÄ (Auszug)	Punktzahl	1-fach EUR	2,3-fach EUR	3,5-fach EUR
680	Ösophagoskopie – ggf. einschließlich Probeexzision und/oder Probepunktion	550	32,06	73,73	112,20
682	Gastroskopie unter Einsatz vollflexibler optischer Instrumente ggf. einschließlich Probeexzision und/oder Probepunktion	850	49,54	113,95	173,40
683	Gastroskopie einschließlich Ösophagoskopie unter Einsatz vollflexibler optischer Instrumente – ggf. einschl. Probeexzision und/oder Probepunktion –	1000	58,29	134,06	204,01
684	Bulboskopie – ggf. einschl. Ösophago- und Gastroskopie, Probeexzision und/oder Probepunktion –	1200	69,94	160,87	244,81
685	Duoden-/Jejunoskopie – ggf. einschl. einer vorausgegangenen Ösophago-/Gastro-/Bulboskopie, Probeexzision und/oder Probepunktion	1350	78,69	180,98	275,41
687	Hohe Koloskopie bis zum Coecum – ggf. einschließlich Probeexzision und/oder Probepunktion	1500	87,43	201,09	306,01
688	Partielle Koloskopie – ggf. einschließlich Rektoskopie, Probeexzision und/oder Probepunktion	900	52,46	120,65	183,60
689	Sigmoidoskopie unter Einsatz vollflexibler optischer Instrumente – einschließlich Rektoskopie sowie ggf. einschließlich Probeexzision und/oder Probepunktion	700	40,80	93,84	142,80
690	Rektoskopie – ggf. einschließlich Probeexzision und/oder Probepunktion	350	20,40	46,92	71,40
695	Entfernung eines oder mehrerer Polypen oder Schlingenbiopsie mittels Hochfrequenzelektroschlinge – … – zusätzlich zu den Nrn. 682 bis 685 und 687 bis 689	400	23,31	53,62	81,60

Fall 12 – Fortsetzung – Gastroenterologe: (siehe Seite 125)

Abrechnung nach GOÄ:

14. Apr.	3	eingehende Beratung
16. Apr.	687	Hohe Koloskopie
	451	intravenöse Kurznarkose (s. LF 4, Kap. 4.5.5)
	75	Befundbericht
	0,80 €	Porto nach § 10 Auslagenersatz
	1	Beratung

Teil 2: Untersuchungs- und Betreuungsleistungen bei Diabetikern

Der Patient, bei dem die Diabeteserkrankung diagnostiziert ist, wird als Hausarzt einen Diabetologen in einer diabetologischen Schwerpunktpraxis für seine fortlaufende Betreuung wählen. Grundlage für Diagnose und Therapie der Diabeteserkrankung sind Laboruntersuchungen. Für die Abrechnung ist wichtig, dass die Ausnahmekennnummer für den manifesten Diabetes mellitus GOP 32 022 in den Abrechnungsdatensatz eingegeben wird, da einige Labor-GOPs den Wirtschaftlichkeitsbonus dann nicht belasten. Zusätzlich sind regelmäßige Kontrolluntersuchung bei z.B. Augenärzten und Nervenärzten erforderlich.

9.4 Laboruntersuchungen bei Diabetikern (Fall 13)

▶ **Fall 13:**

12. Jan. Patientin Anja Aster (25 Jahre) hat seit ihrem vierten Lebensjahr einen insulinpflichtigen Diabetes. Sie wird seit zwei Jahren von Herrn Dr. Gütlich betreut.

Frau Aster erscheint in der Praxis (erstmalig in diesem Quartal) zur Blutabnahme (vollständiger Blutstatus). Die Untersuchung des Blutes findet in der Praxis statt. Mit der MFA Susi Sorgfalt vereinbart sie einen Besprechnungstermin mit Dr. Gütlich für den 18. Januar.

9.4.1 Laboruntersuchungen nach EBM

Bei Laboruntersuchungen für Diabetiker werden häufig einige der folgenden Parameter erhoben:

▶ **Text der Gebührenordnung (Auszug)** (siehe ausführlich LF 8 Kap. 8.2.4)

GOP	Leistungsbeschreibung	EUR
32 030	**Orientierende Untersuchung**	0,50
32 031	**Mikroskopische Untersuchung des Harns auf morphologische Bestandteile**	0,25
32 032	**Bestimmung des ph-Wertes durch apparative Messung** (außer im Harn)	0,25
32 033	**Harnteststreifen**	0,50
32 035	**Erythrozytenzählung**	0,25
32 036	**Leukozytenzählung**	0,25
32 037	**Thrombozytenzählung**	0,25
32 038	**Hämoglobin**	0,25
32 039	**Hämatokrit**	0,25
32 042	Bestimmung der **Blutkörperchensenkungsgeschwindigkeit**	0,25
32 051	Mikroskopische **Differenzierung** und Beurteilung aller korpuskulären Bestandteile des gefärbten **Blutausstriches**	0,40
32 052	Quantitative Bestimmung(en) der morphologischen Bestandteile durch **Kammerzählung** der Zellen im Sammelharn, … (Addis-Count)	0,25
32 056	**Gesamteiweiß**	0,25
32 057	**Glukose, quantitative Bestimmung**	0,25
32 060	**Cholesterin gesamt**	0,25
32 061	**HDL-Cholesterin**	0,25
32 062	**LDL-Cholesterin**	0,25
32 063	**Triglyceride**	0,25
32 064	**Harnsäure**	0,25
32 065	**Harnstoff**	0,25
32 067	**Kreatinin, enzymatisch**	0,40
32 069	**GOT**	0,25
32 070	**GPT**	0,25
32 071	**Gamma-GT**	0,25
32 122	**Vollständiger Blutstatus** mittels automatisierter Verfahren	1,10

▶ **Fall 13 – Hausarzt:** (siehe Seite 128)

Abrechnung nach EBM:

12. Jan. 32 122 Vollständiger Blutstatus

9.4.2 Laboruntersuchungen nach GOÄ

In der GOÄ könnten je nach Einzelfall folgenden Positionen abgerechnet werden:

	Text der GOÄ (Auszug)	Punkt-zahl	1-fach EUR	1,15-fach EUR	1,3-fach EUR
3550#	Blutbild und seine Bestandteile	60	3,50	4,02	4,55
3560#	Glucose	40	2,33	2,68	3,03
3561#	Glykierte Hämoglobine (HbA1/HbA1c)	200	11,66	13,41	15,15
3562.H1#	Cholesterin	40	2,33	2,68	3,03
3563.H1#	HDL-Cholesterin	40	2,33	2,68	3,03
3564.H1#	LDL-Cholesterin	40	2,33	2,68	3,03
3565.H1#	Triglyzeride	40	2,33	2,68	3,03
3581.H1#	Bilirubin, gesamt	40	2,33	2,68	3,03
3583.H1#	Harnsäure	40	2,33	2,68	3,03
3584.H1#	Harnstoff (Harnstoff-N, BUN)	40	2,33	2,68	3,03
3585.H1#	Kreatinin	40	2,33	2,68	3,03
3592.H1#	Gamma-GT	40	2,33	2,68	3,03
3594.H1#	GOT	40	2,33	2,68	3,03
3595.H1#	GPT	40	2,33	2,68	3,03
3611#	Blutzuckertagesprofil (Viermalige Bestimmung von Glukose)	160	9,33	10,72	12,12
3612#	Glukosetoleranztest, intravenös (Siebenmalige Bestimmung von Glukose)	280	16,32	18,77	21,22
3613#	Glukostetoleranztest, oral (Viermalige Bestimmung von Glukose)	160	9,33	10,72	12,12
3652#	Streifentest im Urin ..., je Untersuchung	35	2,04	2,35	2,65
3653#	Urinsediment, mikroskopisch	50	2,91	3,35	3,79
3711#	Blutkörpersenkungsgeschwindigkeit (BKS, BSG)	40	2,33	2,68	3,03

▶ **Fall 13 – Hausarzt:** (siehe Seite 128)

Abrechnung nach GOÄ:

12. Jan. 250 Blutentnahme

3550 Blutbild und seine Bestandteile

9.5 Betreuungsleistungen bei Diabetikern (Fall 13 – Fortsetzung)

▶ Fall 13 – Fortsetzung:

18. Jan. Patientin Anja Aster erscheint zum vereinbarten Besprechnungstermin in der Praxis von Dr. Gütlich.

Dr. Gütlich führt einen Ganzkörperstatus durch und bespricht mit der Patientin die Ergebnisse der Blutuntersuchung. Sie erörtern und analysieren gemeinsam die täglichen Aufzeichnungen der Blutzuckerwerte durch Frau Aster, mögliche Ernährungsumstellungen und erstellen einen neuen Diätplan. Es wird eine geringe Erhöhung der täglichen Insulindosis vereinbart. Auf Befürchtungen von Frau Aster, sie könne dann aber schnell unterzuckern, erläutert Dr. Gütlich ihr die Notwendigkeit der Maßnahme.

Dr. Gütlich und Frau Aster verabreden einen neuen Termin, um die Erfahrungen mit der neuen Insulindosis auszuwerten und gegebenenfalls auch die Therapie auf ein neues Insulin umzustellen. (Dauer des Beratungsgesprächs: 30 min)

22. Mrz. Wie abgesprochen analysieren Frau Aster und Dr. Gütlich gemeinsam die Aufzeichnungen der Blutzuckerwerte und bewerten die subjektiven Erfahrungen der Patientin mit der neuen Therapie. (Dauer des Gesprächs: 12 min)

9.5.1 Betreuungsleistungen nach dem EBM

Aus dem EBM lassen sich folgende Betreuungsleistungen nennen:

▶ Text der Gebührenordnung (Auszug)

GOP	Leistungsbeschreibung	Punkte
	Für den Hausarzt aus Kap. 3:	
03 220	**Zuschlag zu der Versichertenpauschale nach der GOP 03 000 für die Behandlung und Betreuung eines Patienten mit mindestens einer lebenverändernden chronischen Erkrankung** *Obligater Leistungsinhalt* – Persönlicher Arzt-Patienten-Kontakt … einmal im Bahandlungsfall	130
03 221	**Zuschlag zur GOP 03 220 für die intensive Behandlung und Betreuung eines Patienten mit mindestens einer lebensverändernden chronischen Erkrankung** *Obligater Leistungsinhalt* – Mindestens zwei persönliche Arzt -Patienten-Kontakte … einmal im Bahandlungsfall	40
03 230	**Problemorientiertes ärztliches Gespräch, das aufgrund von Art und Schwere der Erkrankung erforderlich ist** *Obligater Leistungsinhalt* – Gespräch von mindestens 10 Minuten Dauer … – je vollendete 10 Minuten	90

▶ Text der Gebührenordnung (Auszug)

GOP	Leistungsbeschreibung	Punkte
	Für alle Ärzte, soweit in der jeweiligen Präambel genannt:	
02 311	**Behandlung des diabetischen Fußes** *Obligater Leistungsinhalt* – Abtragung ausgedehnter Nekrosen der unteren Extremität beim diabetischen Fuß – Überprüfung und/oder Verordnung von geeignetem Schuhwerk *Fakultativer Leistungsinhalt* – Verband je Bein, je Sitzung *Die GOP 02 311 ist nicht neben den GOP 02 300 bis 02 302, 02 313, 02 350, 02 360 ... berechnungsfähig.* *Die GOP 02 311 ist im Behandlungsfall nicht neben den GOP 02 310, 02 312, ... berechnungsfähig.*	140

▶ Fall 13 – Fortsetzung – Hausarzt: (siehe Seite 130)

	Abrechnung nach EBM:	
18. Jan.	03 000	Versichertenpauschale
	03 230	(3x) ärztliches Gespräch von mind. 10 Minuten Dauer
	03 220	Chronikerzuschlag bei einem APK im Quartal
	32 022	Kennnummer für den manifesten Diabetes mellitus
22. Mrz.	03 221	Chronikerzuschlag bei mehr als einem APK im Quartal
	03 230	ärztliches Gespräch von mind. 10 Minuten Dauer

9.5.2 Betreuungsleistungen nach GOÄ

Für die **kontinuierliche Betreuung** von **chronisch kranken** Privatpatienten ist **einmal jährlich** die **GOÄ-Nr. 15** berechnungsfähig. **Diabetikerschulungen** mit einer **Mindestdauer von 20 Minuten** dürfen **maximal drei Mal innerhalb eines Jahres** mit der **GOÄ-Nr. 33** abgerechnet werden.

	Text der GOÄ (Auszug)	Punkt-zahl	1-fach EUR	2,3-/ 1,8-fach EUR	3,5-/ 2,5-fach EUR
	siehe LF 4				
1	Beratung – auch mittels Fernsprecher –	80	4,66	10,72	16,32
2*	Ausstellung von Wiederholungsrezepten und/oder Überweisungen und/oder Übermittlung von Befunden oder ärztlichen Anordnungen	30	1,75	3,15	4,37
3	Eingehende, das gewöhnliche Maß übersteigende Beratung – auch mittels Fernsprecher	150	8,74	20,11	30,60
4	Erhebung der Fremdanamnese über einen Kranken und/oder Unterweisung und Führung der Bezugsperson(en) …	220	12,82	29,49	44,88
5	Symptombezogene Untersuchung	80	4,66	10,72	16,32
6	Vollständige körperliche Untersuchung mindestens eines der folgenden Organsysteme: alle Augenabschnitte, der gesamte HNO-Bereich, das stomatognathe System, die Nieren und ableitende Harnwege …	100	5,83	13,41	20,40
7	Vollständige körperliche Untersuchung mindestens eines der folgenden Organsysteme: das gesamte Hautorgan, die Stütz- und Bewegungsorgane, alle Brustorgane, alle Bauchorgane, der gesamte weibliche Genitaltrakt (ggf. einschl. Nieren und ableitende Harnwege) – ggf. einschl. Dokumentation	160	9,33	21,45	32,64
8	Untersuchung zur Erhebung des Ganzkörperstatus, gegebenenfalls einschließlich Dokumentation	260	15,15	34,86	53,04
15	Einleitung und Koordination flankierender therapeutischer und sozialer Maßnahmen während der kontinuierlichen ambulanten Betreuung eines chronisch Kranken	300	17,49	40,22	61,20
33	Strukturierte Schulung einer Einzelperson mit einer Mindestdauer von 20 Minuten (bei Diabetes, …) – einschl. Evaluation zur Qualitätssicherung unter diabetologischen Gesichtspunkten zum Erlernen und Umsetzen des Behandlungsmanagements, einschl. der Auswertung eines standardisierten Fragebogens – *Die Leistung nach der Nr. 33 ist innerhalb eines Jahres höchstens dreimal berechnungsfähig.*	300	17,49	40,22	61,20
	siehe LF 7				
76	Schriftlicher Diätplan, individuell für den einzelnen Patienten aufgestellt	70	4,08	9,38	14,28

▶ Fall 13 – Fortsetzung – Hausarzt: (siehe Seite 130)

Abrechnung nach GOÄ:

18. Jan. 1 Beratung (Anm.: Nr. 3 wäre nur als alleinige Leistung abrechenbar.)
8 Ganzkörperstatus
15 kontinuierliche Betreuung eines chronisch Kranken
33 Strukturierte Schulung
76 Diätplan

22. Mrz. 3 ausführliche Beratung

9.6 Fragen und Fälle zu Lernfeld 9

1.	Fall	EBM-GOP	GOÄ-Nrn.
2. Aug.	Mit der Überweisung seines Hausarztes Dr. Gütlich erscheint Herr Bert Bauch, 58 Jahre, in der Praxis des Gastroenterologen Dr. Fred Finger. Der Patient schildert diffuse Schmerzen im Oberbauch, die insbesondere nach Nahrungsaufnahmen auftreten. Außerdem habe sich sein Stuhl seltsam verfärbt und er könne auch einige Gerichte nur noch schlecht vertragen. Sein Hausarzt habe schon den Verdacht auf ein Magengeschwür oder Gallensteine ausgesprochen und ihm empfohlen, den Facharzt aufzusuchen. Dr. Finger stellt nach vollständiger Untersuchung der Bauchorgane und mit Ultraschalldiagnostik des Oberbauches (Leber, Gallenblase, Pankreas) die Indikation zur endoskopischen Untersuchung. Er berät und bestellt Herrn Bauch dazu in zwei Tagen wieder ein. Er gibt Herrn Bauch entsprechende Ernährungsanweisungen.		
4. Aug.	Herr Bauch erscheint wie besprochen in der Praxis von Dr. Finger. Nach ausgiebiger Aufklärung über die geplante Diagnostik führt Dr. Finger die Endoskopie durch. Die Endoskopie ergibt ausgedehnte Geschwüre im Bereich von Magen und Dünndarm, die teilweise auch Hinweise auf bösartige Veränderungen geben. Dr. Finger überweist Herrn Bauch ins Krankenhaus, weil er eine operative Behandlung dieses Zustands für dringend geboten hält.		

2.	Fall	EBM-GOP	GOÄ-Nrn.
25. Sep.	Patient Bernhard Blaehser, 34 Jahre, kommt zum ersten Mal in diesem Quartal in die Praxis seines Hausarztes Dr. Gütlich. Er klagt über Schmerzen vor dem Stuhlgang und über Blähungen, außerdem sei ihm auch oft übel. Dr. Gütlich untersucht die Bauchorgane vollständig, kann aber keinen pathologischen Tastbefund feststellen. Er verschreibt Herrn Blaehser ein Enzympräparat und gibt ihm Ernährungsratschläge. (Dauer des Gesprächs: 15 min)		
2. Okt.	Herr Blaehser kommt erneut zu Dr. Gütlich und berichtet von eher stärker gewordenen Schmerzen; inzwischen seien auch Durchfälle aufgetreten. Er glaube, Blutbeimischungen gesehen zu haben. Dr. Gütlich berät und untersucht wieder die Bauchorgane vollständig und den Darm mittels Ultraschall. Um einen entzündlichen Darmprozess auszuschließen, überweist er Herrn Blaehser zum Gastroenterologen.		
4. Okt.	Herr Blaehser erscheint mit der Überweisung seines Hausarztes in der Praxis des Gastroenterologen Dr. Fred Finger. Dr. Finger berät, untersucht die Bauchorgane vollständig und gibt ihm ein Stuhlprobenentnahmesystem auf occultes Blut mit nach Hause. Zur weiteren Diagnostik bestellt er Herrn Blaehser für den nächsten Tag.		

2.	Fall – Fortsetzung	EBM-GOP	GOÄ-Nrn.
5. Okt.	Herr Blaehser bringt die Stuhlprobe in die Praxis. Dr. Finger versendet diese zur Untersuchung und veranlasst zunächst eine Röntgenkontrastuntersuchung des Darms beim Radiologen. Dr. Finger verschreibt mehrere Medikamente und gibt genaue Anweisungen zu deren Einnahme. Die Besprechung der Röntgenergebnisse soll in zwei Tagen erfolgen.		
7. Okt.	Patient Blaehser kommt erneut in die Praxis von Dr. Finger, der mitteilt, dass die Röntgenuntersuchung nicht eindeutig genug sei und dass er eine endoskopische Untersuchung für notwendig halte. (Dauer des Beratungsgesprächs: 15 min) Nach Einwilligung von Herrn Blaehser klärt Dr. Finger den Patienten über die Untersuchungsvorbereitungen und den Ablauf auf und vereinbart mit ihm, die Koloskopie übermorgen durchzuführen.		
9. Okt.	Herr Blaehser erscheint pünktlich in der Praxis. Dr. Finger führt die Koloskopie in intravenöser Kurznarkose durch. Der Verdacht auf eine Darmentzündung hat sich bestätigt. Dr. Finger verordnet entsprechende Medikamente und berät mit dem Patienten die weiteren Schritte der wahrscheinlich langwierigen Erkrankung.		

3.	Fall	EBM-GOP	GOÄ-Nrn.
18. Nov.	Frau Sieglinde Schokolinski, 74 Jahre, kommt wegen starker Veränderungen im Bereich der Füße und Zehen in die Sprechstunde ihres Hausarztes Dr. Gütlich, weil man ihr gesagt habe, diese Veränderungen könnten vielleicht etwas mit Zucker zu tun haben. Außerdem könne sie in letzter Zeit immer schlechter sehen und habe auch ein Taubheitsgefühl in den Händen. Dr. Gütlich schaut sich symtombezogen zunächst die Füße der Patientin an und findet den Verdacht auf diabetischen Fuß voll bestätigt. Er führtsofort eine Blutzuckerbestimmung durch und sieht auch hier hoch pathologische Werte. Dr. Gütlich informiert Frau Schokolinski über die erhobenen Befunde und klärt sie über die Tragweite eines unbehandelten Diabetes auf. Er plant mit ihr die Durchführung künftiger Blutzuckerkontrollen und nimmt Blut ab für eine eingehende Diabetesdiagnostik. Dann stellt er noch Überweisungen zum Augenarzt und zum Neurologen aus. Dr. Gütlich verordnet die notwendigen blutzuckersenkenden Präparate und gibt genaue Dosisanweisungen. Er stellt abschließend mit der Patientin einen Behandlungsplan auf, in dem auch alle künftigen Besuche in seiner Sprechstunde aufgeführt sind.		

Lernfeld 10 Patienten bei kleinen chirurgischen Behandlungen begleiten und Wunden versorgen

Kenntnisse über anatomische, physiologische und pathologische Zusammenhänge bei der Wundversorgung sind Voraussetzung, um bei der Vorbereitung, Durchführung und Nachbereitung von entsprechenden chirurgischen Maßnahmen mitwirken zu können. Zusätzlich sind einschlägige Kenntnisse über die Besonderheiten bei der Versorgung von Unfallverletzten zu Lasten der Unfallversicherungsträger erforderlich.

Neben den Tätigkeiten am Patienten sind Laborarbeiten zu organisieren, die vorschriftsmäßige Aufbewahrung und Versendung von Proben sicherzustellen einschließlich der sachgerechten Ausfüllung der notwendigen Formulare. Die erbrachten Leistungen werden nach Maßgabe der Gebührenordnungen und Regelwerke abgerechnet.

Teil 1: Abrechnung kleiner chirurgischer Behandlungen nach EBM und GOÄ

Lernziel im Lehrplan

Haus- und Fachärzte können bei kleinen chirurgischen Behandlungen entsprechend ihrer gebietsspezifischen Präambel Leistungen aus
➡ **EBM-Kap. 2.3**
abrechnen.

In der
➡ **GOÄ**
sind die abrechenbaren Ziffern verschiedenen Abschnitten zu entnehmen.

Inhaltsverzeichnis

Teil 2: Abrechnung kleiner chirurgischer Behandlungen innerhalb der gesetzlichen Unfallversicherung

Lernziel im Lehrplan

Die verwaltungsmäßige Bearbeitung und die Abrechnung von Arbeitsunfällen erfordern Kenntnisse der

➡ **vertraglichen Grundlagen,**

der Verfahrensvorschriften bei den unterschiedlichen

➡ **Heilverfahren,**

der jeweils erforderlichen

➡ **Formtexte**

sowie der Abrechnungspositionen und -vorschriften der speziellen

➡ **UV-GOÄ.**

Inhaltsverzeichnis

LF 10 Patienten bei kleinen chirurgischen Behandlungen begleiten und Wunden versorgen

▶ **Lernsituation:**

Als Hausarzt ist die Praxis von Dr. Gütlich erste Anlaufstelle der Patienten. Dies gilt besonders, wenn der Patient plötzlich und dringend wegen einer Verletzung ärztliche Hilfe benötigt. Deshalb gehört es schon zum Alltag der Auszubildenden Birgit Biene, verletzte Patienten in Empfang zu nehmen, ein beruhigendes Gespräch zu führen und die Untersuchung vorzubereiten.

Während der Behandlung hat Frau Biene erfahren, dass Dr. Gütlich stets ausführlich den Patienten nach der Unfallursache befragt und dann den einen Patienten vollständig ärztlich versorgt, während er andere Patienten erstversorgt an andere Ärzte überweist.

Dr. Gütlich erklärt Frau Biene, dass die Versorgung von Arbeitsunfallverletzten in den Bereich der gesetzlichen Unfallversicherung gehört, in dem besondere Verfahrensvorschriften gelten und dass er diese Verletzten meistens nicht behandeln darf.

Frau Biene lernt, die erbrachten Leistungen bei chirurgischen Behandlungen sowohl zu Lasten einer gesetzlichen Krankenversicherung als auch nach den Vorschriften der gesetzlichen Unfallversicherung abzurechnen.

▶ **Arbeitshinweis:**

Die Zielformulierung im Rahmenlehrplan setzt in diesem Lernfeld bezüglich kleiner chirurgischer Behandlungen aus **abrechnungssystematischer Sicht zwei Schwerpunkte:**

- **Teil 1: Abrechnungen kleiner chirurgischer Behandlungen nach EBM und GOÄ**
  - **nach EBM bei gesetzlich Krankenversicherten**
  - **nach GOÄ bei Privatpatienten**
- **Teil 2: Abrechnung kleiner chirurgischer Behandlungen innerhalb der gesetzlichen Unfallversicherung**

Teil 1: Abrechnung kleiner chirurgischer Behandlungen nach EBM und GOÄ

10.1 Abrechnung nach EBM (Fall 14)

▶ **Fall 14:**

27. Juli Mutter Mathilda bringt ihren kleinen Lausbub Marc (9 Jahre, familienversichert in der IKK) mit stark blutenden Schürfwunden am rechten Oberarm und rechten Unterschenkel in die Praxis ihres Hausarztes Dr. Gütlich. Marc war beim Inlineskaten gestürzt. Dabei hat er sich auch eine stark blutende Platzwunde über der rechten Augenbraue zugezogen.
Die Auszubildende Birgit Biene kümmert sich sofort um den tapferen Patienten und bringt ihn in den Behandlungsraum. Dr. Gütlich untersucht die Schürfwunden, reinigt sie und verbindet die Verletzungen. Er näht die Platzwunde in Lokalanästhesie.
Zum Ziehen der Fäden wird der 10. August vereinbart.

10. Aug. Mutter Mathilda erscheint wie vereinbart mit ihrem Sohn Marc in der Praxis von Dr. Gütlich. Dr. Gütlich entfernt die Verbände, kontrolliert die Wunden und zieht die Fäden.

Ärztliche Leistungen im Rahmen kleinchirurgischer Eingriffe sind sowohl für den Hausarzt wie auch für den Chirurgen nach **Kap. 2.3 Kleinchirurgische Eingriffe ... (s. LF 4, Buchkap. 4.3.1)** berechnungsfähig.

Operative Eingriffe setzen die Öffnung von Haut und/oder Schleimhaut bzw. eine primäre Wundversorgung voraus. Die Wundabdeckung (der Verband) nach einem operativen Eingriff gehört mit zur Leistung und kann deshalb nicht gesondert berechnet werden. Werden **mehrere Maßnahmen gleichzeitig** durchgeführt, darf **nur die höchstbewertete GOP nach den GOP 02 300 bis 02 302 einmal** berechnet werden. **Ausnahme:** Bis zu **fünfmal** je Sitzung ist die Abrechnung möglich bei der **Versorgung von offenen Wunden** und der Entfernung von Muttermalen. Lokalanästhesie oder Leitungsanästhesien sind, soweit erforderlich, Bestandteil der GOP.

▶ **Text der Gebührenordnung (Auszug)** – siehe LF 4 Kap. 4.3.1

GOP	Leistungsbeschreibung	Punkte
02 300	**Kleinchirurgischer Eingriff I und/oder primäre Wundversorgung (ohne Naht bei Personen ab 12 Jahren)**	57
02 301	**Kleinchirurgischer Eingriff II und/oder primäre Wundversorgung mittels Naht (bei Personen ab 12 Jahren) oder** **primäre Wundversorgung ohne Naht bei Säuglingen, Kleinkindern und Kindern**	129
02 302	**Kleinchirurgischer Eingriff III und/oder primäre Wundversorgung mittels Naht bei Säuglingen, Kleinkindern und Kindern**	239
02 310	**Behandlung einer/eines/von sekundär heilenden Wunde(n), und/oder Decubitalulcus (-ulcera)**	205

▶ **Fall 14 – Hausarzt:** (siehe Seite 137)

Abrechnung nach EBM:

27. Juli	03 000	Versichertenpauschale
	02 301	Primäre Wundversorgung ohne Naht bei Kindern (Versorgung Oberarm rechts)
	02 301	Primäre Wundversorgung ohne Naht bei Kindern (Versorgung Unterschenkel rechts)
	02 302	Primäre Wundversorgung mit Naht bei Kindern (Augenbraue rechts)
	---------	Lokalanästhesie enthalten in 02 302
10. Aug.	---------	Entfernung von Fäden, Klammern u.a. enthalten in Anlage 1 EBM

10.2 Abrechnung nach GOÄ (Fall 14)

▶ **Fall 14:**

27. Juli Mutter Marta bringt ihren kleinen Lausbub Moritz (9 Jahre, Privatpatient) mit stark blutenden großen Schürfwunden am rechten Oberarm und rechten Unterschenkel in die Praxis ihres Hausarztes Dr. Gütlich. Moritz war beim Inlineskaten gestürzt. Dabei hat er sich auch eine stark blutende kleine Platzwunde über der rechten Augenbraue zugezogen.
Die Auszubildende Birgit Biene kümmert sich sofort um den tapferen Patienten und bringt ihn in den Behandlungsraum. Dr. Gütlich untersucht die Schürfwunden, reinigt sie und verbindet die Verletzungen. Er näht die Platzwunde in Lokalanästhesie.
Er berät Mutter und Sohn und vereinbart zum Ziehen der Fäden den 10. August.

10. Aug. Mutter Marta erscheint wie vereinbart mit ihrem Sohn Moritz in der Praxis von Dr. Gütlich. Dr. Gütlich entfernt die Verbände, kontrolliert die Wunden und zieht die Fäden.

Bei der Abrechnung „kleiner chirurgischer Behandlungen" sind verschiedene Abschnitte der GOÄ heranzuziehen, weil die entsprechenden Leistungen nicht in einem Gebührenteil zusammengefasst sind.

Verbände dienen der Wundabdeckung. Sie sind nicht berechnungsfähig, wenn die Wunden durch einen ärztlichen Eingriff entstanden sind. Wundverbände (Nr. 200), die im Zusammenhang mit einer operativen Leistung (auch Ätzung, Fremdkörperentfernung), Punktion, Infusion, Transfusion oder Injektion durchgeführt werden, sind Bestandteil dieser Leistung. Die verbrauchten Materialien – Verbandmittel – dürfen dem Patienten berechnet werden.

10.2.1 Abschn. C I. Anlegen von Verbänden (Nrn. 200–247)

	Text der GOÄ (Auszug)	Punktzahl	1-fach EUR	2,3-fach EUR	3,5-fach EUR
200	Verband – ausgenommen Schnell- und Sprühverbände, Augen-, Ohrenklappen oder Dreieckstücher –	45	2,62	6,03	9,18
204	Zirkulärer Verband des Kopfes oder des Rumpfes (auch als Wundverband); stabilisierender Verband des Halses, des Schulter- oder Hüftgelenks oder einer Extremität über mindestens zwei große Gelenke; Schanzscher Halskrawattenverband; Kompressionsverband	95	5,54	12,74	19,38
206	Tape-Verband eines kleinen Gelenks	70	4,08	9,38	14,28
207	Tape-Verband eines großen Gelenks oder Zinkleimverband	100	5,83	13,41	20,40
210	Kleiner Schienenverband – auch als Notverband bei Frakturen –	75	4,37	10,05	15,30
212	Schienenverband mit Einschluss von mind. zwei großen Gelenken (Schulter-, Ellenbogen-, Hand-, Knie-, Fußgelenk) – auch als Notverband bei Frakturen –	160	9,33	21,45	32,64
230	Zirkulärer Gipsverband – ggf. als Gipstutor	300	17,49	40,22	61,20
246	Abnahme des zirkulären Gipsverbandes	150	8,74	20,11	30,60

10.2.2 Abschn. D Anästhesieleistungen (Nrn. 450–498)

Anästhesie- oder Narkoseverfahren werden angewendet, um Operationen für den Patienten schmerzlos durchführen zu können. Bei der Anwendung mehrerer Narkose- oder Anästhesieverfahren nebeneinander ist nur die jeweils höchstbewertete dieser Leistungen berechnungsfähig; eine erforderliche Prämedikation ist Bestandteil dieser Leistung.

	Text der GOÄ (Auszug)				
450	Rauschnarkose – auch mit Lachgas	76	4,43	10,19	15,50
451	Intravenöse Kurznarkose	121	7,05	16,22	24,68
460	Kombinationsnarkose mit Maske, Gerät – auch Insufflationsnarkose – bis zu einer Stunde	404	23,55	54,16	82,42
490	Infiltrationsanästhesie kleiner Bezirke	61	3,56	8,18	12,44
491	Infiltrationsanästhesie großer Bezirke – auch Parazervikalanästhesie	121	7,05	16,22	24,68

10.2.3 Abschn. L Chirurgie, Orthopädie (Nrn. 2000–3321)
Abschn. L I. Wundversorgung, Fremdkörperentfernung

	Text der GOÄ (Auszug)				
2000	Erstversorgung einer kleinen Wunde	70	4,08	9,38	14,28
2001	Versorgung einer kleinen Wunde einschließlich Naht	130	7,58	17,43	26,52
2002	Versorgung einer kleinen Wunde einschließlich Umschneidung und Naht	160	9,33	21,45	32,64
2003	Erstversorgung einer großen und/oder stark verunreinigten Wunde	130	7,58	17,43	26,52

	Text der GOÄ (Auszug)	Punktzahl	1-fach EUR	2,3-fach EUR	3,5-fach EUR
2004	Versorgung einer großen Wunde einschl. Naht	240	13,99	32,17	48,96
2005	Versorgung einer großen und/oder stark verunreinigten Wunde einschl. Umschneidung und Naht	400	23,31	53,62	81,60
2007	Entfernung von Fäden oder Klammern	40	2,33	5,36	8,16
2008	Wund- oder Fistelspaltung	90	5,25	12,07	18,36
2009	Entfernung eines unter der Oberfläche der Haut oder der Schleimhaut gelegenen fühlbaren Fremdkörpers	100	5,83	13,41	20,40
2010	Entfernung eines tiefsitzenden Fremdkörpers auf operativem Wege aus Weichteilen und/oder Knochen	379	22,09	50,81	77,32
2401	Probeexzision aus oberflächlich gelegenem Körpergewebe (z.B. Haut, Schleimhaut, Lippe)	133	7,75	17,83	27,13
2402	Probeexzision aus tiefliegendem Körpergewebe (z.B. Fettgewebe, Muskulatur) oder aus einem Organ ohne Eröffnung einer Körperhöhle (z.B. Zunge)	370	21,57	49,60	75,48
2403	Exzision einer in oder unter der Haut oder Schleimhaut liegenden kleinen Geschwulst	133	7,75	17,83	27,13
2404	Exzision einer größeren Geschwulst ...	554	32,29	74,27	113,02

▶ Erläuterungen

1. Die **Wundabdeckung** (der Verband) **nach einem operativen Eingriff** gehört mit zur Leistung und kann deshalb **nicht gesondert** berechnet werden.

2. Da in der GOÄ keine genauen Definitionen vorgegeben sind, kann zur **Unterscheidung der Wunden** in klein oder groß die Klassifizierung aus dem EBM herangezogen werden:

- **Länge:** kleiner oder größer als 3 cm,
- **Fläche:** kleiner oder größer als 4 cm^2,
- **Raum:** kleiner oder größer als 1 cm^3.

3. **Nach vorangegangener Erstversorgung (Nr. 2000 oder Nr. 2003) dürfen für die „Wundversorgung" (nur noch) die Nrn. 2001, 2002, 2004 oder 2005 berechnet werden.**

4. **Werden mehrere Wunden gleichzeitig versorgt, kann nach GOÄ für jede versorgte Wunde die entsprechende Leistung berechnet werden.** Der Bereich, z.B. rechter Arm, linkes Bein, ist zu nennen.

5. Im Zusammenhang mit Operationen entstehender **„Mehraufwand"** kann durch die Anwendung des **Steigerungssatzes** oder einer **Abdingung** berechnet werden.

Lernfeld 10 Seite 140

10.2.4 Abrechnung nach GOÄ (Fall 14)

▶ Fall 14 – Hausarzt: (siehe Seite 138)

27. Juli	1	Beratung
	5	Symptombezogene Untersuchung
	2003	Erstversorgung einer großen Wunde (Oberarm rechts)
	2003	Erstversorgung einer großen Wunde (Unterschenkel rechts)
	2001	Versorgung einer kleinen Wunde mit Naht (Augenbraue rechts)
	490	Infiltrationsanästhesie kleiner Bezirke (Augenbraue rechts)
10. Aug.	5	Symptombezogene Untersuchung
	------	Entfernung von Fäden oder Klammern (Augenbraue rechts) (nicht neben der GOÄ – Nr. 5 hier abrechenbar!)

10.2.5 ✎Wie war das noch? (zu Kap. 10.1 und 10.2)

1. **Wie kann der Verband zur Abdeckung einer Operationswunde abgerechnet werden**
a) nach EBM,
b) nach GOÄ?

➔ a) ....

➔ b) ....

2. **Welche Abrechnungsregel gilt für mehrere kleinchirurgischen Maßnahmen gleichzeitig nach dem EBM?**

➔ ....

3. **Welche Abrechnungsregel gilt für die gleichzeitige Versorgung mehrerer Wunden nach der GOÄ?**

➔ ....

4. **Die GOÄ unterscheidet zwischen kleinen und großen Wunden, nennt selbst aber keine Unterscheidungsmerkmale. Welche Merkmale können hilfsweise aus dem EBM für die Definition einer „große Wunde" herangezogen werden?**

➔ **Länge:** .... ➔ **Fläche:** ....

➔ **Raum:** ....

5. **Welche Leistung dürfen entsprechend der GOÄ nach vorangegangener Erstversorgung für die Wundversorgung noch abgerechnet werden?**

➔ ....

6.	Fälle	EBM-GOP	GOÄ-Nrn.
24. Juni	Die 8-jährige Kathrin Klettervogel ist über einen Stacheldrahtzaun gestiegen und hat sich an der Innenseite des linken Knies eine kleine oberflächliche Risswunde zugezogen. Der Hausarzt Dr. Gütlich (3. A-P-K im Quartal) untersucht symtombezogen und säubert die Wunde. Er verschließt die Wunde angesichts der ganz glatten Wundränder mittels Naht unter Infiltrationsanästhesie. Abschließend legt er einen Verband an und gibt Verhaltensregeln.		
3. Juli	Frau Edeltraut Entlein (32 Jahre) leidet unter einer schwarzen Hautveränderung an der rechten Schläfe, weil sie sich einbildet, diese lasse sie so häßlich aussehen. Außerdem hat sie gelesen, dass schwarze Hautveränderungen gefährlich sein könnten. Mit der Überweisung ihres Hausarztes erscheint Frau Entlein in der Praxis des Chirurgen Dr. Knoche. Nach symptombezogener Untersuchung und Beratung entfernt Dr. Knoche die kleine Geschwulst unter Infiltrationsanästhesie mit dem Skalpell, verschließt die Wunde mit einem Stich und schickt das Gewebe ein zur histologischen Untersuchung.		

6.	Fälle	EBM-GOP	GOÄ-Nrn.
10. Juli	Dem 72-jährigen Rentner Rudi Rüstig ist beim Ausstemmen eines Mauerlochs in seinem Gartenhäuschen ein Metallsplitter von der Meißelkrone in den Unterarm eingedrungen. Der Hausarzt Dr. Gütlich (1. A-P-K im Quartal) untersucht symtombezogen und kann den Splitter unter der Haut fühlen, kann ihn aber mit der Pinzette nicht erreichen. Dr. Gütlich muss deshalb die Wunde unter Lokalanästhesie mit dem Skalpell erweitern, dann kann er den Splitter entfernen. Er desinfiziert die Wunde sorgfältig, näht sie zu und gibt Verhaltensregeln.		
14. Juli	Frau Franca Fabula (39 Jahre) tastet schon längere Zeit eine Verhärtung auf der linken Wange und eine ständig schmerzende Veränderung auf der inneren Wangenschleimhaut an entsprechender Stelle. Weil sie Angst hat, es könne etwas Bösartiges sein, sucht sie ihren Hausarzt Dr. Gütlich auf (1. A-P-K im Quartal), der die große Geschwulst nach symtombezogener Untersuchung und entsprechender Beratung aus der Haut unter Infiltrationsanästhesie herausschneidet. Dann verschließt er die Wunde mit einer intracutanen Naht.		
19. Juli	Die kleine 3-jährige Maja Munter hat gerade aus einer Limonadenflasche getrunken, als ihr großer 5-jähriger Bruder Max sie anrempelt. Dabei hat sich Maja eine Platzwunde über dem rechten Schneidezahn zugezogen. Der Hausarzt Dr. Gütlich (1. A-P-K im Quartal) untersucht symtombezogen, berät die Mutter und verschließt die Wunde mittels Gewebekleber, damit möglichst wenig Narbenbildung erfolgt.		
24. Juli	Der sportliche 37-jährige Timo Turnscher stolpert beim nachmittäglichen Waldlauf mit ein paar Sportfreunden über eine Wurzel und stürzt. Neben einer Platzwunde am linken Knie und einer Schürfwunde an der li Hand kann er mit dem rechten Fuß nicht mehr auftreten. Seine Sportkameraden bringen ihn sofort in die Praxis von Chirurg Dr. Knoche (1. A-P-K im Quartal). Dr. Knoche untersucht den Bewegungsapparat vollständig, berät und säubert die stark verschutzten Wunden an Hand und Knie und desinfiziert diese; die Platzwunde am Knie muss genäht werden. Abschließend verbindet er beide Wunden. Wegen der Schmerzen am Fußgelenk beim Auftreten lässt er eine Röntgenaufnahme des Fußgelenkes anfertigen. Da keine Fraktur zu erkennen ist, trägt Dr. Knoche eine Salbe auf und verbindet das Fußgelenk mit einem stabilisierenden Tape-Verband.		
27. Juli	Herr Stefan Stirner, 52 Jahre, kommt in die Praxis von Hausarzt Dr. Gütlich (2. A-P-K im Quartal) wegen eines sogenannten Grützbeutels auf der Stirn vor dem Haaransatz, der ihn sehr beim Kämmen stört. Dr. Gütlich untersucht symptombezogen, rasiert die Kopfhaut über der kleinen Geschwulst und schneidet sie unter Infiltrationsanästhesie heraus, ohne sie zu öffnen. Dann verschließt er die Wunde mittels Naht. Er gibt Verhaltensregeln für die nächsten Tage.		

Teil 2: Abrechnung kleiner chirurgischer Behandlungen innerhalb der gesetzlichen Unfallversicherung

▶ **Arbeitshinweis:**

Hier wird der Zuständigkeitsbereich der Krankenversicherung verlassen und der Bereich der gesetzlichen Unfallversicherung betreten.

Es handelt sich hier um ein eigenständiges Versorgungssystem aufgrund eigener gesetzlicher und vertraglicher Rechtsgrundlagen.

Die Rechtsgrundlagen sind bereits in **LF 1 Kap. 1.1.4** dargestellt worden.

10.3 Abrechnung von Arbeitsunfällen (Fall 15)

▶ **Fall 15:**

2. Sep. Der Bauarbeiter Friedrich Fröhlich kommt in die Praxis von Dr. Gütlich gelaufen, ein Taschentuch um die stark blutende Hand gewickelt.
Die Auszubildende Birgit Biene bringt Herrn Fröhlich sofort in den Behandlungsraum, nimmt das Taschentuch ab und reinigt die Wunde oberflächlich. Dabei befragt sie den Patienten, auf welche Weise er sich die Verletzung zugezogen habe. Dabei erfährt sie, dass es sich um einen Arbeitsunfall handelt.
Als Dr. Gütlich zur Behandlung des Patienten kommt, informiert Frau Biene ihn darüber. Da Dr. Gütlich erkennt, dass die Verletzung eine Arbeitsunfähigkeit zur Folge haben wird, führt er nur eine symptomzentrierte Untersuchung und eine Erstversorgung der Hand durch. Anschließend weist er Herrn Fröhlich an, sofort einem D-Arzt aufzusuchen; die notwendige Überweisung stellt er sofort aus. Der zuständige Unfallversicherungsträger ist die Bau-BG.

2. Sep. Arbeiter Friedrich Fröhlich erscheint mit der erstversorgten Hand in der Praxis des Chirurgen und D-Arztes Dr. Kurt Knoche.
Die MFA Gerda von Gnaden hat den Verband bereits entfernt und die Wunde steril abgedeckt. Sie stellt nun Herrn Fröhlich ihrem Chef vor.
Dr. Knoche stellt bei der symptomzentrierten Untersuchung fest, dass es sich um eine Schnittwunde handelt, die sich der Patient an der Kante eines Eisenträgers zugezogen hat. Damit erübrigen sich Röntgenaufnahmen. Er reinigt die Wunde in Lokalanästhesie, frischt die Wundränder an, näht die Wunde und versorgt die Hand mit einem Schienenverband. Da Herr Fröhlich nicht weiß, ob und wann er eine Tetanusschutzimpfung erhalten hat, auch keinen Impfausweis mit sich führt, veranlasst Dr. Knoche eine Tetanus Simultanimpfung.
Da der Patient mit dieser Verletzung arbeitsunfähig ist, stellt Dr. Knoche die AU-Bescheinigung aus und den D-Arztbericht F 1000 für den zuständigen Unfallversicherungsträger.

Bei der Versorgung eines Unfallverletzten muss der erstbehandelnde Arzt zwei wesentliche Feststellungen treffen.

- **Handelt es sich um einen Arbeitsunfall?**

Wenn ja:

- **Welcher Unfallversicherungsträger ist zuständig?**

Es ist für den Arzt nicht immmer leicht, aus dem Verletzungsbild und den Darstellungen des Verletzten zu erkennen, ob ein Arbeitsunfall vorliegt. Einmal kann die Klärung der Zusammenhänge sehr schwierig sein, zum anderen sind in zahlreichen Gerichtsurteilen viele Unfallsituationen als Arbeitsunfälle bestimmt worden. Im Zweifelsfall muss der zuständige Unfallversicherungsträger entscheiden, ob ein Unfall eines Versicherten als Arbeitsunfall zu gelten hat.

Auf jeden Fall muss der Arzt durch **sorgfältiges Befragen** des Verletzten oder anderer Personen, die das Unfallereignis miterlebt haben, feststellen, ob die Verletzung durch einen Unfall,

- ein von außen auf den Menschen einwirkendes,
- körperlich schädigendes,
- plötzliches (zeitlich begrenztes)

Ereignis, verursacht wurde. Dieses Ereignis muss bei einem Arbeitsunfall in einem ursächlichen Zusammenhang mit einer beruflichen Tätigkeit stehen.

Bei der Versorgung von Arbeitsunfallverletzten besteht eine unmittelbare Rechtsbeziehung zwischen dem Arzt und dem zuständigen Unfallversicherungsträger. Der Unfallversicherungsträger ist nicht nur der Empfänger der ärztlichen Auskünfte und Berichte, er ist auch für die Abrechnung der erbrachten ärztlichen Leistungen unmittelbar zuständig.

Auch wenn die Unfallversicherungsträger grundsätzlich bereit sind, bei Irrtümern oder strittigen Fällen die Zuständigkeit unter sich zu klären, ist es dennoch wichtig, dass der Arzt an den richtigen Unfallversicherungsträger herantritt, um zusätzlichen Verwaltungsaufwand und Zeitverzögerungen zu vermeiden.

Kann der Verletzte keine Angaben machen oder nicht mit Sicherheit den zuständigen Unfallversicherungsträger benennen und ist eine Rückfrage bei der Personalabteilung des Arbeitgebers nicht möglich, kann der Arzt zunächst aus einem alphabetischen **Verzeichnis den fachlich zuständigen Unfallversicherungsträger**, anschließend auch in einem **Anschriftenverzeichnis** dessen Hauptverwaltung, Bezirksverwaltung, Sektion oder Geschäftsstelle ermitteln.

Solche Verzeichnisse sind online abrufbar oder über die Landesverbände der gewerblichen Berufsgenossenschaften zu beziehen oder in den Kommentarausgaben des Vertrages Ärzte – Unfallversicherungsträger enthalten.

Der zuständige Unfallversicherungsträger (UVTr) wird wie folgt festgestellt:

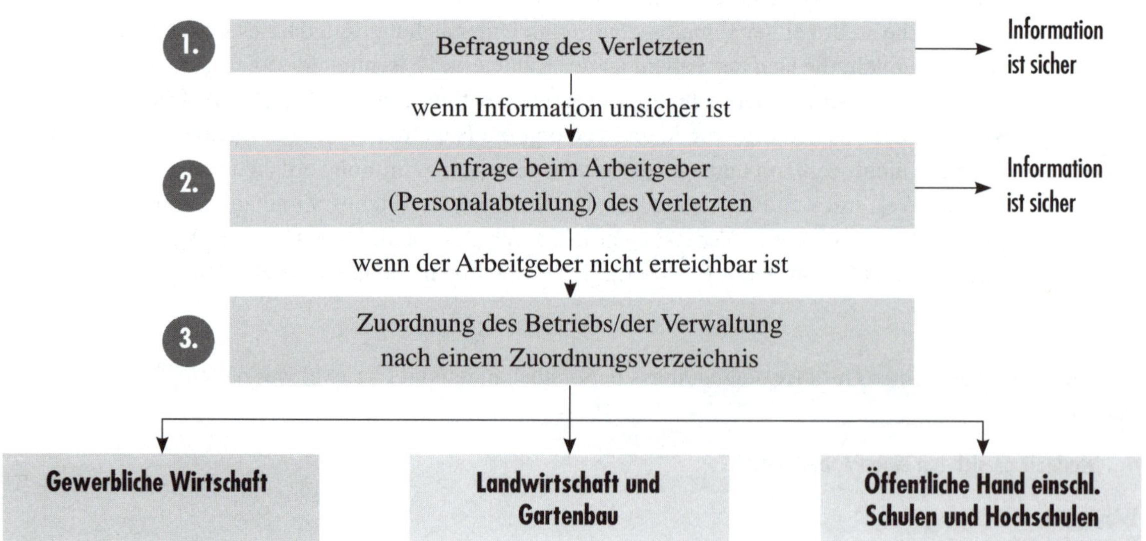

10.4 Vertrag Ärzte – Unfallversicherungsträger

Der Vertrag Ärzte – Unfallversicherungsträger ist ein öffentlich-rechtlicher Vertrag zwischen

- der Kassenärztlichen Bundesvereinigung, Berlin

und

- der Deutschen Gesetzlichen Unfallversicherung (DGUV), St. Augustin;
- dem Bundesverband der landwirtschaftlichen Berufsgenossenschaften, Kassel.

Der Vertrag ist für die Träger der gesetzlichen Unfallversicherung unmittelbar verbindlich.

Die an der vertragsärztlichen Versorgung teilnehmenden **Vertragsärzte** sind durch ihre Zugehörigkeit zur Kassenärztlichen Vereinigung zur **Durchführung des Vertrags verpflichtet**.

Sie sind durch gesetzliche Vorschriften verpflichtet, die durch einen Arbeitsunfall hervorgerufenen Folgen so schnell wie möglich zu beseitigen und eine Verschlimmerung der durch den Unfall hervorgerufenen Verletzung zu verhüten. Im Vertrag Ärzte – Unfallversicherungsträger sind dazu die organisatorischen Voraussetzungen festgelegt und die notwendigen Vergütungsregelungen getroffen worden.

Mit dem Inkrafttreten des SGB VII (Gesetzliche Unfallversicherung) wird die Auskunftspflicht des Arztes neuen datenschutzrechtlichen Bestimmungen angepasst. Danach haben die Ärzte, die nach dem Vertrag tätig werden, die Versicherten zu unterrichten über:

- den Erhebungszweck der Daten,
- die Auskunftspflicht des Arztes gegenüber dem Unfallversicherungsträger,
- das Recht des Versicherten zur Dateneinsicht beim Unfallversicherungsträger.

Der Vertrag gliedert sich im Wesentlichen in einen **Vertragsteil** und einen **Gebührenteil** (**UV-GOÄ**).

Der Vertragsteil beinhaltet neben anderen Regelungen die verschiedenen Unfallheilverfahren.

Der Gebührenteil entspricht in seinem Aufbau dem der amtlichen Gebührenordnung (GOÄ).

Die Vergütung der einzelnen Leistungen wird von den Vertragspartnern durch Bewertung der einzelnen Leistung in Euro geregelt (Euro-Gebührenordnung mit Einzelleistungsvergütung).

10.5 Unfallheilverfahren

Aufgrund der gesetzlichen Vorschriften sind die Unfallversicherungsträger verpflichtet,

> **alle Maßnahmen** zu treffen, durch die eine möglichst **frühzeitig** nach dem Versicherungsfall einsetzende und **sachgemäße Heilbehandlung** und, so weit erforderlich, **besondere unfallmedizinische oder Berufskrankheiten-Behandlung** gewährleistet wird.

Auf die gesetzlichen Vorschriften des 7. Sozialgesetzbuches (SGB VII) stützen sich die **besonderen Verfahren** bei der Versorgung von Unfallverletzten:

- **Durchgangsarztverfahren (D-Arzt)**
- **Verletzungsartenverfahren**
- **Hautarztverfahren**

Diese besonderen Verfahren sind also nicht vertragliche Vereinbarungen zwischen den Partnern des Vertrages Ärzte – Unfallversicherungsträger, sondern von den Unfallversicherungsträgern selbstständig eingeführte Versorgungsverfahren, zu deren Ausgestaltung sie durch die gesetzlichen Vorschriften ausdrücklich berechtigt sind.

Den Trägern der Unfallversicherung sind somit auf gesetzlicher Grundlage weitgehende Vollmachten und bindende Verpflichtungen für die Betreuung der Unfallverletzten eingeräumt und auferlegt worden.

So haben die Berufsgenossenschaften

- allein über die **Einführung und Durchführung der besonderen Verfahren** zu entscheiden;
- allein die inhaltlichen und organisatorischen **Voraussetzungen** für die Teilnahme am Durchgangsarztverfahren festzulegen;
- allein über ihre Landesverbände die **Durchgangsärzte** zu bestellen;
- die letzte Entscheidung bei einem **Antrag auf Beteiligung an der besonderen Heilbehandlung** zu treffen.

Diese Pflichten und Rechte der Unfallversicherungsträger gelten auch insbesondere für die konkreten Entscheidungen bei der Durchführung der berufsgenossenschaftlichen Heilbehandlung.

10.5.1 Berufsgenossenschaftliche Heilbehandlung

Die Berufsgenossenschaftliche Heilbehandlung von Unfallverletzten zu Lasten der gesetzlichen Unfallversicherung kann erfolgen als

> **allgemeine Heilbehandlung**
> **besondere Heilbehandlung**

Zur **allgemeinen Heilbehandlung** gehören die diagnostischen und therapeutischen Maßnahmen zur Versorgung von Verletzungen aufgrund eines Arbeitsunfalls oder eines Wegeunfalls, wenn hierfür keine besonderen unfallmedizinischen Kenntnisse notwendig sind.

Nach dem Vertrag kann allgemeine Heilbehandlung immer dann durchgeführt werden, wenn

- die Verletzung **nicht zur Arbeitsunfähigkeit über den Unfalltag hinaus führt**

und

- die Behandlung voraussichtlich **innerhalb einer Woche** abgeschlossen werden kann.

Wenn also **beide Bedingungen** erfüllt sind – man spricht dann auch von **Bagatellverletzungen** –, so kann der in Anspruch genommene Arzt die **Behandlung durchführen** und braucht den Verletzten **nicht** einem D-Arzt vorzustellen.

Stellt sich jedoch heraus, dass der Verletzte arbeitsunfähig wird **oder** die Behandlung innerhalb von einer Woche nicht abgeschlossen werden kann, muss die Vorstellung bei einem D-Arzt erfolgen. Bei **Wiedererkrankung** an den Unfallfolgen ist in jedem Fall eine Vorstellung beim D-Arzt erforderlich.

Im Rahmen der allgemeinen Heilbehandlung sind vom behandelnden Arzt folgende Aufgaben zu übernehmen:

1. Er muss die **Entscheidung treffen**, ob es sich um einen **Arbeitsunfall** (Wegeunfall) handelt und somit ein **Unfallversicherungsträger** zuständig ist.

Ist der Zusammenhang mit einem Arbeitsunfall (Wegeunfall) **nicht eindeutig**, darf der Arzt dennoch zu Lasten des Unfallversicherungsträgers behandeln, wenn er aufgrund der Darstellung des Verletzungsfalles annehmen kann, dass es sich um einen Arbeitsunfall (Wegeunfall) handelt. Die Entscheidung über die Anerkennung als Arbeitsunfall (Wegeunfall) trifft dann der Unfallversicherungsträger.

Verneint der Arzt den Zusammenhang der Verletzung mit einem Arbeitsunfall (Wegeunfall) ist der Verletzte zu Lasten einer gesetzlichen Krankenkasse oder als Privatpatient zu behandeln.

Stellt sich für den Unfallversicherungsträger im Laufe der Behandlung heraus, dass er nicht zuständig ist, trägt er dennoch die **Behandlungskosten** bis zu dem Tag, an dem er seiner Leistungspflicht widerspricht.

Widerspricht der Unfallversicherungsträger seiner Leistungspflicht vergütet er dennoch die erbrachten ärztlichen Leistungen. Der Kostenausgleich wird dann vom Unfallversicherungsträger mit der zuständigen Krankenkasse oder einem anderen zuständigen Kostenträger durchgeführt.

2. Er hat die **Vorstellung des Verletzten beim D-Arzt, beim Augen- oder beim HNO-Arzt** zu veranlassen, wenn nach dem Vertrag eine solche Vorstellung vorgesehen ist.

Die Vorstellung erfolgt formlos. Für die Überweisung erhält der Arzt eine Vergütung.

3. **Er erstattet gegenüber dem zuständigen Unfallversicherungsträger** einen Bericht **(Ärztliche Unfallmeldung – Formtext F 1050)**.

Der Bericht muss **spätestens am Tag nach der ersten Inanspruchnahme** des Arztes an den zuständigen Unfallversicherungsträger abgegeben werden.

Wird eine Vorstellung beim D-Arzt erforderlich, ist lediglich der Personalienteil der ärztlichen Unfallmeldung auszufüllen und die Gründe, die zur Vorstellung führen, sind anzukreuzen.

Für den Bericht erhält der Arzt eine **Berichtsgebühr** und die Erstattung der **Portokosten**.

4. Er rechnet gegenüber dem zuständigen Unfallversicherungsträger unmittelbar ab.

Dazu verwendet der Arzt das **Abrechnungsblatt** der Ärztlichen Unfall-Meldung – Formtext F 1050.

Die **Vergütung** für ärztliche Leistungen im Rahmen der **allgemeinen Heilbehandlung** erfolgt nach dem für diese Versorgungsart vereinbarten gegenüber der besonderen Heilbehandlung **niedrigeren** Vergütungssatz.

Besondere Heilbehandlung ist immer bei Verletzungen, die im Verletzungsartenkatalog **(siehe Kap. 10.5.4)** stehen, durchzuführen. Es handelt sich hierbei um so schwere und komplizierte Unfallverletzungen, dass zu ihrer Versorgung

- **besondere unfallmedizinischen Kenntnisse** notwendig sind oder
- **besondere Maßnahmen** (z.B. Frakturbehandlung, Sehnennaht, Verbrennungsbehandlung)

getroffen werden müssen.

Die Entscheidung zur Durchführung der besonderen Heilbehandlung dürfen nur treffen:

- der zuständige Unfallversicherungsträger,
- der D-Arzt,
- der Handchirurg bei schweren Verletzungen der Hand, wenn er an der Versorgung Unfallverletzter durch die DGUV beteiligt ist.

Wie bereits oben dargestellt, muss der zuerst in Anspruch genommene Arzt, wenn er nicht selbst berechtigt ist, besondere Heilbehandlung durchzuführen, den Unfallverletzten bei Arbeitsunfähigkeit über den Unfalltag hinaus oder bei einer voraussichtlichen Behandlungsdauer von mehr als einer Woche bei einem Durchgangsarzt vorstellen. Der D-Arzt entscheidet dann, ob besondere Heilbehandlung durchzuführen ist oder für die Verletzung allgemeine Heilbehandlung ausreichend ist. Ist die allgemeine Heilbehandlung ausreichend, verweist der D-Arzt den Patienten an den zuerst in Anspruch genommenen Arzt, der die Behandlung dann fortsetzen kann oder an einen Arzt, den der Verletzte gewählt hat.

Die Vergütung für ärztliche Leistungen im Rahmen der besonderen Heilbehandlung erfolgt nach dem für diese Versorgungsart vereinbarten gegenüber der allgemeinen Heilbehandlung höheren Vergütungssatz.

▶ **Achtung:**

Ärzte, die **nicht** zur Durchführung der besonderen Heilbehandlung berechtigt sind, können Unfallverletzte **nur** im Rahmen der **allgemeinen** Heilbehandlung versorgen:

- wenn die Unfallverletzung (Bagatellverletzung) **nicht zur Arbeitsunfähigkeit über den Unfalltag hinaus** führt und die Behandlung voraussichtlich nach **spätestens einer Woche** abgeschlossen werden kann.
  Keine Verpflichtung zur Vorstellung beim D-Arzt!
- im Rahmen der **Erstversorgung**.
  (Der Verletzte wird zunächst ärztlich versorgt, dann einem D-Arzt vorgestellt und bleibt dort zur Durchführung der besonderen Heilbehandlung.)
- wenn der Unfallverletzte **vom D-Arzt** zur Durchführung der allgemeinen Heilbehandlung **überwiesen** bzw. **zurücküberwiesen** wird.

Im Rahmen der **allgemeinen Heilbehandlung** ist immer für

- **Berichte** — **die Ärztliche Unfallmeldung – Formtext F 1050,**
- **ärztliche Abrechnung** — **das Abrechnungsblatt aus dem Formtext – F 1050 (alternativ F9990 oder Privatrechnung)**

zu verwenden!

Im Folgenden werden an **berufsgenossenschaftlichen speziellen Heilverfahren** erläutert:

- **Durchgangsarztverfahren (D-Arzt)**
- **Verletzungsartenverfahren**
- **Hautarztverfahren**
- **Versorgung von Augen- und HNO-Verletzungen**
- **Verfahren bei Berufskrankheiten**
- **Arbeitsmedizinische Vorsorgeuntersuchungen**

10.5.2 Durchgangsarztverfahren (D-Arzt)

Das Durchgangsarztverfahren steht bei der berufsgenossenschaftlichen Heilbehandlung an zentraler Stelle. Mit diesem Verfahren gewährleisten die Unfallversicherungsträger, dass sich die berufsgenossenschaftliche Heilbehandlung nach Art und Schwere der Verletzung ausrichtet.

Die beiden wichtigsten Aufgaben des D-Arztes sind:

qualifizierte Beurteilung des Verletzungsbildes

schnellstmögliche Einleitung einer unfallmedizinisch sachgerechten Versorgung

Diese zentrale Stellung in der berufsgenossenschaftlichen Heilbehandlung bringt für den Durchgangsarzt eine große ärztliche Verantwortung mit sich und stattet ihn mit weitreichenden Entscheidungsbefugnissen aus. In seiner Schlüsselstellung trägt er Verantwortung gegenüber dem

- **Patienten** für eine sachgerechte Versorgung
- **Unfallversicherungsträger** für die in seinem Namen zu treffenden Leistungsentscheidungen.

Wegen dieser Verantwortlichkeit werden nur solche Ärzte von den Landesverbänden der Unfallversicherungsträger zu Durchgangsärzten bestellt, die über umfassende Kenntnisse und Erfahrungen der unfallmedizinischen Versorgung verfügen.

Darüberhinaus muss ein Arzt, der sich um die Bestellung zum Durchgangsarzt bewirbt, nachweisen, dass er die Voraussetzungen, die in den „Anforderungen der gesetzlichen Unfallversicherungsträger zur Beteiligung am Durchgangsarztverfahren" niedergelegt sind, erfüllt. Dies sind auszugsweise:

1. Nachweis der fachlichen Befähigung	• abgeschlossene Facharzt-Weiterbildung zum Orthopäden und Unfallchirurgen • nach der Facharztanerkennung Tätigkeit als Unfallchirurg • eingehende Erfahrung im D-ärztlichen Berichtswesen • eingehende Erfahrung in der Reha-Einleitung
2. Ausstattung und Personal	• abgeschlossener aseptischer Operationsraum • Raum für septische Operationen • Röntgenraum • mindestens zwei Assistenzkräfte, davon eine Fachkraft für physiotherapeutische Leistungen, wenn diese durchgeführt werden
3. Pflichten	• persönliche Ausübung der Tätigkeit • Gewährleistung einer ständigen unfallärztlichen Bereitschaft • besondere Dokumentationsarbeiten • Aufbewahrung der Unterlagen über 15 Jahre

Das Durchgangsarztverfahren findet nur in besonderen Ausnahmefällen keine Anwendung; diese **Ausnahmen** sind:

- **Bagatellverletzungen,** d.h. Verletzungen, die nicht zur Arbeitsunfähigkeit über den Unfalltag hinaus führen **und** deren Behandlung innerhalb von 8 Tagen abgeschlossen werden kann.
- Isolierte **Augenverletzungen** oder isolierte **HNO-Verletzungen**.
  Auch der D-Arzt ist verpflichtet, Patienten mit solchen Verletzungen unverzüglich an einen Augenarzt oder HNO-Arzt weiterzuleiten.
- **Hautarztverfahren**
- Verfahren bei **Berufskrankheiten**

Nicht nur der zuerst in Anspruch genommene Arzt – abgesehen von den genannten Ausnahmen – ist verpflichtet, einen Unfallverletzten dem D-Arzt vorzustellen. Diese Verpflichtung gilt auch für den Arbeitgeber, wenn der Verletzte wegen des Unfalls die Arbeit einstellen muss. Dem Unfallverletzten ist die freie Wahl unter den Durchgangsärzten zu lassen, wenn er diese Wahlmöglichkeit wahrnehmen kann.

Der Durchgangsarzt kann einen Verletzten, der zur Durchführung der allgemeinen Heilbehandlung an den Hausarzt überwiesen oder zurücküberwiesen wurde, jederzeit zu einer **Nachschauuntersuchung** einbestellen. Diese Nachschauuntersuchungen sollen sicherstellen, dass der **Behandlungsverlauf** der Unfallverletzung **überwacht und kontrolliert** wird. Nachschauuntersuchungen sollen nur veranlasst werden, wenn **Komplikationen im Heilverlauf** nicht auszuschließen sind und sich der D-Arzt darüber aufgrund seiner zentralen Verantwortung selbst Gewissheit verschaffen muss. Der Hausarzt seinerseits kann bei einem von ihm in der allgemeinen Heilbehandlung versorgten Patienten jederzeit eine Nachschauuntersuchung durch den D-Arzt veranlassen.

Der Durchgangsarzt erstattet gegenüber dem Unfallversicherungsträger seinen Bericht auf dem Formtext F 1000. Eine Durchschrift dieses Berichts geht gegebenenfalls an den zuerst in Anspruch genommenen Arzt (Hausarzt) oder an den Arzt, der die weitere allgemeine Heilbehandlung übernommen hat.

10.5.3 Verletzungsartenverfahren

Schon seit den Bestimmungen (§ 6) des Reichsversicherungsamtes aus dem Jahre 1936 sind die Unfallversicherungsträger berechtigt, bei bestimmten Verletzungsarten vorzuschreiben, dass die Versorgung dieser Unfallverletzten nur in besonderen Krankenhäusern erfolgen darf. Diese Bestimmungen wurden inhaltlich in das SGB VII übernommen.

In diesem so genannten „Verletzungsartenverfahren" wird geregelt:

- in einem **Verletzungsartenverzeichnis**, bei welchen Verletzungen unverzüglich stationäre Krankenhausbehandlung einzuleiten ist:
  z.B.
  - ausgedehnte oder tiefgehende Verletzungen der Haut und des Weichteilmantels, Amputationsverletzungen, Muskelkompressionssyndrome, thermische und chemische Schädigungen,
  - Verletzungen der großen Gefäße,
  - Verletzungen der großen Nervenbahnen einschl. Wirbelsäulenverletzungen mit neurologischer Symptomatik,
  - Brustkorbverletzungen mit Organbeteiligung;
- dass nur solche **Krankenhäuser** in Anspruch genommen werden dürfen, die von den Landesverbänden der gewerblichen Berufsgenossenschaften am Verletzungsartenverfahren beteiligt worden sind;
- dass die Einweisung in ein solches Krankenhaus dann nicht notwendig ist, wenn **besondere Handverletzungen** vorliegen und der versorgende Arzt als Handchirurg von einem Landesverband der gewerblichen Berufsgenossenschaften zur Behandlung Unfallverletzter zugelassen wurde.

Unfallverletzte, bei denen auch nur der Verdacht besteht, dass eine der im Verletzungsartenkatalog genannten Verletzungen vorliegt, sind unverzüglich in eines der oben beschriebenen besonderen Krankenhäuser einzuweisen. Diese Verpflichtung gilt für alle Ärzte und auch für andere Krankenhäuser, auch dann, wenn sie zur Durchführung der besonderen Heilbehandlung berechtigt sind (also auch für D-Ärzte).

10.5.4 Hautarztverfahren

Das Hautarztverfahren dient der Früherkennung beruflicher Ursachen bei Hauterkrankungen.

Danach ist jeder Arzt verpflichtet, einen Patienten mit einer Hauterkrankung einem Hautarzt zur Untersuchung vorzustellen, wenn schon allein die Möglichkeit besteht, dass diese Hauterkrankung durch eine berufliche Tätigkeit entstanden ist, wiederauflebt oder sich verschlimmert.

Am Hautarztverfahren nehmen alle in der vertragsärztlichen Versorgung tätigen Hautärzte teil.

Der Hautarzt ist berechtigt, neben der Durchführung diagnostischer Maßnahmen auch weitergehende therapeutische Maßnahmen einzuleiten oder zu veranlassen.

Der Hautarzt erstattet dem zuständigen Unfallversicherungsträger einen Erstbericht auf Formtext F 6050 Einleitung Hautarztverfahren/Stellungnahme Prävention und einen Behandlungsverlaufsbericht auf Formtext F 6052 Hautarztbericht Behandlungsverlauf.

10.5.5 Versorgung von Augen- und HNO-Verletzungen

Die Unfallversicherungsträger verpflichten jeden zuerst in Anspruch genommen Arzt, also auch D-Ärzte, einen Unfallverletzten mit Augen- oder HNO-Verletzungen einem Augenarzt oder HNO-Arzt vorzustellen.

Sind die Augen oder die Gehörorgane in eine Verletzung miteinbezogen, entfällt diese Vorstellungspflicht nur dann, wenn die Mitverletzung dieser Organe so geringfügig ist, dass sich eine fachärztliche Versorgung erübrigt.

Augenärzte und HNO-Ärzte erstatten ihre Berichte an den zuständigen Unfallversicherungsträger auf den Formtexten F 1030 bzw. F 1040.

10.5.6 Verfahren bei Berufskrankheiten

Die Leistungspflicht des Unfallversicherungsträgers besteht auch bei Berufskrankheiten.

Eine **Berufskrankheit** ist dann anzunehmen, wenn zwischen

	▶ **Beispiel**
• der **ausgeführten** (unfallversicherten) **Tätigkeit**,	*MFA während Praxistätigkeit*
• der dabei eingetretenen **Schädigung** und	*bekommt Ekzem an Händen*
• der aus dieser Schädigung entstehenden **Krankheit**	*Desinfektionsmittelallergie*

ein ursächlicher Zusammenhang besteht.

Dieser Zusammenhang wird durch den Unfallversicherungsträger vor der Entscheidung über seine Leistungspflicht geprüft. Erst wenn nach der Prüfung die Leistungspflicht feststeht, wird der Auftrag zur Behandlung gegeben; vorher ist die Behandlung einer Krankheit als Berufskrankheit zu Lasten des Unfallversicherungsträgers nicht möglich. Daraus ergibt sich, dass zwischen der Anzeige einer Berufskrankheit und der Beauftragung zur Behandlung längere Zeit verstreichen kann.

Ist eine Behandlung während dieser Zeit des Prüfvorgangs beim Unfallversicherungsträger notwendig, erfolgt diese zu Lasten der gesetzlichen Krankenversicherung; besteht kein Anspruch gegen eine gesetzliche Krankenkasse muss der Patient die Behandlung selbst bezahlen (Privatpatient).

Hat ein Arzt den begründeten Verdacht, dass bei einem Versicherten eine Berufskrankheit besteht, wiederauflebt oder sich verschlimmert, so ist er verpflichtet, dies dem Unfallversicherungsträger mit dem Formtext „Ärztliche Anzeige über eine Berufskrankheit" (Formtext F 6000) mitzuteilen. Den Formtext bezieht der Arzt online oder von seiner Kassenärztlichen Vereinigung oder einem Landesverband der gewerblichen Berufsgenossenschaften.

Diese Anzeige ist auch dann gegenüber dem Unfallversicherungsträger zu erstatten, wenn dazu kein Einverständnis des Patienten vorliegt. Insoweit erfährt die ärztliche Schweigepflicht nach den Vorschriften der Berufskrankheiten-Verordnung eine gesetzliche Einschränkung. Der Arzt hat aber den Patienten über den Inhalt der Anzeige zu unterrichten und ihm den Unfallversicherungsträger und die Stelle zu nennen, der er die Anzeige übersendet.

In der Berufskrankheiten-Verordnung sind auch alle Krankheiten aufgeführt, die als Berufskrankheiten anerkannt sind.

Sie sind in folgende Gruppen aufgeteilt:

1. Gruppe: durch **chemische Einwirkungen** verursachte Krankheiten

2. Gruppe: durch **physikalische Einwirkungen** verursachte Krankheiten

3. Gruppe: durch **Infektionserreger oder Parasiten** verursachte Krankheiten sowie **Tropenkrankheiten**

4. Gruppe: Erkrankungen der **Atemwege** und der **Lungen**, des **Rippenfells** oder **Bauchfells**

5. Gruppe: **Hautkrankheiten**

6. Gruppe: Krankheiten **sonstiger Ursachen**

7. Gruppe: **Neue Berufskrankheiten** (Hinweis: Die hier aufgeführten Krankheiten, wie beispielsweise Leukämie durch 1,3-Butadien, sind noch nicht offiziell anerkannt, dürfen aber wie eine Berufserkrankung behandelt werden.)

In diesen Gruppen werden alle Krankheiten genannt, die als Berufskrankheiten gelten, so dass eine Meldepflicht nur für diese Krankheiten besteht (in Gr. 6 ist z.B. nur das „Augenzittern der Bergleute" angegeben).

10.5.7 Arbeitsmedizinische Vorsorgeuntersuchungen

Eine wesentliche Aufgabe der Unfallversicherungsträger ist die Verhütung von Arbeitsunfällen oder Berufskrankheiten.

Aufgrund dieser Verpflichtung hat der Hauptverband der gewerblichen Berufsgenossenschaften „Berufsgenossenschaftliche Grundsätze der arbeitsmedizinischen Vorsorgeuntersuchungen" festgelegt. In diesen Grundsätzen sind insgesamt 43 Untersuchungsverfahren (G-Untersuchungen) bezeichnet, die durchgeführt werden müssen, wenn bei den entsprechenden beruflichen Tätigkeiten oder beim Umgang mit den genannten Stoffen außergewöhnliche Unfall- oder Gesundheitsgefahren (Gefährdungsarten) bestehen.

▶ ***Beispiele*** *für Gefährdungsarten sind:*

- *Umgang mit asbesthaltigem Staub (G 1.2),*
- *Arbeit unter besonderer Lärmbelästigung (G 20),*
- *Arbeit in großer Kälte (G 21),*
- *Arbeit mit Atemschutzgeräten (G 26),*
- *Arbeit an Bildschirmarbeitsplätzen (G 37),*
- *Umgang mit Tuberkuloseerregern oder Hepatitis-B-Viren (G 42),*
- *Arbeiten in der Bio-Technologie (G 43).*

Die 43 für die einzelnen Gefährdungsarten genauer bezeichneten Untersuchungsverfahren gliedern sich jeweils in

- **Erstuntersuchungen** Feststellung der Eignung **vor Aufnahme** einer beruflichen Tätigkeit an gefährdenden Arbeitsplätzen;
- **Nachuntersuchungen** Überwachung des Fortbestehens der Eignung **während der gefährdenden Arbeit**;
- **nachgehende Untersuchungen** Kontrollen, die gegebenenfalls **nach Ausscheiden** aus der gefährdenden Arbeit durchzuführen sind.

Zuständig für die **Veranlassung** arbeitsmedizinischer Vorsorgeuntersuchungen ist der **Arbeitgeber**, der auch meistens die **Vergütung** für die erbrachten Leistungen an den Arzt zu übernehmen hat.

Nur in den Fällen, in denen sich die Berufsgenossenschaften bereiterklärt haben, die Kosten für arbeitsmedizinische Vorsorgeuntersuchungen zu tragen, ist die Rechnung an die zuständige Berufsgenossenschaft zu richten. Der Arbeitgeber hat den Arzt über den Kostenträger für die Vorsorgeuntersuchungen zu informieren.

Die Mehrzahl der arbeitsmedizinischen Vorsorgeuntersuchungen wird von Staatlichen Gewerbeärzten oder von Ärzten des „Berufsgenossenschaftlichen Arbeitsmedizinischen Dienstes“ (BAD) durchgeführt.

Wollen andere Ärzte arbeitsmedizinische Vorsorgeuntersuchungen nach den berufsgenossenschaftlichen Grundsätzen durchführen, benötigen sie hierzu eine Ermächtigung durch den Unfallversicherungsträger. Anträge auf Ermächtigung zur Durchführung dieser Untersuchungen sind unter Nachweis der Befähigung (z.B. Facharztanerkennung) an die Landesverbände der gewerblichen Berufsgenossenschaften zu richten.

10.5.8 ✎Wie war das noch? (zu Kap. 10.3 bis 10.5)

1. Nennen Sie die verschiedenen Unfallheilverfahren.

→ ....

→ ....

→ ....

Fragen zur Berufgenossenschaftlichen Heilbehandlung

2. Unter welchen beiden Bedingungen kann die allgemeine Heilbehandlung durchgeführt werden?

→ ....

→ ....

3. Welche Ärzte dürfen die allgemeine Heilbehandlung durchführen?

→ ....

4. Welche Aufgaben hat der Arzt im Rahmen der allgemeinen Heilbehandlung zu übernehmen?

→ ....

....

→ ....

....

→ ....

....

→ ....

....

5. Welche Vordrucke verwendet der zuerst in Anspruch genommene Arzt für:
a) die Überweisung zum D-Arzt;
b) die Erstattung des Berichts an den zuständigen Unfallversicherungsträger?

→ a) ....

→ b) ....

6. Zu wessen Lasten sind die ärztlichen Leistungen abzurechnen, wenn kein Arbeitsunfall vorliegt?

→ ....

7. Wer darf die Entscheidung zur Durchführung der besonderen Heilbehandlung treffen?

→ ....

→ ....

→ ....

Fragen zur Berufgenossenschaftlichen Heilbehandlung (Fortsetzung)

8. In welchen Fällen muss besondere Heilbehandlung durchgeführt werden?

→ ....

....

Fragen zum Durchgangsarztverfahren

9. Wann dürfen Ärzte die Aufgaben eines D-Arztes wahrnehmen?

→ ....

10. Nennen Sie die beiden wichtigsten Aufgaben des D-Arztes.

→ ....

....

→ ....

....

11. Welche Voraussetzungen muss u. a. ein Arzt erfüllen, um als D-Arzt bestellt werden zu können? Nennen Sie jeweils zwei Beispiele.

→ ....

....

→ ....

....

→ ....

....

12. In welchen Ausnahmefällen findet das D-Arzt-Verfahren keine Anwendung?

→ ....

→ ....

→ ....

→ ....

13. Auf welchem Vordruck erstattet der D-Arzt seinen Bericht an den Unfallversicherungsträger?

→ ....

Fragen zum Verletzungsartenverfahren

14. Nennen Sie Beispiele für Unfallverletzungen, bei denen unverzüglich stationäre Krankenhausbehandlung einzuleiten ist.

➔ ....

➔ ....

➔ ....

➔ ....

15. Welche Krankenhäuser dürfen diese Behandlung durchführen?

➔ ....

....

Fragen zum Hautarztverfahren

16. Welchem Ziel dient das Hautarztverfahren?

➔ ....

17. Welche Hautärzte sind zur Teilnahme an diesem Verfahren berechtigt?

➔ ....

18. Welches Formular legt der Verletzte als Behandlungsausweis vor?

➔ ....

Fragen zur Versorgung von Augen- und HNO-Verletzungen

19. In welchen Fällen dürfen Augen- und HNO-Ärzte im Rahmen der Versorgung Unfallverletzter tätig werden?

➔ ....

....

20. Welches Formular legt der Verletzte als Behandlungsausweis vor?

➔ ....

Fragen zum Verfahren bei Berufskrankheiten

21. Unter welchen Voraussetzungen ist bei einer Erkrankung von einer Berufskrankheit auszugehen?

➔ ....

....

....

....

22. a) Mit welchem Vordruck muss ein Arzt dem Unfallversicherungsträger Mitteilung machen über das Vorliegen einer Berufskrankheit?
b) Woher erhält der Arzt diesen Vordruck?

➔ a) ....

➔ b) ....

23. Mit wem müssen ärztliche Leistungen abgerechnet werden, die bis zur Anerkennung der Berufskrankheit durch den Unfallversicherungsträger erforderlich sind?

➔ ....

Fragen zu arbeitsmedizinischen Vorsorgeuntersuchungen

24. Nennen Sie mindestens vier Gefährdungsarten.

➔ ....

➔ ....

➔ ....

➔ ....

25. Nennen Sie die drei Untersuchungsarten im Rahmen arbeitsmedizinischer Vorsorgeuntersuchungen und den jeweiligen Zeitraum, in dem diese Untersuchungen stattfinden.

➔ ....

➔ ....

➔ ....

26. Wer führt diese Vorsorgeuntersuchungen durch?

➔ ....

➔ ....

➔ ....

27. Wer ist für die Veranlassung dieser vorgeschriebenen Vorsorgeuntersuchungen verantwortlich?

➔ ....

28. Wer trägt die Kosten für diese Vorsorgeuntersuchungen?

➔ ....

10.6 Formtexte

Aus der Vielzahl der Formtexte werden im Folgenden vier der wesentlichsten Formtexte beispielhaft abgebildet und besprochen:

- Ärztliche Unfallmeldung – Formtext F 1050
- Durchgangsarztbericht – Formtext F 1000
- Augenarztbericht – Formtext F 1030
- Heilmittelverordnung – Formtext F 2400

10.6.1 Ärztliche Unfallmeldung – Formtext F 1050

Auf der **1. Seite** der Ärztlichen Unfallmeldung – Formtext F 1050 sind die Personalien des Verletzten, sämtliche Angaben zum Unfall und der erhobene Befund einzutragen. Durch Ankreuzen der entsprechenden Felder ergibt sich die Entscheidung, ob der Verletzte einem D-Arzt vorgestellt werden muss oder nicht. Die **2. Seite** dient zur Abrechnung mit dem zuständigen Unfallversicherungsträger.

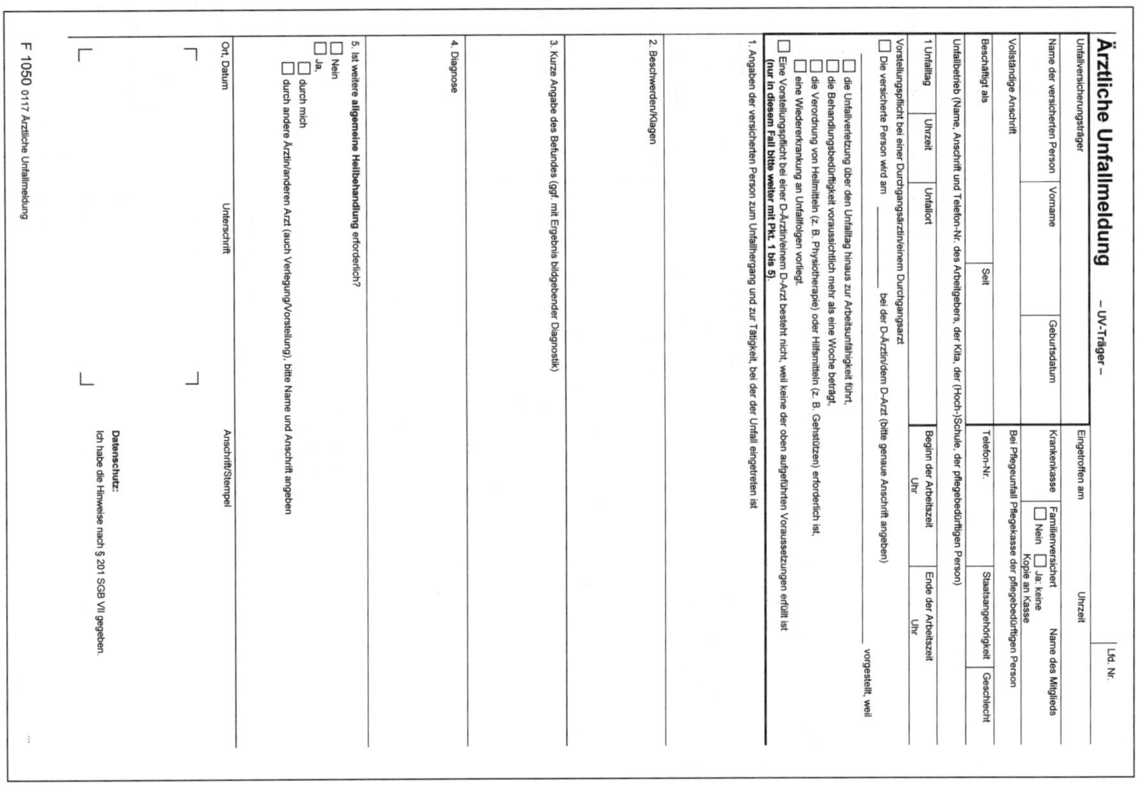

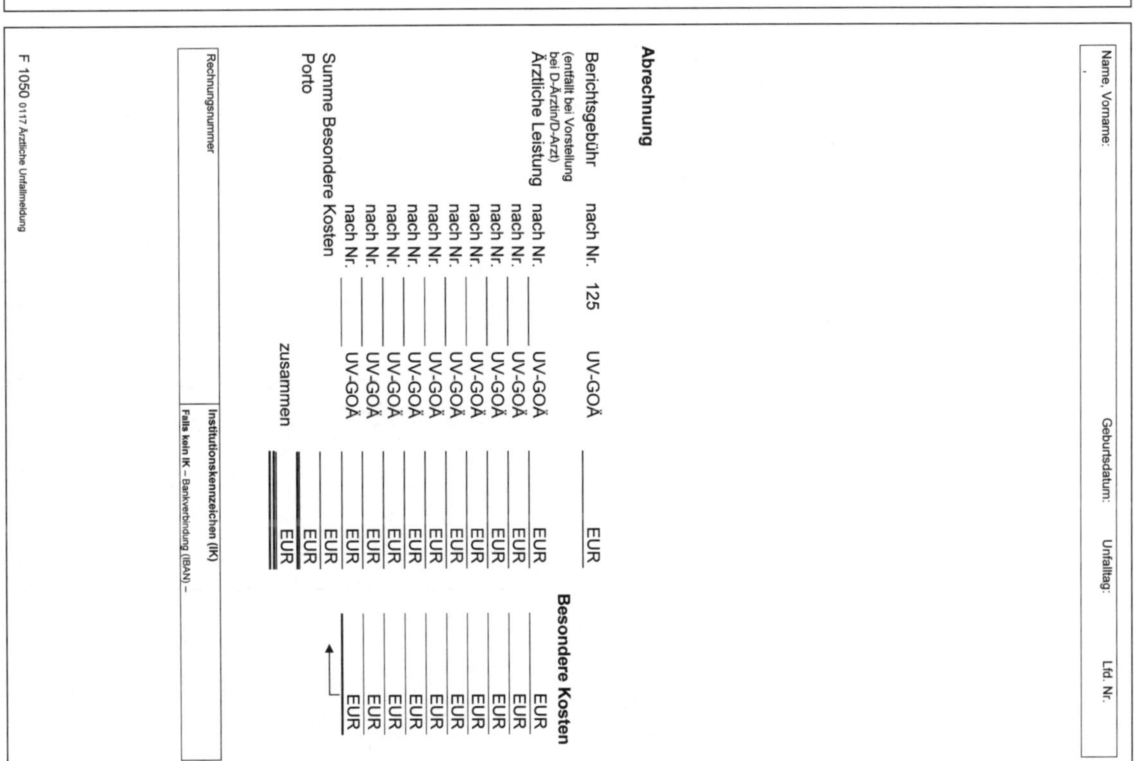

10.6.2 Durchgangsarztbericht – Formtext F 1000

Die Eintragungen auf dem Durchgangsarztbericht entsprechen zum Teil denen des Formtextes F 1050.

Besonders hinzuweisen ist auf die Position 11, in der der D-Arzt die Entscheidung über die allgemeine oder die besondere Heilbehandlung zu treffen hat.

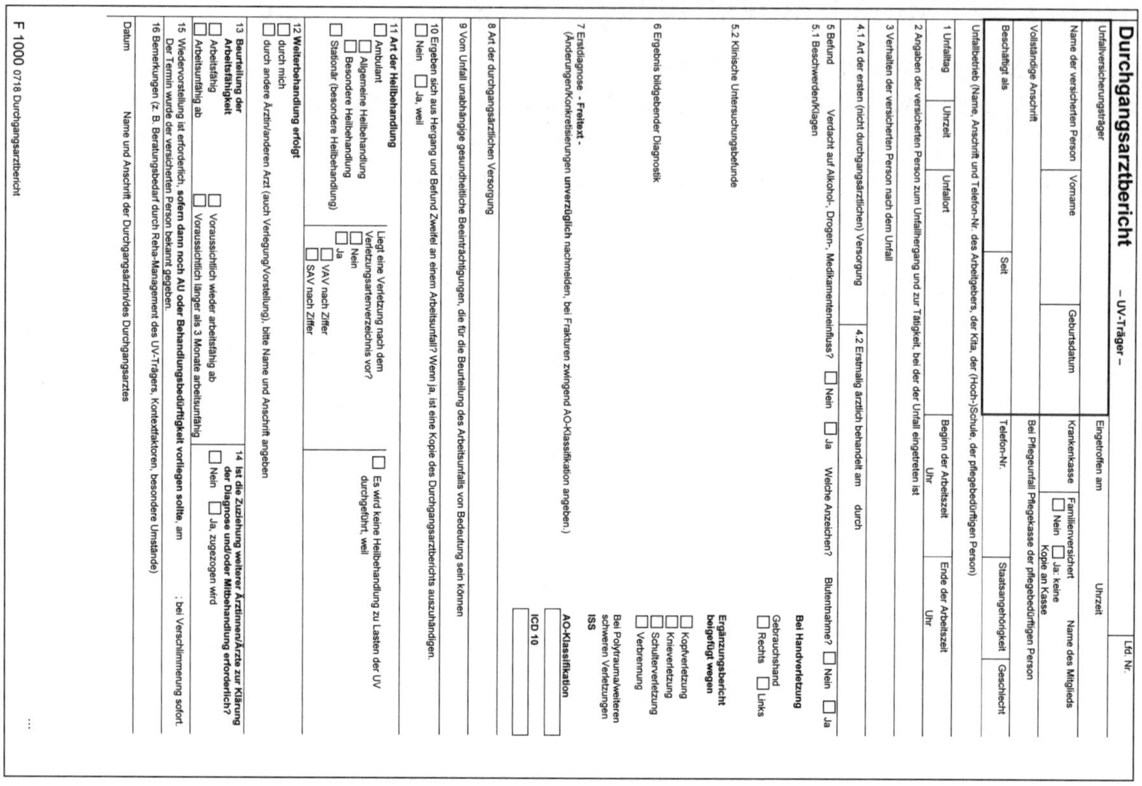

Durchgangsarztbericht – UV-Träger –

Lfd. Nr.

Unfallversicherungsträger | Eingetroffen am | Uhrzeit

Name der versicherten Person | Vorname | Geburtsdatum | Krankenkasse | Familienversichert ☐ Nein ☐ Ja: keine Kopie an Kasse | Name des Mitglieds

Vollständige Anschrift | Bei Pflegeunfall Pflegekasse der pflegebedürftigen Person

Beschäftigt als | Seit | Telefon-Nr. | Staatsangehörigkeit | Geschlecht

Unfallbetrieb (Name, Anschrift und Telefon-Nr. des Arbeitgebers, der Kita, der (Hoch-)Schule, der pflegebedürftigen Person)

1 Unfalltag | Uhrzeit | Unfallort | Beginn der Arbeitszeit Uhr | Ende der Arbeitszeit Uhr

2 Angaben der versicherten Person zum Unfallhergang und zur Tätigkeit, bei der der Unfall eingetreten ist

3 Verhalten der versicherten Person nach dem Unfall

4.1 Art der ersten (nicht durchgangsärztlichen) Versorgung | 4.2 Erstmalig ärztlich behandelt am durch

5 Befund Verdacht auf Alkohol-, Drogen-, Medikamenteneinfluss? ☐ Nein ☐ Ja Welche Anzeichen? Blutentnahme? ☐ Nein ☐ Ja

5.1 Beschwerden/Klagen

Bei Handverletzung Gebrauchshand ☐ Rechts ☐ Links

5.2 Klinische Untersuchungsbefunde

Ergänzungsbericht beigefügt wegen ☐ Kopfverletzung ☐ Knieverletzung ☐ Schulterverletzung ☐ Verbrennung

6 Ergebnis bildgebender Diagnostik

Bei Polytrauma/weiteren schweren Verletzungen ISS

7 Erstdiagnose - Freitext - (Änderungen/Konkretisierungen unverzüglich nachmelden, bei Frakturen zwingend AO-Klassifikation angeben.) | AO-Klassifikation | ICD 10

8 Art der durchgangsärztlichen Versorgung

9 Vom Unfall unabhängige gesundheitliche Beeinträchtigungen, die für die Beurteilung des Arbeitsunfalls von Bedeutung sein können

10 Ergeben sich aus Hergang und Befund Zweifel an einem Arbeitsunfall? Wenn ja, ist eine Kopie des Durchgangsarztberichts auszuhändigen.
☐ Nein ☐ Ja, weil

11 Art der Heilbehandlung
☐ Ambulant
☐ Allgemeine Heilbehandlung
☐ Besondere Heilbehandlung
☐ Stationär (besondere Heilbehandlung)
Liegt eine Verletzung nach dem Verletzungsartenverzeichnis vor? ☐ Nein ☐ Ja ☐ VAV nach Ziffer ☐ SAV nach Ziffer
☐ Es wird keine Heilbehandlung zu Lasten der UV durchgeführt, weil

12 Weiterbehandlung erfolgt
☐ durch mich
☐ durch andere Ärztin/anderen Arzt (auch Verlegung/Vorstellung), bitte Name und Anschrift angeben

13 Beurteilung der Arbeitsfähigkeit
☐ Arbeitsfähig
☐ Arbeitsunfähig ab
☐ Voraussichtlich wieder arbeitsfähig ab
☐ Voraussichtlich länger als 3 Monate arbeitsunfähig

14 Ist die Zuziehung weiterer Ärztinnen/Ärzte zur Klärung der Diagnose und/oder Mitbehandlung erforderlich?
☐ Nein ☐ Ja, zugezogen wird

15 Wiedervorstellung ist erforderlich, sofern dann noch AU oder Behandlungsbedürftigkeit vorliegen sollte, am ; bei Verschlimmerung sofort. Der Termin wurde der versicherten Person bekannt gegeben.

16 Bemerkungen (z. B. Beratungsbedarf durch Reha-Management des UV-Trägers, Kontextfaktoren, besondere Umstände)

Datum | Name und Anschrift der Durchgangsärztin/des Durchgangsarztes

F 1000 0718 Durchgangsarztbericht

© www.dguv.de

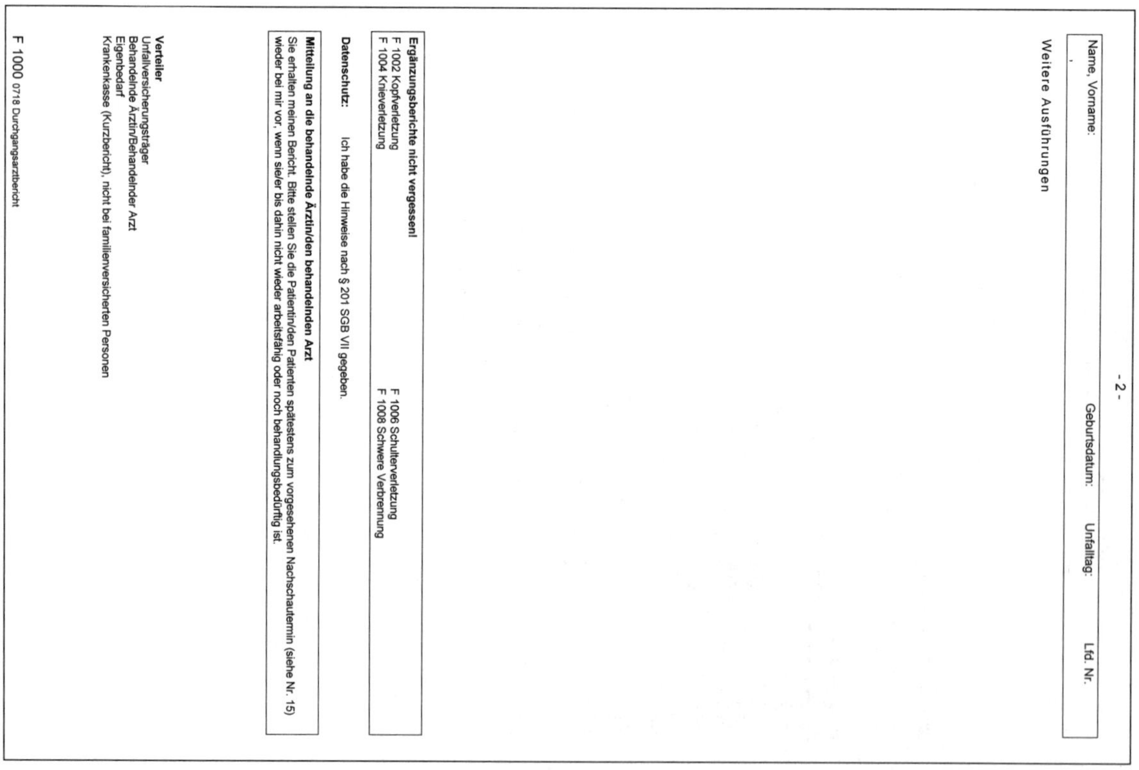

- 2 -

Name, Vorname: | Geburtsdatum: | Unfalltag: | Lfd. Nr.

Weitere Ausführungen

Ergänzungsberichte nicht vergessen!
F 1002 Kopfverletzung | F 1006 Schulterverletzung
F 1004 Knieverletzung | F 1008 Schwere Verbrennung

Datenschutz: Ich habe die Hinweise nach § 201 SGB VII gegeben.

Mitteilung an die behandelnde Ärztin/den behandelnden Arzt
Sie erhalten meinen Bericht. Bitte stellen Sie die Patientin/den Patienten spätestens zum vorgesehenen Nachschautermin (siehe Nr. 15) wieder bei mir vor, wenn sie/er bis dahin nicht wieder arbeitsfähig oder noch behandlungsbedürftig ist.

Verteiler
Unfallversicherungsträger
Behandelnde Ärztin/Behandelnder Arzt
Eigenbedarf
Krankenkasse (Kurzbericht), nicht bei familienversicherten Personen

F 1000 0718 Durchgangsarztbericht

© www.dguv.de

10.6.3 Augenarztbericht – Formtext F 1030

Der Augenarztbericht ist hier stellvertretend für die anderen Facharztberichte abgebildet.

Hier kann der Augenarzt die Entscheidung zwischen allgemeiner und besonderer Heilbehandlung fällen, wenn besondere Heilbehandlung durch einen D-Arzt bereits eingeleitet wurde.

Im Übrigen wiederholen sich die erforderlichen Eintragungen in den verschiedenen Vordrucken.

Augenarztbericht – **UV-Träger** – Lfd. Nr.

Unfallversicherungsträger | Eingetroffen am | Uhrzeit

Name der versicherten Person | Vorname | Geburtsdatum | Krankenkasse | Familienversichert ☐ Nein ☐ Ja: keine Kopie an Kasse | Name des Mitglieds

Vollständige Anschrift | Bei Pflegeunfall Pflegekasse der pflegebedürftigen Person

Beschäftigt als | Seit | Telefon-Nr. | Staatsangehörigkeit | Geschlecht

Unfallbetrieb (Name, Anschrift und Telefon-Nr. des Arbeitgebers, der Kita, der (Hoch-)Schule, der pflegebedürftigen Person)

1 Unfalltag | Uhrzeit | Unfallort | Beginn der Arbeitszeit Uhr | Ende der Arbeitszeit Uhr

2 Angaben der versicherten Person zum Unfallhergang und zur Tätigkeit, bei der der Unfall eingetreten ist

3 Verhalten der versicherten Person nach dem Unfall

4.1 Art der ersten (nicht augenärztlichen) Versorgung | 4.2 Erstmalig ärztlich behandelt am durch

5 Befund | 5.1 Beschwerden/Klagen

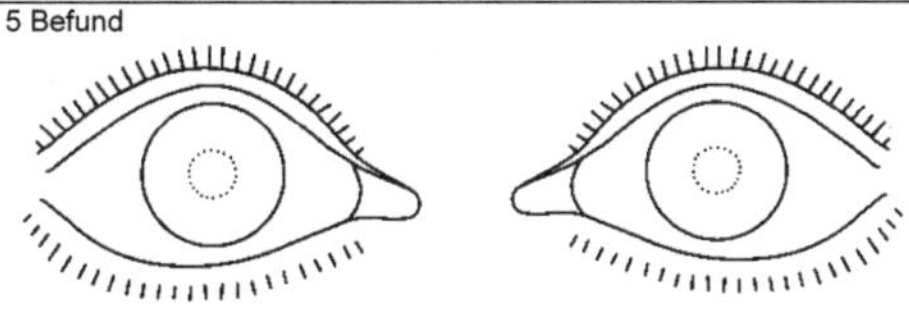

5.2 Klinische Untersuchungsbefunde

5.3 Sehschärfe (fern)
ohne Korrektion R ______ L ______
mit Korrektion R ______ L ______

Refraktion:
dpt sph. ______ dpt. cyl. ______ Achse ______
dpt sph. ______ dpt. cyl. ______ Achse ______

6 Erstdiagnose - **Freitext** - (Änderungen/Konkretisierungen **unverzüglich** nachmelden) **ICD 10**

7 Art der augenärztlichen Versorgung

8 Vom Unfall unabhängige gesundheitliche Beeinträchtigungen, die für die Beurteilung des Arbeitsunfalls von Bedeutung sein können

9 Ergeben sich aus Hergang und Befund Zweifel an einem Arbeitsunfall? Wenn ja, ist eine Kopie des Augenarztberichts auszuhändigen.
☐ Nein ☐ Ja, weil

10 **Art der Heilbehandlung**
☐ Allgemeine Heilbehandlung
☐ Besondere Heilbehandlung, weil eingeleitet von D-Ärztin/D-Arzt (Bitte genaue Anschrift angeben.)
☐ Ambulant
☐ Stationär

11 **Weiterbehandlung erfolgt**
☐ durch mich
☐ durch andere Ärztin/anderen Arzt (auch Verlegung/Vorstellung), bitte Name und Anschrift angeben

12 **Beurteilung der Arbeitsfähigkeit**
☐ Arbeitsfähig
☐ Arbeitsunfähig ab
☐ Voraussichtlich wieder arbeitsfähig ab
☐ Voraussichtlich länger als 3 Monate arbeitsunfähig

13 **Ist die Zuziehung weiterer Ärztinnen/Ärzte zur Klärung der Diagnose und/oder Mitbehandlung erforderlich?**
☐ Nein ☐ Ja, zugezogen wird

14 Bemerkungen (z. B. Beratungsbedarf durch Reha-Management des UV-Trägers, Kontextfaktoren, besondere Umstände)

Datum | Name und Anschrift (Stempel) der Augenärztin/des Augenarztes | Unterschrift der Augenärztin/des Augenarztes

F 1030 1116 Augenarztbericht ...

10.6.4 Heilmittelverordnung – Formtext F 2400

Nach dem Vertrag Ärzte-Unfallversicherungsträger darf nur noch der D-Arzt Heilmittel verordnen.

Wenn bei allgemeiner Heilbehandlung Heilmittel notwendig werden, muss der Patient zu deren Verordnung dem D-Arzt vorgestellt werden. Der behandelnde Vertragsarzt darf Heilmittel nur dann verordnen, wenn ihm der zuständige Unfallversicherungsträger dazu eine Erlaubnis erteilt hat.

Für die Verordnung ist ausschließlich der Formtext F 2400 zu verwenden.

Die **Vordrucke der vertragsärztlichen Versorgung** – Muster 13 Physikalische Therapie, Muster 14 Stimm-, Sprech- und Sprachtherapie sowie Muster 18 Ergotherapie – **dürfen nicht verwendet werden!**

Beide Seiten sind im Folgenden abgebildet:

Vorderseite

- 26 -

Anlage 1

Verordnung von Leistungen zur Krankengymnastik/Physikalischen Therapie

Unfallversicherungsträger

Name, Vorname des Versicherten | Geburtsdatum

Sie dürfen Leistungen dieser Verordnung erbringen und abrechnen, wenn Sie die Regelungen der Vereinbarung zwischen den physiotherapeutischen Berufsverbänden und den Verbänden der UV-Träger – in gültiger Fassung – anerkennen. Insbesondere ist Voraussetzung, dass Sie die fachlichen Anforderungen erfüllen und die vereinbarten Gebühren akzeptieren. Fehlen festgelegte Voraussetzungen, besteht kein Vergütungsanspruch.

Unfallbetrieb (Bezeichnung bzw. Name und Anschrift des Arbeitgebers, der Kindertageseinrichtung, der Schule oder Hochschule, des Pflegebedürftigen)

Wohnung des Versicherten, Straße, Postleitzahl, Ort

Diagnose

Unfalltag

1 **Leistungsziffer** (s. Folgeseite):	**Leistungsziffer** (s. Folgeseite):	**Leistungsziffer** (s. Folgeseite):	**Leistungsziffer** (s. Folgeseite):
Anzahl der Behandlungen insgesamt:	Anzahl der Behandlungen insgesamt:	Anzahl der Behandlungen insgesamt:	Anzahl der Behandlungen insgesamt:
Behandlungstage pro Woche:	Behandlungstage pro Woche:	Behandlungstage pro Woche:	Behandlungstage pro Woche:

2 **Nur auszufüllen bei Überschreiten der Regel-Zeitintervalle (siehe Folgeseite)**

Die Behandlungszeiten ergeben sich aus dem gültigen Leistungsverzeichnis. Soweit medizinisch notwendig für einzelne Leistungsziffern die vorgegebenen Behandlungseinheiten oder Zeitintervalle[1] pro Tag (s. Folgeseite) überschritten werden sollen, ist dies nachfolgend unter Angabe der Anzahl der Behandlungseinheiten und der Zeitintervalle zu begründen!

Behandlungseinheiten pro Behandlungstag:	Behandlungseinheiten pro Behandlungstag:	Behandlungseinheiten pro Behandlungstag:	Behandlungseinheiten pro Behandlungstag:
Zeitintervalle pro Behandlungseinheit:	Zeitintervalle pro Behandlungseinheit:	Zeitintervalle pro Behandlungseinheit:	Zeitintervalle pro Behandlungseinheit:
Gründe:	Gründe:	Gründe:	Gründe:

3 Begründung für eine Weiterverordnung nach einer Behandlungszeit von 4 Wochen:

4 Behandlungsbeginn am

Wiedervorstellung zur Kontrolluntersuchung bei mir am

(spätestens alle 28 Tage)

Stempel des D-Arztes

Datum

Unterschrift des D-Arztes

Für die Bestätigung der Behandlung bitte die Folgeseite benutzen!

[1] Ein Zeitintervall entspricht einer Behandlung von 10 Minuten.

...

F 2400 0516 Verordnung Krankengymnastik/Physikalische Therapie

Rückseite

- 27 -

Übersicht über Leistungsziffern, -beschreibungen und Zeitintervalle[1]) pro Behandlungseinheit
(bei allen Leistungen ist im Regelfall **eine** Behandlungseinheit pro Behandlungstag zu Grunde zu legen)

8101 (9101)[2]) Krankengymnastische Behandlung auch auf neurophysiologischer Grundlage *Regel-Zeitintervalle: 2* **8102 (9102)[2])** Krankengymnastische Behandlung auf neurophysiologischer Grundlage bei erworbenen traumatischen, zentralen und peripheren Bewegungsstörungen beim Kind *Regel-Zeitintervalle: 4* **8103 (9103)[2])** Krankengymnastische Behandlung auf neurophysiologischer Grundlage bei erworbenen traumatischen, zentralen und peripheren Bewegungsstörungen beim Erwachsenen *Regel-Zeitintervalle: 3* **8104 (9104)[2])** Krankengymnastische Behandlung in Gruppen ab 3 Teilnehmer *Regel-Zeitintervalle: 2* **8105 (9105)[2])** Krankengymnastik im Bewegungsbad (+) *Regel-Zeitintervalle: 2* **8106 (9106)[2])** Krankengymnastik im Bewegungsbad in Gruppen (+) *Regel-Zeitintervalle: 2* **8107 (9107)[2])** Manuelle Therapie *Regel-Zeitintervalle: 2*	**8201 (9201)[2])** Wärmeanwendung bei einem oder mehreren Körperabschnitten (alle Wärmestrahler) *Regel-Zeitintervall: 1* **8202 (9202)[2])** Heiße Rolle bei einem oder mehreren Körperabschnitten *Regel-Zeitintervalle: 2* **8203 (9203)[2])** Warmpackung oder Teilbäder eines oder mehrerer Körperabschnitte mit Paraffinen bzw. Paraffin-Peloid-Gemischen (+) *Regel-Zeitintervalle: 2* **8204 (9204)[2])** Warmpackung mit natürlichen Peloiden (Moor, Fango, Schlick, Pelose) Teilpackung eines Körperabschnittes (+) *Regel-Zeitintervalle: 2* **8205 (9205)[2])** Warmpackung mit natürlichen Peloiden (Moor, Fango, Schlick, Pelose) Doppelpackung, zwei Körperabschnitte (+) *Regel-Zeitintervalle: 2* **8206 (9206)[2])** Kälteanwendung bei einem oder mehreren Körperabschnitten (Kompresse, Eisbeutel, Peloide, Eisteilbad) *Regel-Zeitintervall: 1* **8207 (9207)[2])** Apparative Kälteanwendung bei einem oder mehreren Körperteilen (Kaltgas, Kaltluft)	**8301 (9301)[2])** Elektrobehandlung einzelner oder mehrerer Körperabschnitte mit Reizströmen *Regel-Zeitintervalle: 2* **8302 (9302)[2])** Elektrogymnastik einzelner oder mehrerer Körperabschnitte bei Lähmungen *Regel-Zeitintervalle: 2* **8303 (9303)[2])** Behandlung einzelner oder mehrerer Körperabschnitte mit Ultraschall *Regel-Zeitintervall: 1* **8304 (9304)[2])** Behandlung eines oder mehrerer Körperabschnitte mit Iontophorese (ohne Medikamente) *Regel-Zeitintervall: 1*	**8401 (9401)[2])** Klassische Massage sowie Spezialmassage **8402 (9402)[2])** Manuelle Lymphdrainage eines Körperabschnitts *Regel-Zeitintervalle: 3* **8403 (9403)[2])** Manuelle Lymphdrainage zweier oder mehrerer Körperabschnitte *Regel-Zeitintervalle: 4* **8403 a (9403 a)[2])** Kompressionsbandagierung **8405 (9405)[2])** Hand-, Fußbad mit Zusatz (+) **8407 (9407)[2])** Gashaltiges Bad (+) **8409 (9409)[2])** Hydroelektrisches Vollbad (+) **8410 (9410)[2])** Zwei- und Vierzellenbad **8412 (9412)[2])** Unterwasserdruckstrahlmassage (+) **8413 (9413)[2])** Chirogymnastik **8414 (9414)[2])** Extensionsbehandlung	**8501 (9501)[2])** Einzelinhalation *Regel-Zeitintervall: 1* **8502 (9502)[2])** Rauminhalation *Regel-Zeitintervall: 1* **8601 (9601)[2])** Zusätzlich ärztlich verordnete Ruhe **8602 (9602)[2])** Ärztlich verordneter Hausbesuch

[1]) Ein Zeitintervall entspricht einer Behandlungszeit von 10 Minuten.
[2]) Die mit „8" beginnenden Ziffern entsprechen der Vereinbarung mit den Verbänden der physiotherapeutischen Berufe. Die mit „9" beginnenden Ziffern entsprechen dem BG-Nebenkostentarif bei ambulanter Leistungserbringung durch ein Krankenhaus.
(+) Bei allen mit (+) gekennzeichneten Positionen ist die erforderliche Nachruhe Bestandteil des Vergütungssatzes.

Bestätigung der Leistungserbringung durch den Versicherten

Datum	Unterschrift	Datum	Unterschrift

Datum Unterschrift Therapeut
Stempel Therapeutische Praxis

10.7 Abrechnungsverfahren und Leistungsabrechnung bei Arbeitsunfällen (Fall 15)

Fall 15 (s. auch Kap. 10.3):

2. Sep. Der Bauarbeiter Friedrich Fröhlich kommt in die Praxis von Dr. Gütlich gelaufen, ein Taschentuch um die stark blutende Hand gewickelt.
Die Auszubildende Birgit Biene bringt Hern Fröhlich sofort in den Behandlungsraum, nimmt das Taschentuch ab und reinigt die große Wunde oberflächlich. Dabei befragt sie den Patienten, auf welche Weise er sich die Verletzung zugezogen habe. Dabei erfährt sie, dass es sich um einen Arbeitsunfall handelt.
Als Dr. Gütlich zur Behandlung des Patienten kommt, informiert Frau Biene ihn darüber. Da Dr. Gütlich erkennt, dass die Verletzung eine Arbeitsunfähigkeit zur Folge haben wird, führt er nur ein symptomzentrierte Untersuchung und eine Erstversorgung der Hand durch. Anschließend weist er Herrn Fröhlich an, sofort einem D-Arzt aufzusuchen; die notwendige Überweisung stellt er sofort aus. Der zuständige Unfallversicherungsträger ist die Bau-BG.

2. Sep. Arbeiter Friedrich Fröhlich erscheint mit der erstversorgten Hand in der Praxis des Chirurgen und D-Arztes Dr. Kurt Knoche.
Die MFA Gerda von Gnaden hat den Verband bereits entfernt und die Wunde steril abgedeckt. Sie stellt nun Herrn Fröhlich ihrem Chef vor.
Dr. Knoche stellt bei der symptomzentrierten Untersuchung fest, dass es sich um eine Schnittwunde handelt, die sich der Patient an der Kante eines Eisenträgers zugezogen hat. Damit erübrigen sich Röntgenaufnahmen. Er reinigt die Wunde in Lokalanästhesie, frischt die Wundränder an, näht die Wunde und versorgt die Hand mit einem Schienenverband. Da Herr Fröhlich nicht weiß, ob und wann er eine Tetanusschutzimpfung erhalten hat, auch keinen Impfausweis mit sich führt, veranlasst Dr. Knoche eine Tetanus Simultanimpfung.
Da der Patient mit dieser Verletzung arbeitsunfähig ist, stellt Dr. Knoche die AU-Bescheinigung aus und den D-Arztbericht F 1000 für den zuständigen Unfallversicherungsträger.

10.7.1 Abrechnungsverfahren

Unter dem Begriff **„Abrechnungsverfahren"** werden im Folgenden erläutert:

- **Vergütungsregelungen**
- **Abrechnungsablauf**
- **Verordnung von Leistungen und Maßnahmen**

Vergütungsregelungen

Bei der Versorgung von Unfallverletzten haben die Partner des Vertrages Ärzte – Unfallversicherungsträger besondere Vergütungsregelungen getroffen.

Diese besonderen Regelungen erstrecken sich auf

- **Vergütung der ärztlichen Leistungen,**
- **Vergütung im Dokumentations- und Berichtswesens,**
- **Erstattung von Kosten.**

Die Vergütung der ärztlichen Leistungen erfolgt nach dem Leistungs- und Gebührenverzeichnis, das als Anlage zum Vertrag von den Vertragspartnern auf der Grundlage der amtlichen Gebührenordnung für Ärzte (GOÄ) vereinbart ist. Auch wenn das Gebührenverzeichnis im Aufbau der GOÄ entspricht, bestehen doch zu der amtlichen Gebührenordnung wesentliche Unterschiede.

Von besonderer Bedeutung ist hierbei, dass die Vertragspartner des Vertrages

- **die Bewertung der Leistungen in Euro**

vorgenommen haben. Es handelt sich also um eine Euro-Gebührenordnung mit Einzelleistungsvergütung.

Mit der Vereinbarung dieser **festen Euro-Beträge**, die eine **festgelegte Honorierung** der einzelnen Leistung bedeuten, **entfällt** für den Arzt auch die Möglichkeit, einen nach der GOÄ möglichen **Steigerungsfaktor** bei der Berechnung der Vergütung zugrundezulegen.

Bei der Festlegung der Vergütung unterscheiden die Partner des Vertrages den Vergütungssatz für die allgemeine Heilbehandlung und den Vergütungssatz für die besondere Heilbehandlung.

Der höhere Vergütungssatz für die besondere Heilbehandlung kann nur unter folgenden Voraussetzungen angewandt werden:

- von **Durchgangsärzten** (D-Ärzten)
- von **Hautärzten**, wenn durch den UV-Träger besondere Heilbehandlung eingeleitet wurde.
- von **Augenärzten und HNO-Ärzten**, wenn sie vom D-Arzt im Rahmen einer besonderen Heilbehandlung hinzugezogen werden, oder wenn der UV-Träger von sich aus die besondere Heilbehandlung einleitet;
- von **Konsiliarärzten** (z.B. Radiologen und Neurologen), die im Rahmen einer besonderen Heilbehandlung von den vorstehend genannten Ärzten hinzugezogen werden;
- für ärztliche Leistungen, die im Rahmen der **Erstellung eines frei zu erstattenden Gutachtens** notwendig sind;
- für ärztliche Leistungen im Rahmen der **Behandlung von anerkannten Berufskrankheiten**, sofern der Unfallversicherungsträger die Durchführung der Versorgung als besondere Heilbehandlung **ausdrücklich festgelegt** hat.

Für alle anderen ärztlichen Leistungen ist der niedrigere Eurowert der allgemeinen Heilbehandlung zugrundezulegen.

Die Vergütung im Dokumentations- und Berichtswesens für Auskünfte, Berichte und Gutachten ist im Gebührenteil des Vertrages im Einzelnen geregelt. Dabei handelt es sich im Wesentlichen um Auskünfte und Bescheinigungen auf dazu besonders entwickelten Vordrucken oder um Formulargutachten, in denen vorgegebene Fragen kurz zu beantworten sind. Werden vom Unfallversicherungsträger „frei zu erstattende Gutachten" oder „in freier Form zu erstattende Berichte" angefordert, so richtet sich deren Vergütung nach Schwierigkeit und Umfang der gegebenen Informationen. Als Bemessungsgrundlage gelten dabei die im Gebührenteil des Vertrages festgelegten Vergütungsspielräume.

Im Rahmen der **Erstattung von Kosten** können die Kosten, die nicht mit der Erbringung der Leistung abgegolten sind, vom Arzt gesondert in Rechnung gestellt werden. Mit der Vergütung für die Leistung abgegolten sind die allgemeinen Praxiskosten, sowie die bei der Anwendung von Instrumenten und Apparaten entstehenden Kosten; beispielsweise die Stromkosten für Röntgengeräte oder Registrierpapier beim EKG. Dies gilt jedoch nicht für solche Materialien, die der Patient zur weiteren Verwendung behält oder die mit der einmaligen Anwendung verbraucht sind; beispielsweise Gipsbinden für Gipsverband. Die Kosten für diese Stoffe und Materialien werden entweder gegen Einzelnachweis oder pauschal (BG-NT) erstattet.

Zur **Erleichterung der Kostenberechnung** in Krankenhäusern haben die Unfallversicherungsträger und die Deutsche Krankenhausgesellschaft einen **„Berufsgenossenschaftlichen Nebenkostentarif" (BG-NT)** vereinbart. Dieser BG-NT kann auch in der **ambulanten Versorgung** angewendet werden; dabei können die Beträge aus dem Bereich **„Besondere Kosten"** herangezogen werden.

Der Arzt kann jedoch auf die Anwendung des BG-NT verzichten. Verlangt er dann Erstattung der Kosten, können diese unter Beifügung der **Belege** in der **tatsächlich** entstandenen Höhe dem Unfallversicherungsträger in Rechnung gestellt werden.

Abrechnungsablauf

Die Abrechnung

- sämtlicher **ärztlicher Leistungen**,
- der Vergütung für **Auskünfte, Berichte und Gutachten**,
- sämtlicher **Kosten**, die im Einzelnen berechnungsfähig sind,

erfolgt in jedem Fall **unmittelbar mit dem zuständigen Unfallversicherungsträger** auf der 2. Seite der jeweiligen Berichtsvordrucke oder auf besonderen Abrechnungsformularen.

Für die Abrechnung sämtlicher Leistungen im Rahmen der allgemeinen Heilbehandlung benutzt der zuerst in Anspruch genommene Arzt oder der Arzt, an den der Verletzte von einem D-Arzt überwiesen wurde, den Arztvordruck – F 1050.

Wurde der Arzt im Rahmen der Erstversorgung in Anspruch genommen, hat er das

- **erste Blatt** für den **Bericht** an den Unfallversicherungsträger zu verwenden,
- **zweite Blatt** als **Abrechnungsschein** zu verwenden.

Alternativ kann das **Formblatt F 9990** oder eine **Privatliquidation** für die Abrechnung verwendet werden.

Bei seiner Abrechnung können sich folgende Möglichkeiten ergeben:

1. Durch die Verletzung ist der Verletzte **nicht über den Unfalltag hinaus arbeitsunfähig** und die Behandlung wird voraussichtlich **nicht länger als 8 Tage** dauern; eine Vorstellung beim D-Arzt entfällt.

- ■ Die Abrechnung erfolgt **nach Abschluss der gesamten Behandlung** für
  - alle ärztlichen Leistungen im Rahmen der allgemeinen Heilbehandlung,
  - Bericht an Unfallversicherungsträger,
  - alle besonderen Kosten (BG-NT) bei der Behandlung,
  - erstattungsfähige Telefonkosten.

2. Der Verletzte wurde einem **D-Arzt vorgestellt; D-Arzt übernimmt** wegen Art und Schwere der Verletzung dann die weitere **besondere Heilbehandlung.**

- ■ Die Abrechnung erfolgt **unmittelbar nach Überweisung zum D-Arzt** und nach der Information (Durchschrift von D-Arzt-Bericht F 1000), dass der Verletzte dort in Behandlung bleibt für
  - Erstversorgung,
  - Ausstellung des Überweisungsvordrucks ÜV,
  - alle besonderen Kosten (BG-NT) bei der Erstversorgung.

3. Der Verletzte wurde einem **D-Arzt vorgestellt** und von diesem in **allgemeiner Heilbehandlung zurücküberwiesen**.

- ■ Die Abrechnung erfolgt **nach Abschluss der gesamten Behandlung** für
  - Erstversorgung,
  - Ausstellung einer formlosen Überweisung,
  - alle ärztlichen Leistungen im Rahmen der allgemeinen Heilbehandlung,
  - alle besonderen Kosten (BG-NT) bei der Behandlung,
  - erstattungsfähige Telefonkosten.

Durchgangsärzte, Augenärzte und HNO-Ärzte sowie die an besonderen Verfahren (z.B. Hautarztverfahren) teilnehmenden Ärzte verwenden für die Abrechnung ihrer Leistungen besondere Abrechnungsvordrucke. Der Unfallversicherungsträger ist gehalten, die ärztlichen Abrechnungen, die in seine Leistungspflicht fallen, innerhalb von 4 Wochen zu begleichen.

Wird die Rechnung irrtümlich einem nicht zuständigen Unfallversicherungsträger vorgelegt, wird sie dennoch von diesem beglichen und ein Kostenausgleich der Unfallversicherungsträger untereinander vorgenommen oder die Rechnung wird an den zuständigen Unfallversicherungsträger weitergeleitet.

Verordnungen von Leistungen und Maßnahmen

Werden bei der Verordnung von **Arzneimitteln** die in der vertragsärztlichen Versorgung vereinbarten Vordrucke verwendet, sind die besonderen Angaben für die gesetzliche Unfallversicherung zu beachten.

Beim Ausfüllen von Muster 16 (Arzneiverordnung) müssen

- als Kostenträger der **zuständige Unfallversicherungsträger,**
- der **Unfalltag,**
- der **Unfallbetrieb**

angegeben werden. Dies ist von besonderer Bedeutung, weil sonst die veranlassten Kosten möglicherweise dem für die vertragsärztliche Versorgung geltenden Arzneimittelbudget zugeordnet werden.
In **allen** Fällen ist dabei das **Kästchen „Gebühr frei"** anzukreuzen, weil bei Unfallverletzten, für die der gesetzliche Unfallversicherungsträger leistungspflichtig ist, die Regelungen in der gesetzlichen Krankenversicherung zur Kostenbeteiligung des Versicherten **nicht** gelten.

Bei der Verordnung von Arzneimitteln und Verbandmitteln ist zu beachten, dass mit dem In-Kraft-Treten des SGB VII die in der vertragsärztlichen Versorgung geltenden Festbeträge Anwendung finden.

Bei der Verordnung von **Heilmitteln** ist der von den Unfallversicherungsträgern entwickelte Arztvordruck F 2400 „Verordnung von Leistungen zur Krankengymnastik/Physikalischen Therapie" zu verwenden. Die Verordnung darf nur von D-Ärzten ausgestellt werden, in Ausnahmefällen auch von anderen Ärzten, wenn ihnen dazu vom Unfallversicherungsträger Erlaubnis erteilt wurde.

▶ **Achtung:**

Keinesfalls dürfen die Vordrucke für die vertragsärztliche Versorgung für die Verordnung von Heilmitteln nach Maßgabe der Richtlinien des Gemeinsamen Bundesausschusses verwendet werden.

Die Verordnung **Häuslicher Krankenpflege** ist ebenfalls dem D-Arzt vorbehalten; ein besonderer Vordruck wurde dazu nicht festgelegt. Die Verordnung erfolgt formlos; das Muster 12 der vertragsärztlichen Versorgung darf nicht verwendet werden.

10.7.2 Auszüge aus der UV-GOÄ

▶ **Arbeitshinweis:**

Bei den folgenden Auszügen aus der UV-GOÄ werden nur die Leistungsbeschreibungen genannt, nicht die zusätzlichen Abrechnungseinschränkungen oder -ausschlüsse.

Allg. Bestimmungen: Als **Behandlungsfall** gilt die gesamte ambulante Versorgung, die von demselben Arzt nach der ersten Inanspruchnahme **innerhalb von 3 Monaten** an demselben Patienten zu Lasten desselben UV-Trägers vorgenommen worden ist.

	Text der UV-GOÄ (Auszug)	UV allg. EUR	UV bes. EUR
1	Symptomzentrierte Untersuchung bei Unfallverletzungen oder bei Verdacht auf das Vorliegen einer Berufskrankheit einschl. Beratung	6,91	8,60
2	Leistung nach Nr. 1, jedoch außerhalb der Sprechstunde	7,98	9,93
3	Leistung nach Nr. 1, jedoch bei Nacht (zwischen 20 und 8 Uhr)	21,35	26,56
4	Leistung nach Nr. 1, jedoch an Sonn- und Feiertagen	10,14	12,62
6	Umfassende Untersuchung verbunden mit nach Umfang und Zeit besonderem diffentialdiagnostischen Aufwand und/oder Beteiligung mehrerer Organe einschl. Klärung oder Überprüfung des Zusammenhangs mit der Berufstätigkeit sowie der notwendigen Beratung	16,13	20,06
7	Leistung nach Nr. 6, jedoch außerhalb der Sprechstunde	17,20	21,40
8	Leistung nach Nr. 6, jedoch bei Nacht (zwischen 20 und 8 Uhr)	30,56	38,04
9	Leistung nach Nr. 6, jedoch an Sonn- und Feiertagen	19,34	24,08
11	Beratung – auch mittels Fernsprecher – als alleinige Leistung	2,76	3,44
12	Leistung nach Nr. 11, jedoch außerhalb der Sprechstunde	3,84	4,77
13	Leistung nach Nr. 11, jedoch bei Nacht (zwischen 20 und 8 Uhr)	17,20	21,40
14	Leistung nach Nr. 11, jedoch an Sonn- und Feiertagen	5,98	7,46
15	Leistung nach Nr. 11, jedoch an Samstagen ab 12 Uhr	5,98	7,46
16	Aushändigen von Wiederholungsrezepten und/oder Überweisungen und/oder Übermittlung von Befunden oder ärztlichen Anordnungen – auch mittels Fernsprecher – durch die MFA als alleinige Leistung	2,31	2,87

	Berichtsvordrucke		Berichtsgebühr €
125	Vordruck F 1050	Ärztliche Unfallmeldung	8,34
126	Vordruck F 1030	Augenarztbericht	13,78
127	Vordruck F 1040	Hals-Nasen-Ohrenarztbericht	13,78
130	Vordruck F 6050	Hautarztbericht	55,62
132	Vordruck F 1000	Durchgangsarztbericht	16,79
141	Vordruck F 6000	Ärztliche Anzeige über eine Berufskrankheit	19,93
143	Muster 1	Bescheinigung zum Nachweis der Arbeitsunfähigkeit	3,05
145	Überweisung (ohne Formtext)		3,88

	Text der UV-GOÄ (Auszug)	UV allg. EUR	UV bes. EUR
200	Verband – ausgenommen Schnellverbände, Augen-, Ohrenklappen oder Dreiecktücher	3,61	4,49
209	Tape-Verband an großen Gelenken oder an Weichteilen der Gliedmaßen	11,52	14,33
210	Kleiner Schienenverband – auch als erster Notverband bei Frakturen –	6,14	7,64
211	Kl. Schienenverband bei Wiederanlegen derselben nicht neu hergerichteten Schiene	5,00	6,21
212	Schienenverband mit Einschluss von mind. zwei großen Gelenken (Schulter-, Ellenbogen-, Hand-, Knie-, Fußgelenk) – auch als erster Notverband bei Frakturen –	12,13	15,10
213	wie 212 bei Wiederanlegen derselben derselben nicht neu hergerichteten Schiene	10,74	13,38
228 A	Gipsschienenverband Unterarm	14,51	18,06
228 C	Gipsschienenverband Unterschenkel oder Gipspantoffel	14,51	18,06
230 A	Zirkulärer Finger- oder Zehengipsverband einschl. Hand- oder Fußgelenk	23,26	28,95
230 C	Zirkulärer Unterarmgips einschl. Hand	23,26	28,95
246	Abnahme des zirkulären Gipsverbandes	11,67	14,52
250	Blutentnahme mittels Spritze, Kanüle oder Katheter aus der Vene	3,07	3,83
252	Injektion, subkutan, submukös, intrakutan oder intramuskulär	3,07	3,83
253	Injektion, intravenös	5,38	6,68
271	Infusion, intravenös, bis zu 30 Min.	9,21	11,46
375	Schutzimpfung (intramuskulär, subkutan) – ggf. einschl. Eintragung in dem Impfpass –	3,84	4,77
378	Simultanimpfung (gleichzeitige passive und aktive Impfung gegen Wundstarrkrampf)	9,21	11,46

	Text der UV-GOÄ (Auszug)	UV allg. EUR	UV bes. EUR
410	Ultraschalluntersuchung eines Organs	15,35	19,11
420	Ultraschalluntersuchung von bis zu drei weiteren Organen im Anschluss an eine der Leistungen nach den Nrn. 410 bis 418, je Organ	6,14	7,64
451	Intravenöse Kurznarkose	9,29	11,56
452	Intravenöse Narkose (mehrmalige Verabreichung des Narkotikums)	14,58	18,16
490	Infiltrationsanästhesie kleiner Bezirke	4,69	5,83
491	Infiltrationsanästhesie großer Bezirke – auch Parazervikalannästhesie -	9,29	11,56
651	EKG in Ruhe …	19,43	24,17
652	EKG unter fortschreibender Registrierung in Ruhe und bei physikalisch definierter und reproduzierbarer Belastung …	34,18	42,52
2000	Erstversorgung einer kleinen Wunde	5,38	6,68
2001	Versorgung einer kleinen Wunde einschl. Naht	9,98	12,42
2002	Versorgung einer kleinen Wunde einschl. Umschneidung und Naht	12,28	15,29
2003	Erstversorgung einer großen Wunde und/oder stark verunreinigten Wunde	9,98	12,42
2004	Versorgung einer großen Wunde einschl. Naht	18,44	22,94
2005	Versorgung einer großen Wunde und/oder stark verunreinigten Wunde einschl. Umschneidung und Naht	27,61	57,45
2007	Entfernung von Fäden und Klammern	3,07	3,83
2008	Wund- oder Fistelspaltung	6,91	8,60
2009	Entfernung eines unter der Oberfläche der Haut oder der Schleimhaut gelegenen fühlbaren Fremdkörpers	7,67	9,56
2010	Entfernung eines tiefsitzenden Fremdkörpers auf operativem Wege aus Weichteilen und/oder Knochen	26,16	92,65
5010	Röntgen Finger oder Zehen jeweils in zwei Ebenen	13,81	17,20
5020	Röntgen Handgelenk, Mittelhand, alle Finger einer Hand, Sprunggelenk, Fußwurzel und/oder Muttelfuß, Kniescheibe jeweils in zwei Ebenen	16,90	21,02
5030	Röntgen Oberarm, Unterarm, Ellenbogengelenk, Oberschenkel, Unterschenkel, Kniegelenk, ganze Hand, oder ganzer Fuß, Gelenke der Schulter, Schlüsselbein, Beckenteilaufnahme, Kreuzband oder Hüftgelenk jeweils in zwei Ebenen	27,65	34,39

10.7.3 Abrechnung nach UV-GOÄ (Fall 15)

▶ **Fall 15 – Erstversorgender Arzt:** (siehe Seite 164)

Abrechnung nach UV-GOÄ:

2. Sep.	1	Symptomzentrierte Untersuchung
	2003	Erstversorgung einer großen Wunde
	145	Überweisung

▶ **Fall 15 – D-Arzt:**

Abrechnung nach UV-GOÄ:

2. Sep.	1	Symptomzentrierte Untersuchung
	2005	Versorgung einer großen Wunde mit Umschneidung und Naht
	491	Infiltrationsanästhesie großer Bezirke
	378	Simultanimpfung gegen Wundstarrkrampf, Impfstoff wird gesondert berechnet
	143	Bescheinigung zum Nachweis der Arbeitsunfähigkeit
	132	F 1000 – Durchgangsarztbericht

10.7.4 ✎Wie war das noch? (zu Kap. 10.6 und 10.7)

1. a) Nach welcher „Gebührenordnung“ werden die ärztlichen Leistungen mit den Unfallversicherungsträgern abgerechnet?
b) Nach welchen Gebührensätzen werden sie Leistungen vergütet?

➔ a) ......

➔ b) ......

2. Welche beiden Möglichkeiten hat der Arzt, erstattungsfähige Kosten mit dem Unfallversicherungsträger abzurechnen?

➔ ......

➔ ......

3. Unter welchen Voraussetzungen und durch wen dürfen die höheren Vergütungssätze für die besondere Heilbehandlung abgerechnet werden?

➔ ......

➔ ......

➔ ......

➔ ......

➔ ......

➔ ......

4. Wie sind die einzelnen Blätter des Formtextes F 1050 zu verwenden?

➔ ......

➔ ......

5. Wann kann der erstversorgende Arzt seine Leistungen abrechnen?
a) bei Bagatellverletzungen (keine AU notwendig)
b) wenn D-Arzt besondere Heilbehandlung übernimmt
c) wenn der Verletzte vom D-Arzt zur allgemeinen Heilbehandlung zurücküberwiesen wird

➔ a) ......

➔ b) ......

➔ c) ......

6. Welche Eintragungen sind bei der Verordnung von Arzneimitteln auf Muster 16 bei Unfallverletzten erforderlich?

➔ ......

➔ ......

➔ ......

➔ ......

7. a) Welche Ärzte dürfen grundsätzlich Heilmittel verordnen?
b) Welcher Formtext ist dafür zu verwenden?

➔ a) ......

➔ b) ......

8. a) Welche Ärzte dürfen grundsätzlich häusliche Krankenpflege verordnen?
b) Wie erfolgt die Verordnung?

➔ a) ......

➔ b) ......

10.8 Fragen und Fälle zu Lernfeld 10

1. Die Abrechnung der nach dem Vertrag Ärzte-Unfallversicherungsträger erbrachten Leistungen erfolgt über

- ○ BARMER für Ersatzkassenmitglieder
- ○ Kassenärztliche Bundesvereinigung
- ○ örtliche AOK
- ○ zuständige KV
- ○ zuständigen Unfallversicherungsträger

2. Bei Arzneiverordnungen im Rahmen der Unfallheilverfahren ist

- ○ der Freivermerk anzukreuzen „gebührenfrei"
- ○ der Unfallbetrieb anzugeben
- ○ die Art der Verletzung anzugeben
- ○ Kasten 8 anzukreuzen
- ○ Kasten 9 mit „U" auszufüllen

3. Im Rahmen des Verletzungsartenverfahrens wird geregelt,

- ○ Auflistung aller möglichen Arten von Unfallverletzungen
- ○ bei welchen Arbeitsunfallverletzungen unverzüglich Krankenhausbehandlung einzuleiten ist
- ○ welche Krankenhäuser Arbeitsunfallverletzte stationär behandeln dürfen
- ○ welche Arten von Verletzungen als Arbeitsunfallverletzungen anerkannt werden
- ○ wie der erstbehandelnde Arzt die jeweilige Verletzung zu versorgen hat

4. Welchen Formtext verwendet der erstbehandelnde Arzt für die Vorstellung des Verletzten beim D-Arzt?

- ○ Ärztliche Unfall-Meldung F 1050
- ○ Briefbogen mit Praxisstempel
- ○ Durchschrift der AU-Bescheinigung
- ○ Überweisungsschein (Muster 6)
- ○ formlose Überweisung

5. Welchen Formtext verwendet der D-Arzt für seinen Bericht an den Unfallversicherungsträger?

- ○ Ärztliche Unfall-Meldung F 1050
- ○ Arztvordruck F 1000
- ○ Briefbogen mit Praxisstempel
- ○ Durchschrift der AU-Bescheinigung
- ○ Rückseite des Abrechnungsscheins

6. Welche Aufgaben hat der erstbehandelnde Arzt im Rahmen der allgemeinen Heilbehandlung?

- ○ Bericht an den Hausarzt des Verletzten
- ○ Bericht an den zuständigen Unfallversicherungsträger
- ○ Entscheidung über eine notwendige Vorstellung des Verletzten beim D-Arzt
- ○ Mitteilung (sofort telefonisch) an den Arbeitgeber über Art und Dauer der Verletzung
- ○ Schätzung der Gesamtkosten des Heilverfahrens

7. Unter welchen Voraussetzungen können Ärzte, die nicht zur Durchführung der besonderen Heilbehandlung berechtigt sind, Arbeitsunfallverletzte ärztlich versorgen?

- ○ im Rahmen der Erstversorgung
- ○ wenn D-Arzt den Unfallverletzten überwiesen hat
- ○ wenn der Arzt den Verletzten persönlich kennt
- ○ wenn die Behandlung nicht länger als eine Woche dauert und nicht zur Arbeitsunfähigkeit über den Unfalltag hinaus führt
- ○ wenn eine Arbeitsunfähigkeit nicht länger als eine Woche besteht

8. Träger der gesetzlichen Unfallversicherung sind:

- ○ Berufsgenossenschaften
- ○ Eigenunfallversicherungen der Länder
- ○ Gemeindeunfallversicherungsverbände
- ○ Krankenkassen
- ○ private Versicherungsunternehmen

9. Die gesetzliche Unfallversicherung ist zuständig für:

- ○ Arbeitsunfälle
- ○ häusliche Unfälle
- ○ Schulunfälle
- ○ Freizeitunfälle
- ○ Wegeunfälle

10. Allgemeine Heilbehandlung kann durchgeführt werden, wenn
- ○ der Verletzte nicht bewusstlos ist
- ○ die Behandlung wahrscheinlich spätestens innerhalb einer Woche abgeschlossen sein wird
- ○ die Gesamtkosten des Heilverfahrens wahrscheinlich nicht mehr als 250 EUR betragen werden
- ○ die Verletzung nicht zur Arbeitsunfähigkeit über den Unfalltag hinaus führt
- ○ die Wunde nicht stark blutet

11. Auf welchem Formtext müssen Heilmittel verordnet werden?
- ○ F 1050
- ○ F 2400
- ○ F 2900
- ○ Muster 13
- ○ Muster 14

12. Wer finanziert die gesetzliche Unfallversicherung?
- ○ Arbeitgeber und -nehmer je zur Hälfte
- ○ der Staat durch Steuergelder
- ○ nur die Arbeitgeber
- ○ nur die Arbeitnehmer
- ○ über die Beiträge zur ges. Rentenvers.

13. Auf welcher Grundlage erfolgt die Durchführung der verschiedenen Heilverfahren in der ges. Unfallvers.?
- ○ Abkommen Unfallverhütung
- ○ Bundesunfallgesetz
- ○ Sozialgesetzbuch 4. Buch (SGB IV)
- ○ Sozialgesetzbuch 5. Buch (SGB V)
- ○ Vertrag Ärzte-Unfallvers.träger

14. Mit welchem Formtext rechnet der erstversorgende Arzt Leistungen bei einem Arbeitsunfall ab?
- ○ Abrechnungsschein (Muster 6)
- ○ Formtext F 1050, erstes Blatt
- ○ Formtext F 1000, zweites Blatt
- ○ Formtext F 1050, zweites Blatt
- ○ Überweisungsvordruck

15. Der Behandlungsfall nach UV-GOÄ ist definiert als
- ○ gesamte ambulante Versorgung von demselben Arzt innerhalb eines Quartals an demselben Patienten zulasten desselben UV-Trägers
- ○ ambulante Versorgung derselben Erkrankung innerhalb eines Monats an demselben Patienten zulasten desselben UV-Trägers
- ○ gesamte ambulante Versorgung von demselben Arzt innerhalb von 3 Monaten an demselben Patienten zulasten desselben UV-Trägers
- ○ gesamte ambulante Versorgung von demselben Arzt innerhalb von einem Monat an demselben Patienten zulasten desselben UV-Trägers
- ○ ambulante Versorgung derselben Erkrankung von demselben Arzt innerhalb eines Quartals an demselben Patienten zulasten desselben UV-Trägers

16. In welchen Fällen findet das D-Arzt-Verfahren keine Anwendung? (besteht keine Vorstellungspflicht)
- ○ Bagatellverletzung (keine AU erforderlich)
- ○ Behandlungskosten unter 250 EUR
- ○ Erstversorgung durch Chirurgen
- ○ keine Fraktur
- ○ Versorgung durch Handchirurgen

17. Wer kann über die Durchführung besonderer Heilbehandlung entscheiden?
- ○ Augenarzt bei Augenverletzungen
- ○ D-Arzt
- ○ jeder erstbehandelnde Arzt
- ○ jeder Verletzte selbst
- ○ zuständiger Unfallversicherungsträger

18. Wer trägt die Behandlungskosten bei einem ges. Krankenversicherten, bevor seine Erkrankung vom UVTr als Berufskrankheit anerkannt wird?
- ○ grundsätzlich BARMER
- ○ Krankenkasse des Patienten
- ○ keiner, muss jeder Patient selbst zahlen
- ○ örtliche AOK
- ○ zuständiger Unfallversicherungsträger

19. Welcher Formtext ist zur Überweisung an den Hautarzt bei berufsbedingten Hauterkrankung zu verwenden?
- ○ Ärztliche Unfall-Meldung F 1050
- ○ Briefbogen mit Praxisstempel
- ○ Durchschrift der AU-Bescheinigung
- ○ Überweisungsschein (Muster 6)
- ○ formlose Überweisung

20. Welche der folgenden Aussagen treffen bei der Versorgung von Augenverletzungen zu?

- ○ Augenärzte dürfen, wenn sie den Verletzten behandeln, auch andere Verletzungen behandeln
- ○ beteiligte Augenärzte müssen promoviert haben
- ○ D-Ärzte brauchen nicht an Augenärzte zu überweisen
- ○ jeder Vertrags-Augenarzt darf behandeln
- ○ nur von Unfallversicherungsträgern bestellte Augenärzte dürfen behandeln

21. Wer trägt die Kosten für arbeitsmedizinische Vorsorgeuntersuchungen?

- ○ Arbeitgeber
- ○ Arbeitnehmer selbst
- ○ ausschließlich Berufsgenossenschaft
- ○ Krankenkasse des einzelnen A.nehmers
- ○ örtl. AOK vertretend für alle Krankenk.

22. Wer ist für die Veranlassung arbeitsmedizinische Vorsorgeuntersuchungen verantwortlich?

- ○ Arbeitgeber
- ○ Arbeitnehmer selbst
- ○ Berufsgenossenschaft
- ○ Gewerbeaufsichtsamt
- ○ örtl. AOK vertretend für alle Krankenk.

23.	Fall	UV-GOÄ-Nrn.
Allgemeinarzt	Der Gerüstbauer Rudi Rohrhirsch ist auf der Baustelle mit dem linken Arm zwischen zwei Betonplatten geraten. Er sucht deshalb die in der Nähe gelegene Praxis des Allgemeinarztes Winfried Wunderlich auf. Der Arzt untersucht symptombezogen und stellt eine stark verunreinigte Schwürfwunde am Unterarm mit Schwellung fest. Da Herr Rohrhirsch auch die ersten drei Finger der Hand nicht bewegen kann und der Arzt eine Nervenverletzung nicht sicher ausschließt, säubert und verbindet er die Wunde, legt einen Schienenverband an und impft den Patienten gegen Wundstarrkrampf. Herr Rohrhirsch gibt an, noch nie geimpft worden zu sein. Herr Wunderlich überweist den Patienten anschließend zum D-Arzt.	
D-Arzt	Herr Rohrhirsch erscheint in der Praxis des Unfallchirurgen und D-Arztes Dr. Knut Knoche, der symptombezogen untersucht und eine Röntgenuntersuchung des linken Arms veranlasst. Er tastet aber auch einen tief unter der Haut liegenden Splitter, der im Röntgenbild bestätigt wird. Dr. Knoche entfernt den Splitter in Lokalanästhesie, versorgt die Wunde und legt einen neuen Schienenverband an. Da eine besondere Heilbehandlung nicht geboten ist, überweist Dr. Knoche Herrn Rohrhirsch an dessen Hausarzt.	

Lernfeld 11 Patienten bei der Prävention begleiten

Der Prävention wird gesundheitspolitisch ein sehr hoher Stellenwert zugeordnet. Auch die Arztpraxis ist zunehmend gefordert, Patienten für Prävention zu gewinnen und bei der Organisation entsprechender Maßnahmen zu unterstützen.
Dazu sind Kenntnisse der Leistungsinhalte, deren Bedeutung für Gesundheit und Wohlbefinden ebenso wichtig wie die jeweiligen Kostenregelungen. Besondere Kenntnisse verlangt die sachgerechte Verwendung der einschlägigen Formulare und die Dokumentation der Ergebnisse insbesondere bei den gesetzlich verankerten Früherkennungsuntersuchungen.
Auch bei der Rehabilitation müssen dem Patienten die Möglichkeiten und Ziele erklärt werden, um ihn zur aktiven Teilnahme an den geeigneten Maßnahmen zu gewinnen. Die entsprechenden Anträge sind sorgfältig zu formulieren und die erbrachten Leistungen sachgerecht abzurechnen.

Teil 1: Früherkennungs- und Vorsorgeuntersuchungen

Lernziel im Lehrplan

Leistungsinhalte, Bedeutung und Kostenregelung von Präventivmaßnahmen folgen besonderen gesetzlichen und vertraglichen Bestimmungen. Ein großer Teil dieses Leistungsbereichs ist durch Richtlinien des Gemeinsamen Bundesausschusses als
➡ **Früherkennungsuntersuchungen**
konkretisiert.

Bestimmte chronische Krankheiten werden durch strukturiert
➡ **Behandlungsprogramme**
dauerhaft überwacht.

Die Durchführung der Früherkennungsuntersuchungen verlangt besondere Dokumentationsverfahren, die das Ausfüllen besonderer
➡ **Dokumentationsbögen**
beinhalten.

Inhaltsverzeichnis

Lernziel im Lehrplan

Inhaltsverzeichnis

Teil 2: Schutzimpfungen

Im Lehrplan werden auch
➡ **Schutzimpfungen**
als Prävention verstanden.

Teil 3: Nicht vertragsärztliche Leistungen

Nur besondere definierte Leistungen fallen als Präventionsleistungen in das Leistungsspektrum der gesetzlichen Krankenversicherung. Versicherte, die darüberhinaus präventive Leistungen wünschen, können diese nur als
➡ **Nicht vertragsärztliche Leistungen**
erhalten.

LF 11 Patienten bei der Prävention begleiten

▶ **Lernsituation:**

Während ihrer Ausbildung bei Dr. Gütlich erlebt Frau Biene auch, dass sie sich Personen zuwenden muss, die nicht wegen einer Krankheit in die Praxis kommen, sondern weil sie Leistungen der Gesundheitsvorsorge in Anspruch nehmen möchten. Sie erfährt, dass es sich hierbei um das umfangreiche Feld der Prävention handelt, auf dem aber nur ganz bestimmte Leistungen unter ganz bestimmten Bedingungen als Vorsorge- oder Früherkennungsuntersuchungen von der gesetzlichen Krankenversicherung bezahlt werden. Frau Biene lernt bei der Patientenannahme, die Einhaltung dieser Bedingungen zu prüfen.

Dr. Gütlich unterweist Frau Biene, dass sie Patienten, die Präventionsleistungen wünschen, die nicht zum Leistungsbereich der gesetzlichen Krankenkassen gehören, vor der Behandlung ein von ihm entworfenes Merkblatt aushändigt. Er erklärt Frau Biene, dass er verpflichtet sei, die Patienten zu informieren, dass es sich dann um nicht vertragsärztliche Leistungen handelt, die sie selbst nach GOÄ bezahlen müssen. In diesem Zusammenhang lernt Frau Biene auch die Abrechnungsregelungen bei Schutzimpfungen kennen.

Frau Biene lernt die schwierigen Regelungen der Rehabilitation kennen, die zum Ziel hat, Behinderungen nach Krankheiten oder Verletzungen zu verhindern. Sie arbeitet sich in die Führung der Patienten ein, die entsprechende Maßnahmen in Anspruch nehmen wollen.

▶ **Arbeitshinweis:**

Die im Rahmenlehrplan aufgeführten Inhalte zu diesem Lernfeld nennen aus **Sicht der Abrechnung drei Schwerpunkte:**

- **Teil 1: Früherkennungs- und Vorsorgeuntersuchungen**
- **Teil 2: Schutzimpfungen**
- **Teil 3: Nicht vertragsärztliche Leistungen**

Teil 1: Früherkennungs- und Vorsorgeuntersuchungen

▶ **Arbeitshinweis:**

Die **Leistungen der Mutterschaftsvorsorge** sind bereits in **LF 8 Kap. 8.5 Schwangerschaft** erläutert worden.

Die Früherkennungs- und Vorsorgeleistungen lassen sich abrechnungssystematisch in **drei Gruppen** unterteilen:

- **Früherkennung von Krankheiten bei Kindern**
- **Früherkennung von Krankheiten bei Erwachsenen**
- **Früherkennung von Brustkrebs durch Mammographie-Screening**

▶ **Hinweis:**

Werden **nur Früherkennungs- und Vorsorgeleistungen (Präventionsleistungen)** erbracht, darf keine Versicherten- oder Grundpauschale abgerechnet werden.

Werden neben den Präventionsleistungen **auch kurative Leistungen** erbracht, darf eine Versicherten- oder Grundpauschale abgerechnet werden.

11.1 Früherkennung von Krankheiten bei Kindern (Fall 16)

Fall 16:

11. Juli Die treusorgende Mutter Gertrud kommt mit ihren drei Kindern Gero (3 Monate), Gesa (22 Monate) und Gesine (47 Monate) in die Praxis ihres Kinderarztes Dr. Kurt Kindervater. Sie hat heute Termine für die anstehenden Früherkennungsuntersuchungen vereinbart.

Dr. Kindervater führt bei den drei Kindern die Früherkennungsuntersuchungen gemäß den Kinder-Richtlinien des Gemeinsamen Bundesausschusses durch und hält die Ergebnisse und Erkenntnisse in den entsprechenden Dokumentationsvordrucken fest.

Bei der Früherkennungsuntersuchung stellt Dr. Kindervater bei Gesine eine beginnende, aber behandlungsbedürftige Mittelohrentzündung fest. Nach eingehender Untersuchung verordnet er die entsprechenden Medikamente.

11.1.1 Abrechnung nach EBM

Die ärztlichen Leistungen zur Früherkennung von Krankheiten bei Kindern können abgerechnet werden nach **EBM-Kap. 1.7.1 (GOP 01 702–01 723).**

Zur Durchführung dieser Leistungen sind berechtigt:

- **Fachärzte für Allgemeinmedizin**
- **Praktische Ärzte**
- **Fachärzte für Kinder- und Jugendmedizin**
- **Hausärztlich tätige Internisten**

Das Früherkennungsprogramm für Kinder beginnt mit der Geburt und begleitet das Kind in seiner körperlichen und geistigen Entwicklung.

Für die einzelnen Untersuchungen sind bestimmte Zeiträume festgelegt, in denen der Anspruch auf die Früherkennungsuntersuchungen wahrgenommen werden muss. Über den in den GOP genannten Zeiträumen hinaus sind Toleranzzeiträume festgelegt worden, die nicht überschritten werden dürfen. Werden die Eltern durch die zentrale Meldestelle zur Untersuchung aufgefordert, dürfen auch die Toleranzgrenzen überschritten werden.

Es gelten folgende **Toleranzbereiche:**

Untersuchung	Toleranzbereich
U2	3. – 14. Lebenstag
U3	3. – 8. Lebenswoche
U4	2. – 4,5. Lebenswoche
U5	5. – 8. Lebensmonat
U6	9. – 14. Lebensmonat
U7	20. – 27. Lebensmonat
U7a	34. – 36. Lebensmonat
U8	43. – 50. Lebensmonat
U9	58. – 66. Lebensmonat

Neben den körperlichen Untersuchungen gehören auch **apparative Untersuchungen** und **Blutuntersuchungen** zum Vorsorgeprogramm bei Kindern. Zu den Maßnahmen gehören jeweils ein **Aufklärungsgespräch** mit den Eltern und die Aushändigung einer **Informationsbroschüre.** Folgende Maßnahmen werden durchgeführt:

Maßnahme	Zweck	Durchführung
Pulsoxymetrie	Früherkennung von angeborenen Herzfehlern	Unblutige Messung der Sauerstoffsättigung des Blutes mithilfe eines Sensors am Fuß des Kindes 24 – 48 Stunden nach der Geburt

Maßnahme	Zweck	Durchführung
Hörscreening	Früherkennung von angeborenen Hörschäden	Untersuchung der Hörfähigkeit **innerhalb der ersten drei Lebenstage** mithilfe einer kleinen Sonde, die in den Gehörgang eingeführt wird. Ggf. Kontrolluntersuchung noch am selben Tag mithilfe der automatisierten Hirnstammaudiometrie (AABR).
Erweitertes Neugeborenen-Screening	Früherkennung von angeborenen Stoffwechsel- oder Hormonerkrankungen	Blutuntersuchung bis zum **vollendeten 10. Lebenstag**
Mukoviszidose-Screening	Früherkennung der Stoffwechselkrankheit Mukoviszidose	Blutuntersuchung bis zum vollendeten 28. Lebenstag **Hinweis:** Die Untersuchung auf Mukoviszidose ist Bestandteil des erweiterten Neugeborenen-Screenings. Das Mukoviszidose-Screening wird nur vorgenommen, wenn kein erweitertes Neugeborenen-Screening durchgeführt wurde.
Hüftsonographie-Screening	Früherkennung einer angeborenen Hüftdysplasie	Ultraschalluntersuchung der **Hüfte im Rahmen der U3**

Darüber hinaus gehört es zur Leistung des untersuchenden Arztes, die Ergebnisse und Erkenntnisse in einem Kinderuntersuchungsheft festzuhalten.

▶ Text der Gebührenordnung (Auszug)

GOP	Leistungsbeschreibung		Punkte
01 702	**Beratung im Rahmen des Pulsoxymetrie-Screenings** gemäß Kinderrichtlinie		28
01 703	**Pulsoxymetrie-Screenings** gemäß Kinderrichtlinie		157
01 704	**Zuschlag für die Beratung im Rahmen des Neugeborenen-Hörscreenings** im Zusammenhang mit der Erbringung der GOP 01711 (U1)		28
01 705	**Neugeborenen-Hörscreening**		157
01 706	**Kontroll-AABR**		249
01 707	**Erweitertes Neugeborenen-Screening** …		135
01 709	**Screening auf Mukoviszidose** gemäß Kinderrichtlinie		50
01 711	**Neugeborenen-Erstuntersuchung**	**(U 1)**	126
01 712	**Neugeborenen-Basisuntersuchung am 3. bis 10. Lebenstag**	**(U 2)**	401
01 713	**Untersuchung in der 4. bis 5. Lebenswoche**	**(U 3)**	402
01 714	**Untersuchung im 3. bis 4. Lebensmonat**	**(U 4)**	402
01 715	**Untersuchung im 6. bis 7. Lebensmonat**	**(U 5)**	402

▶ Text der Gebührenordnung (Auszug)

GOP	Leistungsbeschreibung		Punkte
01 716	**Untersuchung im 10. bis 12. Lebensmonat**	**(U 6)**	402
01 717	**Untersuchung im 21. bis 24. Lebensmonat**	**(U 7)**	402
01 723	**Untersuchung im 34. bis 36. Lebensmonat**	**(U 7a)**	402
01 718	**Untersuchung im 46. bis 48. Lebensmonat**	**(U 8)**	402
01 719	**Untersuchung im 60. bis 64. Lebensmonat**	**(U 9)**	402
01 720	**Jugendgesundheitsuntersuchung**	**(J 1)**	356
01 721	**Besuch** im Rahmen einer Früherkennungsuntersuchung nach den GOP 01 711 und 01 712 *Die GOP 01 721 ist nicht neben den GOP 01 410 bis 01 415 und 01 418 berechnungsfähig.*		198
01 722	Sonographische Untersuchung der **Säuglingshüften** …		170

▶ Erläuterungen

1. Erbringt der Arzt **ausschließlich präventive Leistungen,** kann neben diesen **keine andere GOP** abgerechnet werden.

Erbringt der Arzt neben den präventiven Leistungen **auch kurative Leistungen**, kann in diesem Zusammenhang daneben die **Versichertenpauschale bzw. Grundpauschale** abgerechnet werden.

2. Die Leistungen nach den **GOP 01 711 und 01 712** (U 1 und U 2) werden auf einem nach Vorlage der **Gesundheitskarte eines Elternteils** ausgestellten Abrechnungsscheins nach Muster 5 abgerechnet.

Ab U3 erfolgt die Abrechnung aufgrund der eigenen Gesundheitskarte des Säuglings.

3. Die Leistung nach **GOP 01 711** wird **unmittelbar nach der Geburt** von dem **die Geburt leitenden Arzt** erbracht. Bei der U1 sollten die Eltern über das Hörscreening aufgeklärt werden. Sie erhalten dabei ein entsprechendes Informationsblatt. Dafür darf die **GOP 01 704** zusätzlich abgerechnet werden.

4. Bestimmte Früherkennungsuntersuchungen unterliegen einer **Meldepflicht** gegenüber einer zentralen Meldestelle (im Bereich der KV Nordrhein: U5 bis U9). Zu melden sind die Kinder, die an diesen Untersuchungen teilgenommen haben. Dabei sind lediglich die Personaldaten des untersuchten Kindes sowie das Datum und die durchgeführte Untersuchung anzugeben, nicht Diagnosen und Befunde. Die genaue Organisation ist Sache des einzelnen Bundeslandes.
Aus einer Nicht-Teilnahme an den Früherkennungsuntersuchungen wird auf eine Gefährdung des Kindeswohls geschlossen und die Einschaltung des Jugendamtes ermöglicht.

5. Die Leistung nach **GOP 01 720** gilt einschließlich des Toleranzzeitraumes für Jugendliche ab dem **vollendeten 12. bis zum vollendeten 15. Lebensjahr.**

Die Untersuchung besteht aus zwei Teilen, einer:
- **Anamnese**, einem ausführlichen Gespräch z.B. über seelische Probleme, Schwierigkeiten in der Schule, gesundheitsschädliches Verhalten oder chronische Erkrankungen;
- **klinisch-körperlichen Untersuchung**, z.B. Größe, Gewicht, Pubertätsentwicklung, Blutdruck, Wachstumsstörungen, Erkrankungen der Hals-/Brust-, Bauchorgane oder Auffälligkeiten des Skelettsystems.

Fall 16 – Kinderarzt: (siehe Seite 178)

Abrechnung nach EBM:

11. Juli **Gero**

01 714 Untersuchung im 3. bis 4. Lebensmonat (U 4)

Gesa

01 717 Untersuchung im 21. bis 24. Lebensmonat (U 7)

Gesine

04 000 Versichertenpauschale

01 718 Untersuchung im 46. bis 48. Lebensmonat (U 8)

------- Untersuchung (Mittelohrentzündung) in Versichertenpauschale enthalten

11.1.2 Abrechnung nach GOÄ

Alle ärztlichen Leistungen zur Früherkennung von Krankheiten sind in der **GOÄ im Abschn. B III.: Spezielle Beratungen und Untersuchungen (Nrn. 20 – 34)** aufgeführt.

Für die Abrechnung von Früherkennungsuntersuchungen **bei Kindern** kennt die GOÄ **nur die Nrn. 25 und 26.**

Darüberhinaus ist in der GOÄ die Abrechnung der **Untersuchung nach dem Jugendarbeitsschutzgesetz** geregelt; diese Leistung ist nicht Gegenstand der vertragsärztlichen Versorgung.

	Text der GOÄ	Punktzahl	1-fach EUR	2,3-fach EUR	3,5-fach EUR
25	Neugeborenen-Erstuntersuchung – ggf. einschl. Beratung der Bezugsperson(en)	200	11,66	26,81	40,80
26	Untersuchung zur Früherkennung von Krankheiten bei einem Kind bis zum vollendeten 14. Lebenjahr (Erhebung der Anamnese, Feststellung der Körpermaße, Untersuchung von Nervensystem, Sinnesorganen, Skelettsystem, Haut, Brust-, Bauch- und Geschlechtsorganen) – ggf. einschl. Beratung der Bezugsperson(en) – *Die Leistung nach Nr. 26 ist ab dem vollendeten 2. Lebensjahr je Kalenderjahr höchstens einmal berechnungsfähig.* *Neben der Leistung nach Nr. 26 sind die Leistungen nach den Nrn. 1, 3, 4, 5, 6, 7, und/oder 8 nicht berechnungsfähig.*	450	26,23	60,33	91,80
32	Untersuchung nach §§ 32 bis 35 und 42 des Jugendarbeitsschutzgesetzes (Eingehende, das gewöhnliche Maß übersteigende Untersuchung – einschl. einfacher Seh-, Hör- und Farbsinnprüfung; Untersuchung auf Eiweiß, Zucker und Erythrozyten; Beratung des Jugendlichen; schriftliche gutachterliche Äußerung; Mitteilung für die Personensorgeberechtigten; Bescheinigung für den Arbeitgeber) (Für öffentliche Kostenträger gilt der Einfachsatz.)	400	23,31	53,62	81,60

Erläuterungen

1. Der GOÄ-Bereich B III. enthält **Vorsorge-/Früherkennungsleistungen** angelehnt an die Regelungen aus aus dem Bereich der gesetzlichen Krankenversicherung. Die dort enthaltenen Regelungen finden hier ebenfalls ihren Eingang in die Amtliche Gebührenordnung.

2. Für die **Nr. 26 gelten zwei Abrechnungsvorschriften:**
   - der **Untersuchungsumfang** ist **genau vorgegeben;**
   - ab dem vollendeten 2. Lebensjahr ist sie **nur einmal im Kalenderjahr** berechnungsfähig.

3. Auch die ärztlichen Leistungen entsprechend der **Jugendgesundheitsuntersuchung** (EBM-Nr. 01 720) werden nach der **GOÄ-Nr. 26** abgerechnet.

4. **Neben komplexen Untersuchungs- und Früherkennungsleistungen** können andere Beratungen und Untersuchungen **nicht** abgerechnet werden.

5. Die **Jugendarbeitsschutzuntersuchung** wird auf Veranlassung einer öffentlichen Behörde ausgeführt. Dieser Behörde kann die Gebühr nach Nr. 32 **nur mit dem Einfachsatz** (meistens auf einem Formblatt) berechnet werden.

Fall 16 – Kinderarzt: (siehe Seite 181)

Abrechnung nach GOÄ:

11. Juli **Gero**

26	Untersuchung zur Früherkennung von Krankheiten bei einem Kind bis zum vollendeten 14. Lebenjahr

Gesa

26	Untersuchung zur Früherkennung von Krankheiten bei einem Kind bis zum vollendeten 14. Lebenjahr

Gesine

26	Untersuchung zur Früherkennung von Krankheiten bei einem Kind bis zum vollendeten 14. Lebenjahr
--------	Untersuchung wg. anderer Krankheit (nicht neben 26 abrechenbar)

11.2 Früherkennung von Krankheiten bei Erwachsenen (Fall 17)

Fall 17:

20. Sep. Das Ehepaar Walter (51 J.) und Walburga (52 J.) Wonne kommen zu dem vereinbarten Termin für die Früherkennungsuntersuchungen zu dem sie betreuenden Internisten Dr. Horst Herz.

Herr Wonne ist für die Krebsfrüherkennungsuntersuchung angemeldet, Frau Wonne für die Gesundheitsuntersuchung. Dr. Herz begrüßt beide herzlich und führt die Präventionsleistungen durch.

25. Sep. Das Ehepaar Wonne erscheint wie vereinbart zur Befundbesprechung. Dr. Herz informiert Frau Wonne über ihr Risikoprofil und überreicht ihr eine schriftliche Präventionsempfehlung. Der Arzt klärt beide über mögliche Untersuchungen zur Früherkennung von Dickdarm- und Mastdarmkrebs auf. Herr Wonne ist mit der Durchführung einer Vorsorgekoloskopie einverstanden und erhält eine Überweisung zur Gastroenterologen. Frau Wonne erhält ein Stuhlprobenentnahmesystem, das sie nach sorgfältiger Probengewinnung am nächsten Tag in die Praxis zurückbringt.

12. Okt. Herr Walter Wonne sucht die Praxis des Gastroenterologen Dr. Bodo Bott mit der Überweisung von Dr. Herz auf.

Herr Dr. Bott führt die Koloskopie durch. Er kann Herrn Wonne die frohe Botschaft überbringen, dass die Untersuchung lediglich einen harmlosen Polypen zeigte, der während der Untersuchung abgetragen wurde. Zur Sicherheit veranlasst Dr. Bott noch eine histologische Untersuchung des Polypen.

11.2.1 Abrechnung nach EBM

Die ärztlichen Leistungen zur Früherkennung von Krankheiten bei Erwachsenen können abgerechnet werden nach **EBM-Kap. 1.7.2 (GOP 01 730–01 748).**

Folgende Tabelle nennt die Maßnahmen zu den Früherkennungsuntersuchungen bei Erwachsenen und deren Untersuchungsintervalle. In der Regel enthalten die Untersuchungen auch eine **Anamnese** und ein **Beratungsgespräch** über die erhobenen Befunde.

Zu bestimmten Untersuchungen werden die Patienten über eine zentrale Stelle schriftlich eingeladen. Vor den Früherkennungsuntersuchungen bei Frauen und zum kolorektalen Karzinom findet ein **verpflichtendes** Beratungsgespräch statt, worüber der Patient eine **Bescheinigung** erhält.

Maßnahme	Untersuchungen	Durchführung
Gesundheitsuntersuchung	• Überprüfung des Impfstatus • Ganzkörperstatus • Blutuntersuchung auf Glukose, Gesamtcholesterin, HDL- und LDL-Cholesterin, Triglyzeride • Harnteststreifen auf Eiweiß, Glukose, Erythrozyten, Leukozyten, Nitrit • Beratung über die Befunde und weitere Lebensführung • Aushändigung einer schriftlichen Präventionsempfehlung	• Einmalig zwischen 18 und 34 Jahren (ohne Urinuntersuchung, Blutuntersuchung nur bei entsprechendem Risiko) • Alle 3 Jahre ab 35 Jahren
Früherkennungsuntersuchungen bei Frauen	• Beratung über das Vorsorgeprogramm • Klinische Untersuchung auf Gebärmutterhalskrebs und Zellabstrich auf Zellveränderungen • Tastuntersuchung der weiblichen Brust • Klinische Untersuchung auf Gebärmutterhalskrebs • Zellabstrich auf – Zellveränderungen und – HPV-Test • Mammographie-Screening	• Einmalig zwischen 20 und 21 Jahren • Jährlich zwischen 20 und 34 Jahren • Jährlich ab 30 Jahren • Jährlich ab 35 Jahren • Alle 3 Jahre ab 35 Jahren • Alle 2 Jahre zwischen 50 und 69 Jahren
Früherkennungsuntersuchungen bei Männern	• Klinische Untersuchung der äußeren männlichen Genitalorgane und der Prostata • Ultraschalluntersuchung auf Bauchaortenaneurysmen	• Jährlich ab 45 Jahren • Einmalig ab 65 Jahren

Maßnahme	Untersuchungen	Durchführung
Früherkennung auf Dickdarm- und Mastdarmkrebs (kolorektales Karzinom)	• Beratung über das Vorsorgeprogramm	• Einmalig ab 50 Jahren
	• 1. Vorsorgekoloskopie ggf. mit Abtragung von Polypen	• Zwischen 50 und 64 Jahren bei Männern • Zwischen 55 und 64 Jahren bei Frauen
	• 2. Vorsorgekoloskopie ggf. mit Abtragung von Polypen	• Bis 74 Jahren, frühestens 10 Jahre nach der 1. Vorsorgekoloskopie
	• Stuhltest auf okkultes Blut (iFOBT), nur wenn keine Vorsorgekoloskopie durchgeführt wird	• Jährlich zwischen 50 und 54 Jahren
Hautkrebsscreening	• Visuelle Ganzkörperinspektion	• Alle 2 Jahre ab 35 Jahren

▶ Text der Gebührenordnung (Auszug)

GOP	Leistungsbeschreibung	Punkte
01 730	Untersuchung zur **Früherkennung von Krebserkrankungen bei der Frau** gemäß Abschnitt B. II. §§ 6 und 8 der Krebsfrüherkennungs-Richtlinie *Die unter der Nr. 1 der Präambel zu Kapitel 3.1 genannten Vertragsärzte können die GOP 01 730 berechnen, wenn sie nachweisen, dass sie diese GOP bereits vor dem 31.12.2002 abgerechnet haben oder über eine mindestens einjährige gynäkologische Weiterbildung verfügen.*	180
01 731	Untersuchung zur **Früherkennung von Krebserkrankungen beim Mann** gemäß Abschnitt C. § 25 der Krebsfrüherkennungs-Richtlinie	143
01 732	**Gesundheitsuntersuchung** bei Erwachsenen ab dem vollendeten 18. Lebensjahr gemäß der Gesundheitsuntersuchungs-Richtlinie	320
01 733	**Zytologische Untersuchung** gemäß Abschnitt B. II. §§ 7 und 8 der Krebsfrüherkennungs-Richtlinie...	74
01 735	**Beratung zur Umsetzung der Chroniker-Richtlinie** zu Früherkennungsuntersuchungen für nach dem 1. April 1987 geborene Frauen ... *Im Quartal der Berechnung der GOP 01 735 und im Folgequartal ist die Gebührenordnungsposition 01 730 nicht berechnungsfähig.*	103
01 737	**Ausgabe und Weiterleitung eines Stuhlprobenentnahmesystems** gemäß Teil II. § 6 der Richtlinie für organisierte Früherkennungsprogramme, **inkl. Beratung** *Obligater Leistungsinhalt* – Ausgabe und Rücknahme des Stuhlprobenentnahmesystems, – Veranlassung der Untersuchung der Stuhlprobe auf okkultes Blut im Stuhl	57
01 740	**Beratung zur Früherkennung des kolorektalen Karzinoms** gemäß Teil II. §5 der Richtlinie für organisierte Früherkennungsprogramme *Obligater Leistungsinhalt* – Einmalige Beratung frühzeitig nach Vollendung des 50. Lebensjahres anhand der Versicherteninformation über Ziel und Zweck des Programms zur Früherkennung von Darmkrebs	115

▶ Text der Gebührenordnung (Auszug)

GOP	Leistungsbeschreibung	Punkte
01 741	**Koloskopischer Komplex** gemäß Teil II. §3 der Richtlinie für organisierte Krebsfrüherkennungsprogramme *Obligater Leistungsinhalt* – Totale Koloskopie ... mit Darstellung des Zökums, – Patientenaufklärung zur Koloskopie und zur Prämedikation, in angemessenem Zeitabstand vor dem Eingriff, – Aufklärung zum Vorgehen und zu einer möglichen Polypenabtragung und anderer therapeutischer Maßnahmen in derselben Sitzung, – Information zu Ablauf und Dauer der Darmreinigung, – Foto-/Videodokumentation, – Nachbeobachtung und -betreuung, – Einhaltung der Maßnahmen zur Überprüfung der Hygienequalität ..., – Vorhaltung der geeigneten Notfallausstattung ... *Fakultativer Leistungsinhalt* – Lagekontrolle durch ein bildgebendes Verfahren, – Aushändigung aller Substanzen zur Darmreinigung, – Probeexzision(en), – Gerinnungsuntersuchungen und kleines Blutbild, – Prämedikation/Sedierung *Die Berechnung der GOP 01 741 setzt eine Genehmigung der KV ... voraus.*	1945
01 742	**Zuschlag** zu der GOP 01 741 – Polypektomie(n) von Polypen mit einer Größe > 5 mm mittels Hochfrequenzdiathermieschlinge und/oder – Schlingenbiopsie(n) mittels Hochfrequenzdiathermieschlinge und/oder – Blutstillung(en)	288
01 743	**Histologie bei Früherkennungskoloskopie ...**	131
01 745	**Früherkennungsuntersuchung auf Hautkrebs** gemäß Abschnitt D. II. der Krebsfrüherkennungs-Richtlinie	214
01 746	**Zuschlag zur GOP 01 732 für die Früherkennungsuntersuchung auf Hautkrebs** gemäß Abschnitt D. II. der Krebsfrüherkennungs-Richtlinie	170
01 747	**Aufklärungsgespräch Ultraschall-Screening Bauchaortenaneurysmen** einmalig bei Männern ab 65 Jahren	57
01 748	**Ultraschall-Screening Bauchaortenaneurysmen** einmalig bei Männern ab 65 Jahren	148
32 880	**Harnteststreifen** gemäß Anlage 1 der **Gesundheitsuntersuchungs**-Richtlinie auf Eiweiß, Glukose, Erytrhozyten, Leukozyten und Nitrit	0,50 €
32 881	Bestimmung der **Nüchternplasmaglukose** gemäß Anlage 1 der **Gesundheitsuntersuchungs**-Richtlinie	0,25 €
32 882	Bestimmung des **Lipidprofils** (Gesamtcholesterin, LDL-Cholesterin, HDL-Cholesterin und Triglyceride) gemäß Anlage 1 der **Gesundheitsuntersuchungs**-Richtlinie	1,00 €

Erläuterungen

1.	Die **Früherkennungsuntersuchungen** bei Erwachsenen können jeweils nur von Vertragsärzten **bestimmter Fachgruppen** durchgeführt werden: • Krebsfrüherkennung Frauen — Gynäkologen • Krebsfrüherkennung Männer — Hausärzte, Chirurgen, Internisten, Urologen, Hautärzte • Früherkennung kolorektales Karzinom — Gastroenterologen • Früherkennung Hautkrebs — Hautärzte, Hausärzte • Gesundheitsuntersuchung — Hausärzte, Internisten
2.	**GOP 01 737 ist nicht abrechnungsfähig**, wenn der Patient das Probenröhrchen nicht zurückschickt.
3.	Die **Laborpauschalen im Rahmen der Gesundheitsuntersuchung (GOP 32 880–32 882)** dürfen nur abgerechnet werden, wenn die Laboruntersuchungen in der eigenen Praxis stattfinden. Bei Überweisung der Untersuchungen mittels Muster 10 oder Muster 10A muss das Kästchen „präventiv" angekreuzt werden.

Fall 17 – Internist: (siehe Seite 182)

Abrechnung nach EBM:

20. Sep. Walburga

01 732	Untersuchung zur Früherkennung von Krankheiten gemäß den Gesundheitsuntersuchungs-Richtlinien
32 880	Urinteststreifen im Rahmen der Gesundheitsuntersuchung
32 881	Bestimmung der Nüchternplasmaglukose im Rahmen der Gesundheitsuntersuchung
32 882	Bestimmung des Lipidprofils im Rahmen der Gesundheitsuntersuchung

Walter

01 731	Früherkennung von Krebserkrankungen beim Mann

25. Sep. Walburga

01 740	Beratung zur Früherkennung des kolorektalen Karzinoms
01 737	Ausgabe des Stuhlprobenentnahmesystems

Walter

01 740	Beratung zur Früherkennung des kolorektalen Karzinoms

Fall 17 – Gastroenterologe:

Abrechnung nach EBM:

12. Okt. Walter

01 741	Koloskopischer Komplex gemäß den Krebsfrüherkennungs-Richtlinien
01 742	Zuschlag zu der Leistung nach der GOP 01 741 (Polypektomie)

11.2.2 Abrechnung nach GOÄ

Für die Abrechnung von Früherkennungsuntersuchungen **bei Erwachsenen** kennt die GOÄ die **Nrn. 27 bis 29.**

	Text der GOÄ (Auszug)	Punktzahl	1-fach EUR	2,3-fach EUR	3,5-fach EUR
27	Untersuchung einer Frau zur Früherkennung von Krebserkrankungen der Brust, des Genitales, des Rektums und der Haut – einschl. Erhebung der Anamnese, Abstrichsentnahme zur zytologischen Untersuchung, Untersuchung auf Blut im Stuhl und Urinuntersuchung auf Eiweiß, Zucker und Erythrozyten, einschl. Beratung – *Mit der Gebühr sind die Kosten für Untersuchungsmaterialien abgegolten.* *Neben der Leistung nach Nr. 27 sind die Leistungen nach den Nrn. 1, 3, 5, 6, 7, 8, 297, 3500, 3650 und/oder 3652 nicht berechnungsfähig.*	320	18,65	42,90	65,28
28	Untersuchung eines Mannes zur Früherkennung von Krebserkrankungen des Rektums, der Prostata, des äußeren Genitales und der Haut – einschl. Erhebung der Anamnese, Urinuntersuchung auf Eiweiß, Zucker und Erythrozyten sowie Untersuchung auf Blut im Stuhl und einschl. Beratung – *Mit der Gebühr sind die Kosten für Untersuchungsmaterialien abgegolten.* *Neben der Leistung nach Nr. 28 sind die Leistungen nach den Nrn. 1, 3, 5, 6, 7, 8, 11, 3500, 3511, 3650 und/oder 3652 nicht berechnungsfähig.*	280	16,32	37,54	57,12
29	Gesundheitsuntersuchung zur Früherkennung von Krankheiten bei einem Erwachsenen – einschl. Untersuchung zur Erhebung des vollständigen Status (Ganzkörperstatus), Erörterung des individuellen Risikoprofils und verhaltensmedizinisch orientierter Beratung – Neben der Leistung nach Nr. 29 sind die Leistungen nach den Nrn. 1, 3, 5, 6, 7, und/oder 8 nicht berechnungsfähig.	440	25,65	58,99	89,76
750	Auflichtmikroskopie der Haut (Dermatoskopie, je Sitzung	120	8,86	16,09	24,48

Die **Koloskopie** kann nach Abschn. F Innere Medizin nach der **GOÄ-Nr. 687** abgerechnet werden; etwaige Polypenentfernung nach der GOÄ-Nr. 695.

Für die **Früherkennungsuntersuchung auf Hautkrebs** kennt die GOÄ keine eigenständige Gebührennummer. Die GOÄ-Nrn. 27 und 28 enthalten ein Hautkrebs-Screening nur als Teilleistung.

Eine Hautkrebsfrüherkennungsuntersuchung als alleinige Leistung kann je nach Dauer der Beratung mit den **GOÄ-Nrn. 1 oder 3** und zusätzlich der **GOÄ-Nr. 7** für die vollständige Untersuchung des gesamten Hautorgans abgerechnet werden.

Erläuterungen

1. Der GOÄ-Bereich B III. enthält **Vorsorge-/Früherkennungsleistungen** angelehnt an die Regelungen aus dem Bereich der gesetzlichen Krankenversicherung. Die dort enthaltenen Regelungen finden Eingang in die Amtliche Gebührenordnung.

2. **Krebsfrüherkennungsuntersuchungen für Frauen und Männer** – mit vorgeschriebenem Untersuchungsumfang – als Komplexleistung – sind nach den Nrn. 27 oder 28 berechnungsfähig.

Es gibt in der GOÄ – anders als im EBM – **keine untere Altersgrenze** für die Berechtigung und **keine Altersabstufung** bei den Leistungen.

3. Für die **Gesundheitsuntersuchung** – ebenfalls als Komplexleistung – gilt die Nr. 29.

Anders als im EBM gibt es keine GOÄ-Position für die gleichzeitige Erbringung von Gesundheits- und Krebsfrüherkennungsuntersuchung.
Demnach kann die Krebsfrüherkennungsuntersuchung neben der Gesundheitsuntersuchung abgerechnet werden.

4. **Neben komplexen Untersuchungs- und Früherkennungsleistungen** können andere Beratungen und Untersuchungen **nicht** abgerechnet werden.

5. Die Untersuchung der Haut mithilfe der **Auflichtmikroskopie nach GOÄ-Nr. 750** wird häufig auch als IGe-Leistung den gesetzlich Krankenversicherten angeboten.

Fall 17 – Internist: (siehe Seite 182)

Abrechnung nach GOÄ:

20. Sep.	**Walburga**	
	29	Gesundheitsuntersuchung
	3511	Harnteststreifen
	3560	Glukose
	3562	Cholesterin
	3563	HDL-Cholesterin
	3564	LDL-Cholesterin
	3565	Triglyzeride
	Walter	
	28	Untersuchung eines Mannes zur Früherkennung von Krebserkrankungen
25. Sep.	3	eingehende Beratung sowohl für Walter als auch für Walburga
	Walburga	
26. Sep.	A3756	Untersuchung auf okkultes Blut im Stuhl

Fall 17 – Gastroenterologe:

Abrechnung nach GOÄ:

12. Okt.	**Walter**	
	1	Beratung
	687	Hohe Koloskopie bis zum Coecum (s. LF 9)
	695	Entfernung von Polypen

11.3 Früherkennung von Brustkrebs durch Mammographie-Screening (Fall 18)

▶ Fall 18:

23. Nov. Anlässlich einer Früherkennungsuntersuchung für Frauen (1. A-P-K im Quartal) macht die Gynäkologin Dr. Niederkleine ihre Patientin Frau Ricarda Rüstig (50 Jahre) auf die Möglichkeit aufmerksam, an einem Mammographie-Screening teilzunehmen.

27. Nov. Nachdem Frau Rüstig eine Einladung erhalten hat, sucht sie die Zentrale Stelle des Screening-Programms auf, in der eine Beratung und die radiologische Untersuchung durchgeführt wird.

11.3.1 Abrechnung nach EBM

Die ärztlichen Leistungen zur Früherkennung von Brustkrebs durch Mammographie-Screening können abgerechnet werden nach **EBM-Kap. 1.7.3 (GOP 01 750–01 759).**
Um die Heilungschancen von Brustkrebserkrankungen zu erhöhen, haben die Vertragspartner der Bundesmantelverträge ein Programm zur Früherkennung von Brustkrebs durch Mammograhie-Screening vereinbart. Darüber hinaus gelten die Krebsfrüherkennungs-Richtlinien des Gemeinsamen Bundesausschusses.

▶ Text der Gebührenordnung (Auszug)

GOP	Leistungsbeschreibung	Punkte
01 750	**Röntgenuntersuchung beider Mammae** in je zwei Ebenen (Cranio-caudal, Media-lateral-oblique) im Rahmen des **Programms zur Früherkennung von Brustkrebs durch Mammographie-Screening** *Obligater Leistungsinhalt* – Überprüfung der erfolgten ärztlichen Aufklärung oder Einholung des Verzichts auf eine ärztliche Aufklärung vor Erstellung der Screening-Mammographieaufnahmen – Röntgenuntersuchung beider Mammae in je zwei Ebenen, – Erstellung der Screening-Mammographieaufnahmen inkl. Dokumentation, – Organisation der Befundung der Screening-Mammographieaufnahmen, – Organisation und Durchführung der Qualitätssicherungsmaßnahmen *Fakultativer Leistungsinhalt* – ergänzende ärztliche Untersuchung – Durchführung der Konsensuskonferenz – Durchführung der multidisziplinären Fallkonferenzen – Eintragung(en) in ein Röntgennachweisheft	553
01 752	**Konsiliarische Beurteilung von Mammographieaufnahmen** je Frau im Rahmen des **Programms zur Früherkennung von Brustkrebs** gemäß Richtlinien über die Früherkennung von Krebserkrankungen *Obligater Leistungsinhalt* – Konsiliarische Beurteilung von Mammographieaufnahmen je Frau *Fakultativer Leistunginhalt* – Teilnahme an Konsensuskonferenzen	41
01 755	**Stanzbiopsie(n) unter Röntgenkontrolle im Rahmen der Abklärungsdiagnostik** …	1124
01 756	**Histologische Untersuchung** eines durch eine Biopsie gewonnenen Materials …	97

Erläuterungen

1.	Zur Durchführung des Mammographie-Screenings-Programms sind nur ganz bestimmte Ärzte an speziellen Zentren mit **entsprechenden Genehmigungen** berechtigt. Die Durchführung des Programms unterliegt bundeseinheitlichen Qualitätskriterien.
2.	Zur Teilnahme an diesem Programm sind Frauen **ab dem Alter von 50 Jahren bis zur Vollendung des 70. Lebensjahres** alle 24 Monate berechtigt. Jede Aufnahme wird von einem 2. Arzt begutachtet.
3.	Die Mammographie-Aufnahmen werden grundsätzlich von **zwei Ärzten** unabhängig voneinander begutachtet.
4.	Bei Verdacht auf Brustkrebs finden **weitere Untersuchungen** im Rahmen des Programms statt.
5.	Zum Mammographie-Screening werden die betroffenen Frauen durch eine **zentrale Stelle** eingeladen. Das gilt sowohl für gesetzlich Krankenversicherte als auch für Privatpatientinnen.

Fall 18 – Gynäkologe: (siehe Seite 189)

	Abrechnung nach EBM:	
23. Nov.	01 730	Untersuchung zur Früherkennung von Krebserkrankungen bei der Frau

Fall 18 – Radiologe:

	Abrechnung nach EBM:	
27. Nov.	01 750	Röntgenuntersuchung beider Mammae
	01 752	Konsiliarische Beurteilung von Mammographieaufnahmen

11.3.2 Abrechnung nach GOÄ

Für die Abrechnung einer **Mammographie** kennt die GOÄ im **Abschn. O. Strahlendiagnostik die Nrn. 5265 bis 5267.**

	Text der GOÄ (Auszug)	Punktzahl	1-fach EUR	1,8-fach EUR	2,5-fach EUR
5265*	Mammographie einer Seite, in einer Ebene *Die Leistung nach Nr. 5265 ist je Seite und Sitzung nur einmal berechnungsfähig.*	300	17,49	31,48	43,72
5266*	Mammographie einer Seite, in zwei Ebenen	450	26,23	47,21	65,57
5267*	Ergänzende Ebene(n) oder Spezialprojektion(en) im Anschluss an die Leistung nach Nr. 5266	150	8,74	15,74	21,86

Fall 18 – Gynäkologe: (siehe Seite 189)

23. Nov.	27	Früherkennungsuntersuchung Frauen

Fall 18 – Radiologe:

27. Nov.	1	Beratung
	5266	Mammographie einer Seite, in zwei Ebenen, rechts
	5266	Mammographie einer Seite, in zwei Ebenen, links

11.4 Disease-Management-Programme (DMP)

Zur besonders qualifizierten ärztlichen Versorgung bestimmter chronischer Krankheiten hat der Gesetzgeber spezifische Versorgungsprogramme eingeführt. Diese strukturierten Behandlungsprogramme – auch **Disease-Management-Programme (DMP)** genannt – werden von den Krankenkassen angeboten. Der Patient, der sich in ein solches Programm „einschreibt", wird vorher von seiner Krankenkasse umfassend über Ziel und Ablauf der Betreuung informiert. Demnach kommt der Patient in den Genuss einer intensiven persönlichen Betreuung einschließlich bestimmter Schulungen, die für das Verständnis und das „Management" seiner Krankheit wichtig sind. Vertragsärzte, die an diesen Programmen teilnehmen wollen, müssen sich hierfür bewerben und erhalten dann gegebenenfalls die Genehmigung durch die zuständige Kassenärztliche Vereinigung. Die Programme werden durch Rechtsverordnung des Bundesministeriums für Gesundheit in enger Zusammenarbeit mit dem Gemeinsamen Bundesausschuss festgelegt. Die Krankenkassen entscheiden, ob und für welche Region sie ein solches Programm übernehmen.

Ziel dieser Programme ist eine umfassende Datensammlung aus den Behandlungsabläufen zur Verbesserung der Versorgung von Patienten mit den entsprechenden Krankheiten und die Förderung des Wettbewerbs unter den Krankenkassen. Die Krankenkassen, die solche Programme anbieten, erwarten einen Zuwachs an Mitgliedern.

Zu den chronischen Krankheiten, für die zurzeit DMP festgelegt sind, gehören

- **Asthma bronchiale**
- **chronisch-obstruktive Lungenerkrankungen (COPD)**
- **Brustkrebs**
- **koronare Herzkrankheit**
- **Diabetes Typ 1**
- **Diabetes Typ 2**

Im Rahmen des **DMP Diabetes Typ 2** werden beispielsweise umfangreiche **Erst- und Folgedokumentationen** erhoben einschließlich der Ausstellug eines Diabetes- und Fußpasses. Der betreuende Vertragsarzt hat einmal jährlich einen körperlichen, besonders angiologoschen und neurologischen Status zu erheben und die Vorstellung beim Augenarzt zu veranlassen. Jedes Quartal ist ein Leistungskomplex zu erbringen, der Gewichtsmessung, Fußinspektion, Therapiedokumentation, Blutzuckermessung, Blutdruckmessung, Kontrolle des Patiententagebuchs, Frage nach Hypoglykämien, Nikotinkonsum, Fußpalpation und die Laborleistung HbA1 oder HbA1c beinhaltet. Darüberhinaus sieht das DMP unterschiedliche Behandlungs- und Schulungspropramme z.B. zur lebensverändernden Situation oder zur Bluthochdrucksymptomatik vor.

Die Abrechnung der von den teilnehmenden Vertragsärzten im Rahmen des DMP erbrachten Leistungen erfolgt unter Angabe besonderer vertraglich festgelegter Kennziffern mit der Quartalabrechnung über die zuständige Kassenärztliche Vereinigung. Da die Verträge für das DMP besondere Vergütungsreglungen vorsehen, sind diese Leistungen gesondert herauszustellen. Da die Abrechnungsziffern in den KV-Bereichen variieren, wird auf eine Darstellung in diesem Schulungsbuch verzichtet.

11.5 Dokumentationsbögen in der vertragsärztlichen Versorgung

▶ Die jeweiligen Früherkennungsuntersuchungen beinhalten ein festgelegtes Programm von ärztlichen Leistungen. Die Ergebnisse werden in Dokumentationsbögen festgehalten.

Diese Bögen werden mit der Abrechnung ggf. an die Kassenärztliche Vereinigung geschickt. Genaue Bestimmungen müssen bei der zuständigen KV erfragt werden. Die Kassenärztliche Vereinigung benötigt die inhaltlichen Angaben nicht nur für die Kontrolle auf Vollständigkeit der ärztlichen Leistung, sondern auch für statistische Auswertungen.

▶ Die Verantwortung für die richtigen und vollständigen Eintragungen liegt beim Arzt.

Die Medizinische Fachangestellte füllt lediglich das Personalienfeld mit Hilfe der Gesundheitskarte aus. Ein Teil der Formulare liegt inzwischen elektronisch vor und wird elektronisch auch übermittelt.

▶ Auf den nachfolgenden Seiten sind folgende Dokumentationsbögen abgedruckt:

- **Dokumentationsvordruck Früherkennung von Krankheiten bei Kindern (U1 – U9)**
- **Überweisungsschein zur präventiven zytologischen Untersuchung (Muster 39 a)**
- **Dokumentationsbogen Krebsfrüherkennung Frauen (Muster 39 b und d)**
- **Dokumentationsbogen Krebsfrüherkennung Männer (Muster 40)**

▶ **Hinweis:**

Die **Gesundheitsuntersuchung** wird ausschließlich in der Patientenakte dokumentiert. Das Muster 30 (Berichtsvordruck Gesundheitsuntersuchung) ist nicht mehr gültig.

11.5.1 Dokumentationsvordruck Früherkennung von Krankheiten bei Kindern (U1 – U9)

Als Beispiel für die unterschiedlichen Berichtsvordrucke wird der Vordruck U1 und Pulsoxymetrie-Screening gezeigt.

Spezielle Früherkennungsuntersuchungen

Spezielle Früherkennungsuntersuchungen

Pulsoxymetrie-Screening

- **Kein Pulsoxymetrie-Screening bei pränatal diagnostiziertem kritischen Herzfehler**
- **Eltern wünschen keine Untersuchung**

Untersuchung erfolgt am:

Datum: Uhrzeit:

Messwert: % auffällig unauffällig kontrollbedürftig

Kontrollmessung erfolgt am:

Datum: Uhrzeit:

Messwert: % auffällig unauffällig

Abklärung veranlasst:

ja nein Datum:

Stempel und Unterschrift

5

U1 Neugeborenen-Erstuntersuchung

Familienanamnese:
(u. a. behandlungsbedürftige Hyperbilirubinämie bei einem vorausgegangenen Kind)

Körperliche Untersuchung

Apgar-Wert 5'/10'

Reifezeichen:

Körpergewicht in g

Fehlbildungen:

Körperlänge in cm

Traumata:

Gelbsucht Ödeme

Sonstiges

Vitamin-K-Prophylaxe gegeben:

ja Dosis: 2 mg oral abweichende Dosis:

nein

Stempel **Unterschrift und Datum:**

4

11.5.2 Überweisungsschein zur präventiven zytologische Untersuchung (Muster 39a)

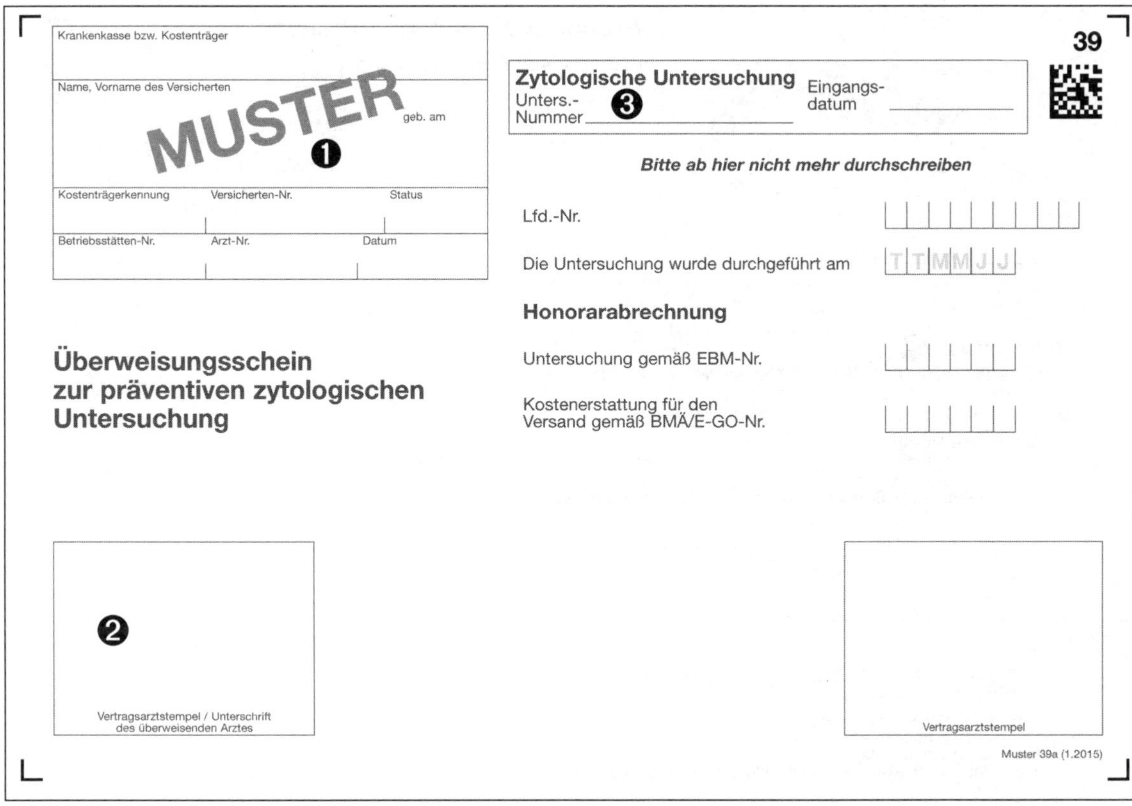
Krankenkasse bzw. Kostenträger
Name, Vorname des Versicherten
geb. am
MUSTER ❶
Kostenträgerkennung | Versicherten-Nr. | Status
Betriebsstätten-Nr. | Arzt-Nr. | Datum

Überweisungsschein zur präventiven zytologischen Untersuchung

39

Zytologische Untersuchung
Unters.-Nummer ❸
Eingangs-datum

Bitte ab hier nicht mehr durchschreiben

Lfd.-Nr.
Die Untersuchung wurde durchgeführt am T T M M J J

Honorarabrechnung
Untersuchung gemäß EBM-Nr.
Kostenerstattung für den Versand gemäß BMÄ/E-GO-Nr.

❷
Vertragsarztstempel / Unterschrift des überweisenden Arztes

Vertragsarztstempel

Muster 39a (1.2015)

Das Muster 39a ist das obere Formular des insgesamt dreiteiligen Formularsatzes des Dokumentationsbogens der Krebsfrüherkennungsuntersuchung bei Frauen. Der untersuchende Arzt schickt den ausgefüllten Formularsatz mit dem entnommenen Abstrichmaterial zur mikroskopischen Diagnostik an einen Zytologen.

Führt der untersuchende Arzt die zytologische Untersuchung selbst durch, wird dieser Formularteil nicht benötigt.

Beim ordnungsgemäßen Ausfüllen von Muster 39a sind folgende Punkte zu beachten:

❶ Das **Personalienfeld** wird mittels der Gesundheitskarte ausgedruckt.

❷ **Vertragsarztstempel und Unterschrift** des überweisenden Arztes

❸ Diese ganze rechte Seite des Formulars wird vom **Zytologen** ausgefüllt.
Hier erfolgen seine Eintragungen über Eingangsdatum, Untersuchungsnummer, Untersuchungsdatum und Honorarabrechnung.
Abschließend muss auch der Zytologe seinen Vertragsarztstempel einsetzen und den Vordruck an die KV senden.

11.5.3 Dokumentationsbogen Krebsfrüherkennung Frauen (Muster 39 b und d)

Krankenkasse bzw. Kostenträger

Name, Vorname des Versicherten

geb. am

MUSTER

❶

Kostenträgerkennung | Versicherten-Nr. | Status

Betriebsstätten-Nr. | Arzt-Nr. | Datum

Krebsfrüherkennung - Frauen 39

Zytologische Untersuchung

Unters.-Nummer ______

Eingangsdatum ______

Ausgangsdatum ______

Laborbarcode

Geburtsjahr ❷ 1 9 J J

Tag der Untersuchung T T M M J J

Anamnese ❸

Wurde bereits eine Krebsfrüherkennungsuntersuchung durchgeführt?

☐ nein ☐ ja, zuletzt im Jahr J J

Ggf. Nr. des letzten zytolog. Befundes ______ Gruppe ______

Gynäkologische OP, Strahlen- oder Chemotherapie des Genitales

☐ nein ☐ ja Welche? ______

Wann? ______

Zahl der Schwangerschaften einschließlich Fehlgeburten ☐☐

Jetzt:	nein	ja
Letzte Periode T T M M J J Gravidität	☐	☐
Path. gynäkologische Blutungen z.B. zwischen den normalen Regeln, Dauer- oder Schmierblutung im Klimakterium, in der Postmenopause, bei Verkehr, blutig-bräunlicher Ausfluss	☐	☐
Sonstiger Ausfluss	☐	☐
IUP	☐	☐
Ovulationshemmer	☐	☐
Sonstige Hormon-Anwendung	☐	☐

Welche? ______

Warum? ______

Befund	nein	ja	
Vulva Inspektion auffällig	☐	☐	
Portio und Vagina Spiegeleinstellung auffällig	☐	☐	
Inneres Genitale Gyn. Tastbefund auffällig	☐	☐	
Inguinale Lymphknoten auffällig	☐	☐	
Bish. unbek. behandlungsbed. Nebenbefunde	☐	☐	
Haut Wachstum, Verfärbung oder Blutung eines Pigmentfleckens oder Knotens	☐	☐	Zusätzl. ab dem Alter von **30** Jahren ❹
Mamma Inspektions-/Tastbefund auffällig	☐	☐	
Axilläre Lymphknoten auffällig	☐	☐	
Rektum / Kolon Abgang von Blut oder Schleim mit dem Stuhl	☐	☐	Zusätzl. ab dem Alter von **50** Jahren
Neu aufgetr. Unregelmäßigkeiten im Stuhlgang	☐	☐	
Tastbefund auffällig	☐	☐	
Stuhltest zurückgegeben	☐	☐	
Stuhltest positiv	☐	☐	

Ausfertigung für den untersuchenden Arzt

Zytologischer Befund ❻

☐ **Zellmaterial nicht verwertbar**

Endozervikale Zellen

☐ vorhanden ☐ nicht vorhanden

Proliferationsgrad ______

☐ Döderleinflora ☐ Mischflora ☐ Kokkenflora

☐ Trichomonaden ☐ Candida ☐ Gardnerella

Gruppe ______

Bemerkungen ______

Empfehlung ☐ zytologische Kontrolle

☐ nach Entzündungsbehandlung

☐ nach Östrogenbehandlung

☐ nach ______

☐ histologische Klärung

Vertragsarztstempel / Unterschrift des zytologisch tätigen Arztes

Gyn. Diagnose ______

RR ❺

Bei Werten über 140/90 bitte 2. Messung eintragen

_ _ _ / _ _ _   _ _ _ / _ _ _

❼

Vertragsarztstempel / Unterschrift des Arztes

Muster 39b (1.2015)

Muster 39 b wird zunächst vom Gynäkologen ausgefüllt und dann mit Muster 39 a und d dem Zytologen geschickt. Der zytologische Befund wird vom **Zytologen** ergänzt und ausgefüllt an Einsender zurückgeschickt. **Muster 39 d** verbleibt beim **Zytologen**.

Hinweis: Muster 39 c ist nicht besetzt.

Beim ordnungsgemäßen Ausfüllen von Muster 39 b und d sind folgende Punkte zu beachten:

❶ Das **Personalienfeld** wird mittels der Gesundheitskarte ausgedruckt.

❷ Einzutragen sind:
- das **Geburtsjahr**,
- der **Tag der Untersuchung**.

❸ Die **Anamnese** wird durch eine Reihe von Fragen erhoben, die jeweils durch das Ankreuzen von „Nein" oder „Ja" Feldern zu beantworten sind.

Wenn die Frage „Wurde bereits eine Krebsfrüherkennungsuntersuchung durchgeführt?" mit „Ja" zu beantworten ist, **muss** auch die **Jahresangabe** dieser Untersuchung eingetragen werden.

Der **Befund** ergibt sich aus der Untersuchung der zum Programm der Krebsfrüherkennung gehörenden Bereiche äußeres Genitale, Brust und Haut sowie Rektum und übriger Dickdarm und wird durch Ankreuzen von „Nein" oder „Ja" Feldern beantwortet.

❹ Die Krebsfrüherkennungsuntersuchungen des Genitale ab dem Alter von 20 Jahren wird ab dem Alter von 30 Jahren durch die Untersuchung der Brust und der Haut und ab dem Alter von 50 Jahren durch die Untersuchung des Rektums und des übrigen Dickdarms ergänzt. Ab dem Alter von 55 Jahren und gegebenenfalls 10 Jahre später kann zusätzlich eine Koloskopie (Darmspiegelung) in Anspruch genommen werden.

Die Durchführung dieser Untersuchungen ist gegebenenfalls durch Ankreuzen von „Nein" oder „Ja" Feldern zu beantworten.

❺ Bei der Krebsfrüherkennung wird auch der Blutdruck kontrolliert. Liegt der Wert über 140/90 wird eine 2. Messung vorgenommen.

❻ Dieser Teil enthält den **zytologischen Befund**.
Der Zytologe erhält den gesamten Formularsatz und schickt nach seinen Untersuchungen Muster 39 b an den untersuchenden Arzt zurück. Er behält Muster 39 d.

❼ **Vertragsarztstempel und Unterschrift** des Arztes

11.5.4 Dokumentationsbogen Krebsfrüherkennung Männer (Muster 40)

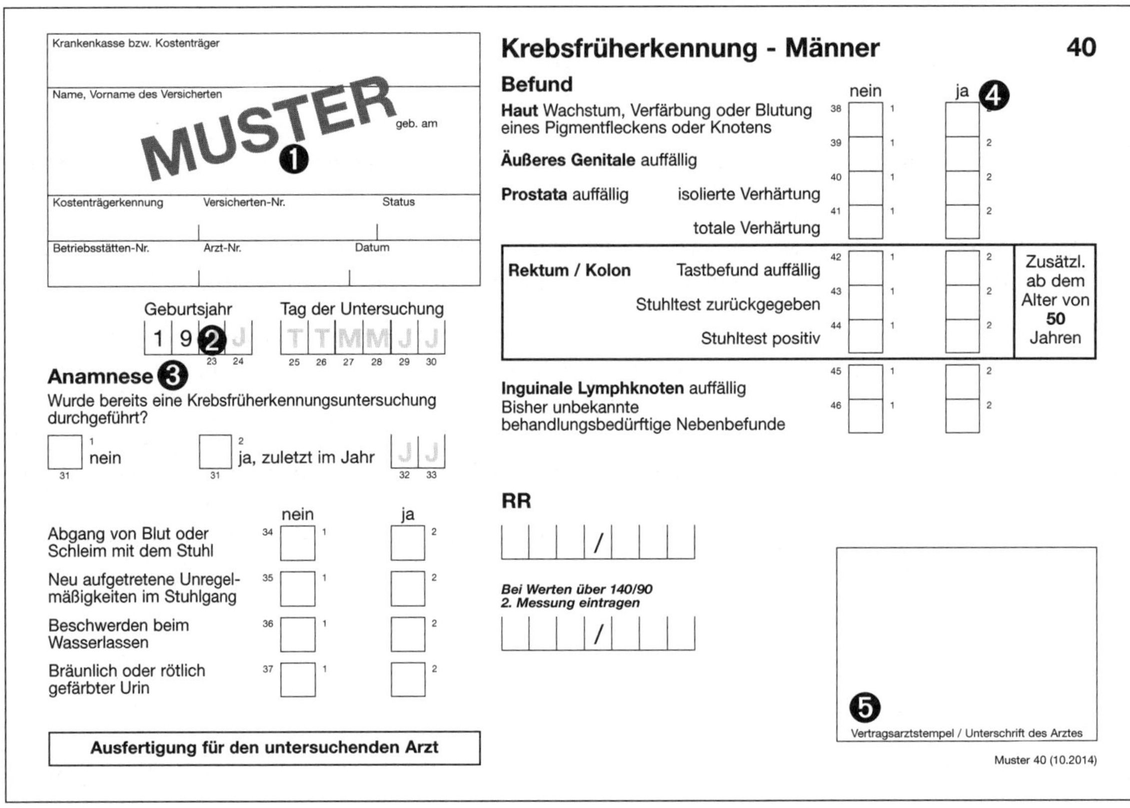

Krankenkasse bzw. Kostenträger

Name, Vorname des Versicherten

geb. am

MUSTER ❶

Kostenträgerkennung | Versicherten-Nr. | Status

Betriebsstätten-Nr. | Arzt-Nr. | Datum

Geburtsjahr: 1 9 ❷ J — 23 24

Tag der Untersuchung: T T M M J J — 25 26 27 28 29 30

Anamnese ❸

Wurde bereits eine Krebsfrüherkennungsuntersuchung durchgeführt?

31 [ ] 1 nein — 31 [ ] 2 ja, zuletzt im Jahr J J (32 33)

		nein	ja
Abgang von Blut oder Schleim mit dem Stuhl	34	[ ] 1	[ ] 2
Neu aufgetretene Unregelmäßigkeiten im Stuhlgang	35	[ ] 1	[ ] 2
Beschwerden beim Wasserlassen	36	[ ] 1	[ ] 2
Bräunlich oder rötlich gefärbter Urin	37	[ ] 1	[ ] 2

Ausfertigung für den untersuchenden Arzt

Krebsfrüherkennung - Männer — **40**

Befund ❹

		nein	ja
Haut Wachstum, Verfärbung oder Blutung eines Pigmentfleckens oder Knotens	38	[ ] 1	[ ] 2
Äußeres Genitale auffällig	39	[ ] 1	[ ] 2
Prostata auffällig — isolierte Verhärtung	40	[ ] 1	[ ] 2
totale Verhärtung	41	[ ] 1	[ ] 2
Rektum / Kolon — Tastbefund auffällig	42	[ ] 1	[ ] 2
Stuhltest zurückgegeben	43	[ ] 1	[ ] 2
Stuhltest positiv	44	[ ] 1	[ ] 2
Inguinale Lymphknoten auffällig	45	[ ] 1	[ ] 2
Bisher unbekannte behandlungsbedürftige Nebenbefunde	46	[ ] 1	[ ] 2

Zusätzl. ab dem Alter von **50** Jahren

RR

_ _ _ / _ _ _

Bei Werten über 140/90 2. Messung eintragen

_ _ _ / _ _ _

❺ Vertragsarztstempel / Unterschrift des Arztes

Muster 40 (10.2014)

Muster 40 verbleibt beim untersuchenden **Arzt**.

Beim ordnungsgemäßen Ausfüllen von Muster 40 sind folgende Punkte zu beachten:

❶ Das **Personalienfeld** wird mittels der Gesundheitskarte ausgedruckt.

❷ Einzutragen sind:

- das **Geburtsjahr**,
- der **Tag der Untersuchung**.

❸ Die **Anamnese** wird durch eine Reihe von Fragen erhoben, die jeweils durch das Ankreuzen von „Nein“ oder „Ja“ Feldern zu beantworten sind.

Wenn die Frage „Wurde bereits eine Krebsfrüherkennungsuntersuchung durchgeführt?“ mit „Ja“ zu beantworten ist, **muss** auch die **Jahresangabe** dieser Untersuchung eingetragen werden.

❹ Der **Befund** ergibt sich aus der Untersuchung der zum Programm der Krebsfrüherkennung gehörenden Bereiche Haut, äußeres Genitale sowie Rektum und übriger Dickdarm und wird durch Ankreuzen von „Nein“ oder „Ja“ Feldern beantwortet.

Ergibt sich aufgrund der Untersuchung ein **Krebsverdacht**, ist auch der eingerahmte Bereich auf der rechten Formularseite – gegebenenfalls nach weiteren Untersuchungen – auszufüllen.

❺ **Vertragsarztstempel und Unterschrift** des Arztes

11.5.5 ✎Wie war das noch? (zu Kap. 11.1 bis 11.4)

1. a) Wie viele Früherkennungsuntersuchungen (U-Untersuchungen) bei Kindern gibt es nach EBM?
b) Bis zu welchem Alter erfolgen diese Untersuchungen?

➔ a) ....

➔ b) ....

2. In welchem Alter kann die Jugendgesundheitsuntersuchung nach EBM abgerechnet werden?

➔ ....

3. Nennen Sie mindestens drei Leistungen, die zur Gesundheitsuntersuchung nach EBM gehören?

➔ .... ➔ ....

➔ ....

4. In welchem Alter sind Frauen nach EBM berechtigt, am Mammographie-Screening-Programm teilzunehmen?

➔ ....

5. Welche Fachärzte dürfen Krebsfrüherkennungsuntersuchungen bei Frauen nach EBM erbringen?

➔ ....

6. Nach welcher EBM-GOP wird die Verordnung von Ovulationshemmern abgerechnet, wenn an diesem Behandlungstag keine weitere Leistung erfolgt?

➔ ....

7. a) Ab welchem Alter kann eine Vorsorgekoloskopie nach EBM abgerechnet werden?
b) Welche EBM-GOP kann für diese Leistung abgerechnet werden?
c) Welche GOÄ-Nr. kann für eine Koloskopie abgerechnet werden?

➔ a) ....

➔ b) ....

➔ c) ....

8. Nach welchen GOÄ-Positionen können Untersuchungen zur Früherkennung von Krankheiten bei Kindern abgerechnet werden?

➔ ....

➔ ....

9. Welche Abrechnungsbestimmungen gelten für die Leistung nach Nr. 26 GOÄ?

➔ ....

➔ ....

➔ ....

10. **Welcher Unterschied bei den Krebsfrüherkennungsuntersuchungen besteht zwischen EBM und GOÄ?**

→ ....

....

11. **Wie ist nach GOÄ abzurechnen, wenn bei einem Mann bei einer Arzt-Patienten-Begegnung eine Krebsfrüherkennungsuntersuchung und eine Gesundheitsuntersuchung durchgeführt werden?**

→ ....

12. **Welcher Teil des Dokumentationsbogens Krebsfrüherkennung Frauen verbleibt beim Arzt?**

→ ....

13. **In welcher Form wird die Gesundheitsuntersuchung dokumentiert?**

→ ....

14.	Fälle	EBM-GOP	GOÄ-Nrn.
6. Okt.	Oswald Oberhaus, 56 Jahre, kommt zur vereinbarten Krebsfrüherkennungsuntersuchung. Im Anschluss an die Untersuchung informiert der Hausarzt Herrn Oberhaus über die für ihn mögliche koloskopische Früherkennungsuntersuchung und gibt ihm das entsprechende Merkblatt. Er ermutigt den Patienten zu einer solchen Untersuchung, zeigt die Wirksamkeit auf und erklärt Nachteile, Risiken und Vorgehensweisen bei einem positiven Befund. Nachdem Herr Oberhaus sich mit solchen Untersuchung einverstanden erklärt hat, stellt der Arzt eine Überweisung zum Gastroenterologen aus.		
11. Okt.	Adelheid Alberti, 31 Jahre, erscheint beim Gynäkologen zur vereinbarten Krebsfrüherkennungsuntersuchung. Der Arzt führt die Früherkennungsuntersuchung durch und entnimmt Material für die zytologische Untersuchung. Anschließend berät der Gynäkologe Frau Alberti im Rahmen der Empfängisregelung über Alternativen zur Pille. Abschließend bittet Frau Alberti um eine Überweisung zum Hausarzt.		
12. Okt.	Bianca Bettelmann, 36 Jahre, begleitet ihren 13-jährigen Sohn Brusius zu dem Hausarzt der Familie zur Durchführung der Jugendgesundheitsuntersuchung. Nach der Untersuchung von Brusius bittet Frau Bettelmann den Arzt noch, sich ihre kleine Brandwunde an der rechten Hand anzusehen, die sie sich heute Morgen zugezogen hat. Der Arzt untersucht symptombezogen, säubert und verbindet die Wunde. Anschließend erläutert er das weitere Vorgehen in einem kurzen Beratungsgespräch.	Brusius: Fr. Bettelmann:	Brusius: Fr. Bettelmann:
13. Okt.	Caspar Claudius, 48 Jahre, ist rechtzeitig um 10 Uhr bei seinem hausärztlich tätigen Internisten zur vereinbarten Gesundheitsuntersuchung. Der Hausarzt führt die Untersuchung durch und stellt Herrn Claudius auf dessen Bitte noch ein Wiederholungsrezept über ein blutdrucksenkendes Medikament aus.		

Teil 2: Schutzimpfungen

11.6 Schutzimpfungen (Fall 19)

Fall 19:

19. Mai Nach dem Impfplan ist bei der einjährigen Margret erneut eine Masern-Mumps-Röteln-Varizellen-Impfung fällig. Margret kommt heute mit ihrer Mutter zum drittenmal in diesem Quartal in die Praxis von Kinderarzt Dr. Kindervater.

Dr. Kindervater untersucht Margret, um festzustellen, dass die Schutzimpfung jetzt unbedenklich ist.

11.6.1 Schutzimpfungen in der gesetzlichen Krankenversicherung

Gesetzlich Krankenversicherte haben Anspruch auf die Schutzimpfungen, die in den Richtlinien des G-BA aufgelistet sind (s. LF3). Von der Leistungspflicht sind Reiseschutzimpfungen ausgeschlossen. Diese können dann als „Satzungsleistungen" von der Krankenkasse gewährt werden, wenn damit die Einschleppung von Infektionskrankheiten in die Bundesrepublik Deutschland verhindert werden kann.

Diese auf Landesebene getroffenen Verträge gelten auch für die Impfung von Anspruchsberechtigten nach den Verträgen mit

- der Postbeamten-Krankenkasse,
- der Bundespolizei und
- der Bundeswehr.

Hinweis:

Die Abrechnung erfolgt
- **nach Dokumentationsnummern gemäß G-BA-Richtlinien**
- **quartalsweise**
- **über die zuständige Kassenärztliche Vereinigung.**

Die Dokumentationsnummer wird ergänzt durch die **Zusatzbuchstaben A, B oder R:**
- **A** = erste Dosen eines Impfzyklus, bzw. unvollständige Impfserie
- **B** = letzte Dosis eines Impfzyklus nach Fachinformation
- **R** = Auffrischungsimpfung

Impfung (Auszug; vollständige Liste s. LF 3)	**Dokumentationsnummer**
Einfach-Impfung	
Diphterie	89 100/89 101
Frühsommermeningo-Enzephalitis (FSME)	89 102
Varizellen	89 125/89 126
Zwei- und Dreifach-Impfung	
Diphterie, Tetanus (DT)	89 200
Hepatitis A und Hepatitis B (HA – HB)	89 202
Masern, Mumps, Röteln (MMR)	89 301
Diphterie, Pertussis, Tetanus (Tdap)	89 303
Mehr als Dreifach-Impfung	
Masern, Mumps, Röteln, Varizellen (MMRV)	89 401
Diphterie, Pertussis, Tetanus, Poliomyelitis, Haemophilus-influenzae Typ b (DTaP-IPV-Hib)	89 500

Die Impfstoffe sind in der Regel über den Sprechstundenbedarf unter Verwendung des Arzneiverordnungsblattes, Muster 16, zu beziehen.

▶ **Wichtig:**

Impfstoffe fallen nicht in das Arzneimittelbudget.

▶ **Erläuterungen**

1. **Die erforderliche Impfberatung und die Eintragung in einen Impfpass sind mit der Gebühr für die Impfung abgegolten.** Die Impfberatung als alleinige Leistung kann ggf. abgerechnet werden. Im Bereich der KV Nordrhein wird die Dokumentations-Nummer 89 090 eingetragen.

2. **Mehrfachimpfungen gelten als eine Impfung** (Zweifachimpfung, Dreifachimpfung).

   Bei diesen Impfungen kann immer **nur eine** Dokumentationsnummer abgerechnet werden.

3. Wird aufgrund der Impfstoffzubereitung z.B. neben einer **Zweifachimpfung** auch eine **Einzelimpfung** bei derselben Arzt-Patienten-Begegnung durchgeführt, sind die entsprechenden Dokumentationsnummer nebeneinander anzusetzen.

▶ **Hinweis:**

Beispielsweise sind **Schutzimpfungen für Urlaubsreisen keine Pflichtleistungen der gesetzlichen Krankenversicherung.**
Diese Art von Leistungen gehört zu den **nichtvertragsärztlichen Leistungen; siehe hierzu Teil 3** der Ausführungen zu diesem Lernfeld.

▶ **Fall 19 – Kinderarzt:** (siehe Seite 199)

	Abrechnung nach EBM:	
19. Mai	89 401B	MMRV-Impfung
	--------	Untersuchung in Impfleistung enthalten

11.6.2 Schutzimpfungen bei Privatpatienten

Alle ärztlichen Leistungen bei Schutzimpfungen sind in der **GOÄ im Abschn. C V.: Impfungen und Testungen (Nrn. 375–378)** erfasst.

	Text der GOÄ (Auszug)	Punktzahl	1-fach EUR	2,3-fach EUR	3,5-fach EUR
375	Schutzimpfung (intramuskulär, subkutan) – gegebenenfalls einschließlich Eintragung in den Impfpass –	80	4,66	10,72	16,32
376	Schutzimpfung (oral) – einschl. beratendem Gespräch –	80	4,66	10,72	16,32
377	Zusatzinjektion bei Parallelimpfung	50	2,91	6,70	10,20
378	Simultanimpfung (gleichzeitige passive und aktive Impfung gegen Wundstarrkrampf)	120	6,99	16,09	24,48

▶ **Erläuterungen**

1.	**Die Leistungen nach den Nrn. 375–378 gelten allgemein für jede Art von Schutzimpfung.** Eine Zusatzinjektion bei Parallelimpfung ist nach Nr. 377 zu einer geringeren Gebühr abzurechnen.
2.	**Erforderliche Nachbeobachtungen** am Tag der Impfung sind in den Leistungsansätzen enthalten und **nicht gesondert berechnungsfähig.**
3.	Neben den Leistungen nach den Nrn. 376–378 sind die Leistungen nach den **Nrn. 1 und 2** und die gegebenenfalls erforderliche Eintragung in den Imfpass **nicht berechnungsfähig.**

▶ **Fall 18 – Kinderarzt:**

	Abrechnung nach GOÄ:	
19. Mai	5	Symptombezogene Untersuchung
	K1	Zuschlag bei Kindern bis zum vollendeten 4. Lebensjahr
	375	MMRV-Impfung

Teil 3: Nicht vertragsärztliche Leistungen

11.7 Nicht vertragsärztliche Leistungen (Fall 20)

▶ **Hinweis:**

Nicht vertragsärztliche Leistungen sind privatärztliche Leistungen, die auch mit dem gesetzlich versicherten Patienten direkt **auf der Grundlage der GOÄ** abgerechnet werden.

▶ **Fall 20:**

10. Juli Das Ehepaar Robert und Rossana Rastlos kommt in die Praxis seines Hausarztes Dr. Gütlich. Sie berichten Herrn Dr. Gütlich von ihrer geplanten Safarireise und bitten um eine Impfberatung. Dr. Gütlich berät, die Eheleute sind mit der Impfung einverstanden. Nach kurzer Untersuchung wird geimpft.

Darüberhinaus bittet Herr Rastlos um eine sportmedizinische Untersuchung und um einen sportmedizinischen Fitnesstest, da er auch Kurse einer Tauchschule besuchen möchte.

Frau Rastlos möchte sich von einer Tätowierung trennen und bittet um deren Entfernung.

Nicht vertragsärztliche Leistungen sind ärztliche Leistungen, die nicht zur vertragsärztlichen Versorgung gehören. Solche Leistungen sind weder durch das Sozialgesetzbuch, noch durch den Bundesmantelvertrag oder andere vertragliche Regelungen im Leistungsspektrum der gesetzlichen Krankenkassen verankert.

Dennoch kann es sich um Leistungen handeln, die nur der Arzt ausführen darf und ausführen kann und die auch der gesetzlich krankenversicherte Patient gerne in Anspruch nehmen möchte. Solche Leistungen können vom Arzt dann zwar erbracht, aber nicht der gesetzlichen Krankenversicherung in Rechnung gestellt werden.

Von gesetzlich Krankenversicherten beim Arzt in Anspruch genommene Leistungen, die nicht zum Leistungsspektrum der gesetzlichen Krankenversicherung gehören, kann man als Individuelle Gesundheitsleistungen (IGEL-Leistungen) bezeichnen. Dazu gehören auch die Leistungen, die in der Richtlinie des G-BA zu Untersuchungs- und Behandlungsmethoden der vertragsärztlichen Versorgung ausdrücklich aus dem Leistungskatalog der gesetzlichen Krankenversicherung ausgeschlossen wurden (Anlage II der G-BA-Richtlinie) sowie Reiseschutzimpfungen.

11.7.1 IGEL-Leistungen

Individuelle Gesundheitsleistungen (IGEL-Leistungen) können beispielsweise sein:

- Zusätzliche Gesundheitsuntersuchung außerhalb des dreijährigen Rhythmus;
- Zusätzliche jährliche Untersuchung zur Früherkennung von Hautkrebs;
- Sportmedizinische Beratungen und Untersuchungen;
- Ästhetische Operationen;
- Entfernung von Tätowierungen;
- Blutgruppenbestimmung auf Wunsch des Patienten;
- Zusatzdiagnostik in der Schwangerschaft auf Wunsch der Schwangeren;
- Stressbewältigungstherapie;
- Paartherapie.

Vor Behandlungsbeginn muss der Arzt

- aufklären über Nutzen und Kosten der Leistung und u.a. daraufhinweisen, dass die Kosten von einer gesetzlichen Krankenkasse nicht erstattet werden;
- dem Patient aufgrund der dargestellten Nutzen und Kosten eine freie Entscheidung über die Annahme oder Ablehnung der Leistung ermöglichen;
- eine schriftliche Einwilligungserklärung des Patienten einholen, aus der hervorgeht
  - der Wunsch des Patienten auf Behandlung;
  - die Einzelleistungen mit GOÄ-Position, Steigerungssatz und voraussichtlicher Honorarhöhe in Euro,
  - die Information, dass der Patient keinen Anspruch auf Kostenerstattung durch seine gesetzliche Krankenkasse hat, da die Leistung nicht zur vertragsärztlichen Versorgung gehört.

Nach der Behandlung muss der Arzt eine ordnungsgemäße Rechnung nach den Vorschriften der GOÄ erstellen.

Im Folgenden werden **einige Abrechnungsbeispiele für IGEL-Leistungen** genannt:

IGEL-Leistung	**GOÄ-Nr.**	**GOÄ-Text**	**2,3-facher Geb.satz**
zusätzliche Gesundheitsuntersuchung	29	Gesundheitsuntersuchung zur Früherkennung von Krankheiten bei einem Erwachsenen – einschl. ... (Ganzkörperstatus), ...	58,99 €
zusätzliche Untersuchung zur Früherkennung von Hautkrebs	750	Auflichtmikroskopie der Haut (Dermatoskopie), je Sitzung	16,09 €
Sportmedizinische Beratungen	3	Eingehende, das gewöhnliche Maß übersteigende Beratung – auch mittels Fernsprecher	20,11 €
Sportmedizinische Untersuchungen, z.B. Flug- oder Taucheignungsuntersuchungen	8	Untersuchung zur Erhebung des Ganzkörperstatus, ggf. einschl. Dokumentation	34,86 €
Sportmedizinischer Fitnesstest	652	EKG unter fortschreibender Registrierung in Ruhe und bei ... Belastung – ggf. auch Belastungsänderung	59,66 €
Ästhetische Operationen			
– Korrektur störender Hautveränderungen	2392a	Exzision einer großen, kontrakten und funktionsbehindernden Narbe – einschl. plastischer Deckung	134,06 €
– Peeling-Behandlung	758	Sticheln oder Öffnen und Ausquetschen von Aknepusteln, je Sitzung	10,05 €

IGEL-Leistung	GOÄ-Nr.	GOÄ-Text	2,3-facher Geb.satz
Ästhetische Operationen – Epilation von Haaren außer bei krankhaftem und entstellendem Haarwuchs an Händen und im Gesicht	742	Epilation von Haaren im Gesicht durch Elektrokoagulation bei generalisiertem krankhaftem Haarwuchs infolge Endokrinopathie, je Sitzung	22,12 €
– Entfernung von Tätowierungen	755	Hochtouriges Schleifen von Bezirken der Haut bei schweren Entstellungen … , je Sitzung	32,17 €
Blutgruppenbestimmung auf Wunsch des Patienten	3983	AB0-Merkmale, Isoagglutinine und Rhesusformel (C, c, D, E und e)	(1,15-fach) 33,51 €
Zusatzdiagnostik in der Schwangerschaft auf Wunsch der Schwangeren, z. B. Ultraschalluntersuchung bei Nicht-Risiko-Schwangerschaften (Baby-Fernsehen)	415	Ultraschalluntersuchung im Rahmen der Mutterschaftsvorsorge ...	40,22 €
Stressbewältigungstherapie	846	Übende Verfahren (z. B. autogenes Training) in Einzelbehandlung, Dauer mind. 20 Min.	20,11 €
Paartherapie	861	Tiefenpsychologisch fundierte Psychotherapie, Einzelbehandlung, Dauer mind. 50 Min.	92,50 €

11.7.2 Richtlinie des G-BA zu Untersuchungs- und Behandlungsmethoden der vertragsärztlichen Versorgung

Nach der Richtlinie des G-BA zu Untersuchungs- und Behandlungsmethoden der vertragsärztlichen Versorgung dürfen neue Methoden/Leistungen in der vertragsärztlichen Versorgung zu Lasten der Krankenkassen nur erbracht werden, wenn der Gemeinsame Bundesausschuss nach Prüfung verschiedener Kriterien eine entsprechende Empfehlung abgegeben hat.

Die Anlage II der Richtlinie zählt Methoden ausdrücklich auf, die nicht als vertragsärztliche Leistungen zu Lasten der gesetzlichen Krankenkassen abgerechnet werden dürfen. Zu den beschriebenen Leistungen zählen beispielsweise:

- Elektro-Akupunktur nach Voll,
- Oxyontherapie,
- Behandlung mit niederenergetischem Laser,
- Magnetfeldtherapie ohne Verwendung implantierter Spulen,
- Hyperthermiebehandlung der Prostata,
- Hyperbare Sauerstofftherapie (**Ausnahme:** Zur Therapie des diabetischen Fußes ist die hyperbare Sauerstofftherapie zulasten der gesetzlichen Krankenversicherung zugelassen.),
- Hochdosierte, selektive UVA1-Bestrahlung,
- Ozon-Therapie.

Äußert ein Patient den Wunsch, nach einer der in Anlage II dieser G-BA-Richtlinie genannten Methoden behandelt zu werden, so hat er die Kosten selbst zu tragen. Der Arzt seinerseits hat, wie bei den IGEL-Leistungen beschrieben, zu verfahren.

Werden vom G-BA neue Untersuchungs- und Behandlungsmethoden als solche anerkannt und in die vertragsärztliche Versorgung aufgenommen, werden sie zu vertragsärztlichen Leistungen innerhalb der vertragsärztlichen Versorgung und in Anlage I der Richtlinie aufgeführt. Diese Leistungen können dann zu Lasten der gesetzlichen Krankenversicherung erbracht werden.

Zu den bisher aufgenommenen Leistungen zählen beispielsweise:

- Ambulante Durchführung der Apheresen als extrakorporales Hämotherapieverfahren;
- Substitutionsgestützte Behandlung Opiatabhängiger;
- Stoßwellenlithotripsie bei Harnsteinen.

11.7.3 Reiseschutzimpfungen

Reiseschutzimpfungen zur Verhütung von Krankheiten während eines privaten Urlaubs gehören heute in Zeiten pauschal angebotener Fernreisen zu den häufigsten Wunschleistungen.

Zu den üblichen Reiseschutzimpfungen gehören u.a.:

- Hepatitis A, Hepatitis B;
- Gelbfieber;
- Typhus;
- Cholera.

Zur Erbringung dieser Leistungen ist es erforderlich, dass der Arzt den Impfstatus des Patienten kennt und eventuelle Einreisebestimmungen des Ziellandes berücksichtigt.

Die Abrechnung von Reiseschutzimpfungen erfolgt nach den GOÄ-Positionen 375 bis 378.

▶ **Hinweis:**

Für die Abrechnung als Privatleistung nach GOÄ ist es unerheblich, ob die Impfung von dem Patienten aus eigener Vorsorge erfolgt oder ob das Einreiseland den Impfnachweis zwingend verlangt.

Schutzimpfungen für **Auslandsaufenthalte aus beruflichen Gründen** hat grundsätzlich der Arbeitgeber zu tragen; ggf. muss sich der Patient die privat berechneten Leistungen vom Arbeitgeber erstatten lassen.

▶ **Fall 20 – Hausarzt:** (siehe Seite 201)

Abrechnung nach GOÄ:

10. Juli **Robert**

1	Beratung
375	Impfung
8	Sportmedizinische Untersuchungen
652	Sportmedizinischer Fitnesstest

Rossana

1	Beratung
5	Symptombezogene Untersuchung
375	Impfung
755	Entfernung von Tätowierungen

11.7.4 ✎Wie war das noch? (zu Kap. 11.5 und 11.6)

1. Nach welcher rechtlichen Grundlage sind Impfleistungen bei Kassenpatienten geregelt?

➔ ....

....

2. Nennen Sie drei Personengruppen, deren Anspruch auf Impfleistungen nach den Vereinbarungen für Kassenpatienten geregelt ist.

➔ .... ➔ ....

➔ ....

3. Wo ist nachzulesen, welcher Dokumentationsschlüssel für die Abrechnung einer bestimmten Impfleistung abgerechnet werden kann?

➔ ....

4. Auf welchem Vordruck erfolgt die Beschaffung des Impfstoffes?

➔ ....

5. Welche Leistungen sind mit der Gebühr für die Impfung abgegolten?

➔ .... ➔ ....

6. Nach welcher Gebührenordnung werden Reiseschutzimpfungen bei Kassenpatienten abgerechnet, die diese selbst bezahlen müssen?

➔ ....

7. Nach welchen Gebührenordnungspositionen sind Impfungen nach GOÄ abrechenbar?

➔ ....

8. Welche Inhalte muss die schriftliche Einwilligungserklärung enthalten, die der Patient vor Erbringung einer nicht vertragsärztlichen Leistung bzw. IGEL-Leistung unterschreiben muss?

➔ ....

➔ ....

➔ ....

9. Nennen sie fünf Beispiele für nicht vertragsärztliche Leistungen bzw. IGEL-Leistungen.

➔ ....

➔ ....

➔ ....

➔ ....

➔ ....

10.	Fälle	GOÄ-Nrn.
23. Okt.	Herr Wolfgang Weise plant, in wenigen Wochen eine Studienreise nach Ostasien anzutreten. Ihm wurde dringend angeraten, sich gegen Cholera und Gelbfieber impfen zu lassen. Deshalb ist er in die Sprechstunde seines Hausarztes Dr. Gütlich gekommen und bittet diesen, die Impfungen durchzuführen. Dr. Gütlich Gütlich klärt Herrn Weise über mögliche Impfrisiken auf und weist ihn daraufhin, dass diese Schutzimpfungen nicht zu Lasten der gesetzlichen Krankenversicherung durchgeführt werden können. Herr Weise ist bereit, die Impfungen selbst zu bezahlen. Dr. Gütlich untersucht den Patienten symptombezogen und führt die Impfung durch.	
3. Nov.	Herr Detlev Depresla erscheint auf Rat seines Hausarztes Dr. Gütlich in der Praxis der Psychtherapeutin Susi Seelchen. Er schildert ihr seine depressiven Verstimmungen, die er darauf zurückführt, dass er glaubt, mit seiner Arbeitsbelastung nicht mehr fertig werden zu können. Frau Seelchen bietet Herrn Depresla nach einem längeren Gespräch, in dem sie sich über sein berufliches und familiäres Umfeld berichten lässt, eine Stressbewältigungstherapie an. Frau Seelchen klärt ihren Patienten darüber auf, dass er diese aber selbst bezahlen müsse. Nach dem Einverständndis von Herrn Depresla, führt Frau Seelchen eine erste Sitzung diese Therapie durch.	
7. Nov.	Die 24-jährige Margot Männer leidet unter starkem Haarwuchs im Gesicht und fühlt sich dadurch seelisch stark belastet. Sie möchte versuchen, zunächst mit der Entfernung dieser Haare ihre seeliche Belastung zu überwinden. Sie sucht deshalb den Hautarzt Dr. Hugo van Houten auf, der ihr anbietet, die Haare in mehreren Sitzungen zu entfernen. Er weist sie auch daraufhin, dass sie diese Behandlung selbst bezahlen müsse. Frau Männer erklärt sich mit der Privatabrechnung einverstanden, so dass Dr. van Houten sofort eine erste Behandlung durchführt.	

11.8 Fragen und Fälle zu Lernfeld 11

1. Welche der folgenden Aussagen zur Abrechnung von Impfleistungen nach EBM sind richtig?

- ◯ Dokumentation der Impfung im Impfpass ist in der Impfleistung enthalten
- ◯ Impfberatungen sind neben der Impfleistung berechnungsfähig
- ◯ Impfstoffe sind mit Muster 16 über Sprechstundenbedarf zu beziehen
- ◯ Mehrfachimpfungen sind entsprechend der Anzahl der Wirkstoffe mehrfach berechnungsfähig
- ◯ Primärkassen und Ersatzkassen haben unterschiedliche Leistungsnummern für Impfungen

2. Die Beschaffung von Impfstoffen für Kassenpatienten erfolgt

- ◯ auf den Namen des Patienten
- ◯ als Sprechstundenbedarf
- ◯ zu Lasten des Gesundheitsamtes
- ◯ zu Lasten der Apotheke
- ◯ zu Lasten des Arztes

3. Welche GOÄ-Nrn. sind nicht neben den Impfleistungen nach Nrn. 376 bis 378 abrechnungsfähig?

- ◯ GOÄ-Nr. 1
- ◯ GOÄ-Nr. 2
- ◯ GOÄ-Nr. 5
- ◯ GOÄ-Nr. 7
- ◯ GOÄ-Nr. 8

4. Ab welchem Lebensjahr besteht nach EBM ein Anspruch auf die Gesundheitsuntersuchung bei Erwachsenen?

- ◯ ab 18 Jahren
- ◯ ab 30 Jahren
- ◯ ab 35 Jahren
- ◯ ab 40 Jahren
- ◯ ab 45 Jahren

5. Welche der folgenden Facharztgruppen darf nach EBM die Krebsfrüherkennung Frauen durchführen?

- ◯ Allgemeinärzte (unter best. Bedingungen)
- ◯ Gynäkologen
- ◯ Internisten
- ◯ Orthopäden
- ◯ Urologen

6. Wie viele Früherkennungsuntersuchungen bei Kindern gibt es nach EBM, und über welchen Zeitraum erstrecken sich diese?

- ◯ 8 Unters. bis zum 48. Lebensmonat
- ◯ 8 Unters. bis zum 60. Lebensmonat
- ◯ 9 Unters. bis zum 54. Lebensmonat
- ◯ 10 Unters. bis zum 64. Lebensmonat
- ◯ 10 Unters. bis zum 72. Lebensmonat

7. Welche der folgenden Facharztgruppen darf die Gesundheitsuntersuchung nach EBM-GOP 01 732 durchführen?

- ◯ Allgemeinärzte
- ◯ Gynäkologen
- ◯ fachärztlich tätige Internisten
- ◯ hausärztlich tätige Internisten
- ◯ Urologen

8. Welche der folgenden Facharztgruppen darf nach EBM die Krebsfrüherkennung Männer durchführen?

- ◯ Allgemeinärzte
- ◯ Gynäkologen
- ◯ Internisten
- ◯ Orthopäden
- ◯ Urologen

9. Welche Abrechnungsregel gilt für die EBM-GOP 01 770 (Betreuung einer Schwangeren während der Schwangerschaft)?

- ◯ je nach Notwendigkeit
- ◯ maximal zweimal im Quartal
- ◯ nur einmal im Monat
- ◯ nur einmal im Behandlungsfall
- ◯ nur einmal während der Schwangersch.

10. Welche der folgenden Arztgruppen dürfen die Jugendgesundheitsuntersuchung nach EBM-GOP 01 720 abrechnen?

- ◯ Allgemeinärzte
- ◯ Chirurgen
- ◯ fachärztlich tätige Internisten
- ◯ hausärztlich tätige Internisten
- ◯ Orthopäden

11. Nach welcher Position wird die Untersuchung nach Jugendarbeitsschutzgesetz abgerechnet?

- ◯ GOP 01 711 EBM
- ◯ GOP 01 720 EBM
- ◯ GOP 01 732 EBM
- ◯ Nr. 29 GOÄ
- ◯ Nr. 32 GOÄ

12. Welche der folgenden Aussagen trifft auf „individuelle Gesundheitsleistungen“ zu?

- ○ Der Patient hat einen gesetzlichen Anspruch nach SGB V auf diese Leistungen.
- ○ Der Patient kann den Arzt zwingen, bestimmte Leistungen zu erbringen.
- ○ Es sind Auftragsleistungen, die von einem anderen Arzt angefordert werden.
- ○ Es sind Leistungen, die nicht erforderlich sind, die der Patient aber wünscht.
- ○ Es sind Leistungen, die von Gesundheitsamt angeordnet werden.

13.	**Fälle**	**EBM-GOP**	**GOÄ-Nrn.**
12. Nov.	Frau Maritha Munter kommt mit ihrem 5-jährigen Sohn Paul zu Kinderarzt Dr. Kindervater, weil eine Früherkennungsuntersuchung fällig ist. Sie macht sich aber auch Sorgen, weil der kleine Paul beim Laufen den linken Fuß etwas nachzieht. Sie bittet Dr. Kindervater, ihren Sohn auch daraufhin zu untersuchen. Dr. Kindervater führt die Früherkennungsuntersuchung durch, in deren Rahmen er auch die von der Mutter dargestellten Symptome abklärt.		
15. Nov.	Herr Berthold Brücher, 50 Jahre, berichtet dem Urologen Dr. Niersteiner im Vorgespräch zur vereinbarten Krebsfrüherkennungsuntersuchung von Schwierigkeiten beim Wasserlassen und über Potenzprobleme. Dr. Niersteiner führt die Früherkennungsuntersuchung durch und macht wegen der Miktionsbeschwerden außerdem eine Urethradruckprofilmessung. Nach eingehender Anamnese verordnet er Herrn Brücher zudem Viagra.		
22. Nov.	Frau Nina Nussbaum (26 Jahre) erscheint in der Praxis ihrer Gynäkologin Dr. Niederkleine zur Krebsfrüherkennungsuntersuchung. Dabei gibt Frau Nussbaum an, in den letzten Monaten einen sehr unregelmäßigen Zyklus zu haben und sich auch nicht sicher zu sein, schwanger zu sein. Frau Dr. Niederkleine führt die Früherkennungsuntersuchung durch, nimmt aber zusätzlich Blut für eine Hormonuntersuchung ab und führt eine Ultraschalluntersuchung der Gebärmutter durch.		
27. Nov.	Frau Sabine Sonnenschein bittet den Kinderarzt Dr. Kindervater, ihre 4-jährigen Tochter Solina gegen Mumps-Masern-Röteln und gegen Tetanus zu impfen. Dr. Kindervater untersucht Solina und stellt fest, dass keine Kontraindikationen gegen die Schutzimpfungen bestehen; daraufhin führt er die Impfungen durch und trägt sie in den Impfpass ein.		
6. Dez.	Der Urologe Dr. Niersteiner stellt bei seinem 50-jährigen Patienten Ortwin Ohm anläßlich einer Früherkennungsuntersuchung ein Karzinom fest. Er erläutert ihm die Situation und plant mit ihm die Vorstellung zur Operation in der Universitätsklinik.		

Lernfeld übergreifend Patienten bei psychischen und altersbedingten Erkrankungen begleiten

Bisweilen findet der Arzt trotz intensiver Diagnostik für die Beschwerden eines Patienten keine körperlichen Ursachen. In solchen Fällen ist ein hohes Maß an Einfühlungsvermögen erforderlich, um mögliche psychische Ursachen zu erkennen und konsequent zu therapieren. Dazu sind Kenntnisse über die Formen der Psychotherapie und deren Abrechnungsmöglichkeiten notwendig.

Auch bei älteren Patienten ist häufig ein geduldiger Umgang gefragt, insbesondere bei typischen altersbedingten Erkrankungen wie Alzheimer und Demenz. Ältere Patienten leiden in der Regel an mehreren Krankheiten gleichzeitig und die Therapien müssen aufeinander abgestimmt werden. Eine zentrale Rolle spielt dabei der Hausarzt als Koordinator. Aufgrund dieses Anspruches sind neue Kapitel in den EBM aufgenommen worden, zum einen die „spezialisierte geriatrische Diagnostik“ (EBM-Kapitel 30.13), zum anderen die „Kooperations- und Koordinationsleistungen in Pflegeheimen (EBM-Kapitel 38).

Im gültigen Rahmenlehrplan für den Ausbildungsberuf Medizinischer Fachangestellter/Medizinische Fachangestellte aus dem Jahr 2005 sind Lerninhalte zur Psychosomatik und Geriatrie nicht zu finden, wohl aber im „Stoffkatalog für die Prüfungen der Medizinischen Fachangestellten“ der Ärztekammern Nordrhein und Westfalen-Lippe. Aus diesem Grund wurde in das Schulungsbuch ein lernfeldübergreifendes Kapitel aufgenommen.

Stoffkatalog ÄKNo und ÄKWL

Gefordert sind Kenntnisse, die die Abrechnung von Leistungen gemäß
➡ **Psychotherapierichtlinien**
nach dem EBM ermöglichen.

Altersbedingte Erkrankungen wie die Demenz vom Alzheimer-Typ oder der Parkinson führen zu Veränderungen der motorischen, emotionalen und kognitiven Fähigkeiten. Gefordert wird die Abrechnung von
➡ **geriatrischen Leistungen**
nach dem EBM.

Inhaltsverzeichnis

Lernfeld übergreifend Patienten bei psychischen und altersbedingten Erkrankungen begleiten

▶ **Lernsituation:**

Während ihrer Ausbildung bei Herrn Dr. Gütlich begegnet Frau Biene zunehmend häufiger Patienten, die unter stressbedingten Erkrankungen wie Bluthochdruck und Übergewicht leiden. Manchmal finden sich insbesondere bei Schmerzpatienten keine adäquaten Ursachen für die Beschwerden der Betroffenen. Dr. Gütlich erläutert Frau Biene, dass es sich hierbei möglicherweise um seelische Erkrankungen handeln könnte.

Dr. Gütlich betreut in seiner Praxis auch viele ältere Menschen mit mehreren Krankheiten gleichzeitig. Er legt besonderen Wert auf einen einfühlsamen und geduldigen Umgang mit diesen Patienten. Aufgrund seines Kooperationsvertrages mit dem örtlichen Pflegeheim begleitet Frau Biene Herrn Dr. Gütlich häufig bei Besuchen der Patienten dort.

12.1 Psychosomatische Grundversorgung (Kapitel 35)

Die **Psychosomatische Medizin** beschäftigt sich mit dem Zusammenhang körperlicher Störungen und der Psyche. Der Begriff „Psychosomatik" setzt sich zusammen aus „Psyche" für Seele und „Soma" für Körper. Psychische Belastungen können zu somatischen (körperlichen) Symptomen führen, die sich medizinisch nicht erklären lassen. Beispielsweise klagt ein Patient über Magen-Darm-Beschwerden, es findet sich bei der ärztlichen Untersuchung aber keine auffällige Veränderung. Weiterhin können psychische Probleme auch nachweisbare körperliche Krankheiten nach sich ziehen. So führt Stress zu Bluthochdruck, Herzerkrankungen, Magengeschwüren und Rückenschmerzen. Die Behandlung der somatischen Beschwerden alleine reicht hier nicht aus. Sie muss durch Psychotherapie ergänzt werden.

Psychotherapie ist beispielsweise bei folgenden Krankheiten sinnvoll:

- **Affektive Störungen wie depressive Episoden**
- **Angst- und Zwangsstörungen**
- **Reaktionen auf schwere Belastungen**
- **Essstörungen**
- **Nichtorganische Schlafstörungen**
- **Sexuelle Funktionsstörungen**
- **Persönlichkeits- und Verhaltensstörungen.**

Zu den **Methoden der Psychotherapie** gehören psychoanalytische Verfahren und Verhaltenstherapie. Während die Psychoanalyse eher die Ursache der psychischen Störung in den Vordergrund stellt, soll durch die Verhaltenstherapie neue Verhaltensmaßnahmen erlernt werde. In der vertragsärztlichen Versorgung wird Psychotherapie in der Regel durch ärztliche und psychologische Psychotherapeuten bzw. Kinder- und Jugendpsychotherapeuten angeboten.

Ergänzt wird die Psychotherapie durch die **psychosomatische Grundversorgung**, die von Vertragsärzte mit der Zusatzbezeichnung „Psychosomatische Grundversorgung" übernommen wird. Ziel der psychosomatischen Grundversorgung ist die möglichst frühzeitige **differentialdiagnostische Klärung** komplexer Krankheitsbilder und die Behandlung der somatischen und psychischen Störungen. Zur Anwendung kommt die **verbale Intervention**, bei der mithilfe von Gesprächen Einsichten in die psychosomatischen Zusammenhänge des Krankheitsgeschehens vermittelt werden sollen. Hausärzte mit der entsprechenden Zusatzweiterbildung dürfen die **GOP 35 100 und 35 110** abrechnen.

▶ **Text der Gebührenordnung (Auszug)**

GOP	Leistungsbeschreibung	Punkte
35 100	**Differentialdiagnostische Klärung psychosomatischer Krankheitszustände** *Obligater Leistungsinhalt* – Differentialdiagnostische Klärung psychosomatischer Krankheitszustände, – Schriftlicher Vermerk über ätiologische Zusammenhänge, – Dauer mindestens 15 Minuten	152
35 110	**Verbale Intervention bei psychosomatischen Krankheitszuständen** *Obligater Leistungsinhalt* – Verbale Intervention bei psychosomatischen Krankheitszuständen, – Systematische Nutzung der Arzt-Patienten-Interaktion, – Dauer mindestens 15 Minuten *Die GOP 35110 ist bis zu* **dreimal** *am Tag berechnungsfähig.*	152

12.2 Geriatrie

Unter Geriatrie wird die **Lehre der Altersmedizin** verstanden, die in unserer alternden Gesellschaft eine immer größer werdende Rolle spielt (s. LF 4, Kapitel 4.1.4). Den Hausärzten kommt in der Regel die Rolle des Koordinators bei Diagnostik und Therapie von Patienten mit geriatrischen Versorgungsbedarf zu. Nicht selten ist die Betreuung dieser Patienten nur durch Hausbesuche oder Besuche im Pflegeheim möglich.

12.2.1 Hausärztlich-geriatrische Diagnostik und Betreuung (GOP 03 360 und 03 362)

Wie in Lernfeld 4 Kapitel 4.1.4 bereits vorgestellt enthält das hausarztspezifische Kapitel des EBMs (Kapitel 3) zwei wesentliche GOP für die Versorgung von Patienten mit **geriatrischem Versorgungsbedarf:** das Basisassessment (GOP 03 360) und die Betreuung (GOP 03 362).

Abrechenbar sind die beiden GOPs bei Patienten

- ab dem vollendeten **70. Lebensjahr** und **geriatrietypischer Morbilität** oder
- mit einer **Demenzerkrankung** oder mit dem **Parkinsonsyndrom.**

Geriatrietypische Syndrome sind:

- multifaktoriell bedingte Mobilitätsstörungen einschließlich Fallneigung und Altersschwindel
- komplexe Beeinträchtigung kognitiver, emotionaler oder verhaltensbezogener Art,
- Frailty-Syndrom (Kombination von ungewolltem Gewichtsverlust körperlicher und/ oder geistiger Erschöpfung, muskuläre Schwäche, verringerter Ganggeschwindigkeit und verminderter körperlicher Aktivität
- Dysphagie
- Inkontinenz(en)
- Therapierefraktäres chronisches Schmerzsyndrom

Im Rahmen des hausärztlich-geriatrischen Basisassessement (GOP 03 360) werden verschiedene **Tests** durchgeführt, mit denen gefahndet wird hinsichtlich

- Alltagskompetenz,
- kognitiver Störungen,
- seelischer Situation (Depressionen),
- Mobilität und
- Sturzgefährdung.

Im Vordergrund des Betreuungskomplexes (GOP 03 362) steht die **Koordination** der medizinischen und pflegerischen Leistungen. Der Hausarzt überprüft und ergänzt die verschiedenen Maßnahmen und aktualisiert ggf. den **Medikationsplan.**

▶ Text der Gebührenordnung (Auszug)

GOP	Leistungsbeschreibung	Punkte
03 360	**Hausärztlich-geriatrisches Basisassessment** … einmal im Behandlungsfall …	122
03 362	**Hausärztlich-geriatrisches Betreuung** … einmal im Behandlungsfall …	159

▶ Erläuterungen

1.	Die Berechnung der **GOP 03 360 bzw. 03 362** setzt die Angabe eines **ICD-10-Kodes** voraus, der den geriatrischen Versorgungsbedarf dokumentiert.
2.	Die **GOP 03 360** ist im **Krankheitsfall** höchstens **zwei Mal** berechnungsfähig.
3.	Für die Berechnung der **GOP 03362 neben der Versichertenpauschale** (GOP 03 000 oder 03 030) ist in demselben Behandlungsfall mindestens ein **weiterer persönlicher Arzt-Patienten-Kontakt** notwendig.
4.	Die Berechnung der **GOP 03 362** setzt das Vorliegen der **Ergebnisse eines geriatrischen Basisassessments** nach GOP 03 360 und/oder eines weiterführenden geriatrischen Assessments nach der GOP 30 984 voraus, dessen Durchführung nicht länger als vier Quartale zurückliegt.
5.	Die **GOP 03 362** enthält als obligaten Leistungsinhalt die „Erstellung und Aktualisierung eines **Mediaktionsplans**". Deshalb darf • im Krankheitsfall **kein Medikationsplan** als Einzelleistung nach **GOP 01 630** abgerechnet werden • die KV die **GOP 03 222** (Zuschlag Medikationsplan bei Chronikern) **nicht zusetzen.**

12.2.2 Spezialisierte geriatrische Diagnostik (Kapitel 30.13)

Patienten, die das 70. Lebensjahr vollendet haben und **mindestens zwei geriatrie-typische Syndrome** (alternativ mindestens ein geriatrisches Syndrom und ein Pflegegrad) aufweisen, haben Anspruch auf eine **spezialisierte geriatrische Diagnostik.**

Die spezialisierte geriatrische Diagnostik wird durch **spezialisierte geriatrische Vertragsärzte** und Geriatrische Institutsambulanzen (GIA) vorgenommen. Die fachlichen Anforderungen besitzen folgende Vertragsärzte:

- Facharzt für Innere Medizin und Geriatrie,
- Facharzt für Innere Medizin mit Schwerpunkt Geriatrie,
- Vertragsärzte mit Zusatzbezeichnung Geriatrie,
- Fachärzte für Innere Medizin/Physikalische und Rehabilitative Medizin/Allgemeinmedizin mit geriatrischer Qualifikation

Zur **spezialisierten geriatrischen Diagnostik** gehört die Durchführung **weiterführender geriatrischer Assessments.** Anhand dieser Verfahren werden etwa die Selbstversorgungsfähigkeit des Patienten, Mobilität, Kognition, Emotion, Ernährung, Schmerz und instrumentelle Aktivität erfasst. Mithilfe eines **Sozialasssessments** wird das soziale Umfeld des Betroffenen analysiert und der Pflege- und Hilfsmittelbedarf festgestellt. Bei den Assessments ist je nach Bedarf mindestens ein Physiotherapeut, ein Ergotherapeut oder ein Logopäde einzubinden. Der spezialisierte geriatrische Arzt ist verpflichtet, anhand der Testergebnisse einen **schriftlichen Behandlungsplan für den überweisenden Vertragsarzt** zu erstellen.

Eine Besonderheit im Rahmen der spezialisierten geriatrischen Versorgung ist die **patientenorientierte Vorabklärung (GOP 30 980).** Hierbei spielt der überweisende Hausarzt des geriatrischen Patienten eine wichtige Rolle. Nur in Ausnahmefällen und in Kooperation mit dem Hausarzt dürfen auch andere Ärzte, z.B. Neurologen, an einen spezialisierten Geriater überweisen.

Der überweisende Vertragsarzt klärt zunächst mit dem spezialisierten Geriater ab, ob der Patient für eine weiterführende geriatrische Diagnostik **geeignet** ist und gegebenenfalls zusätzliche (Vor-) Befunde für das weiterführende Assessments erforderlich sind. Die patientenorientierte Vorabklärung erfolgt zwischen dem überweisenden Vertragsarzt und dem spezialisierten Geriater ohne Patientenkontakt. Sie kann auch im Sinne eines Konsils fallabschließend sein und eine Vorstellung des Patienten in der geriatrischen Schwerpunktpraxis zur spezialisierten geriatrischen Diagnostik erübrigen.

Geriatrisch spezialisierte Hausärzte dürfen bei ihren Patienten selbst das **Assessment** durchführen und die **GOP 30 984** abrechnen. Voraussetzung ist, dass ein anderer spezialisierter geriatrischer Vertragsarzt bescheinigt, dass das Assessment erforderlich ist. Weitere Voraussetzung ist, dass zuvor ein hausärztliches geriatrisches Basisassessment (GOP 03 360) erfolgt ist, aus dem sich die Notwendigkeit für ein weiterführendes Assessment ergeben hat.

Dauert die Durchführung des erweiterten Assessments durch den spezialisierten geriatrischen Vertragsarzt (GOP 30 984) länger als 60 Minuten, dürfen weitere Zuschläge abgerechnet werden **(GOP 30 985 und 30 986).**

Das Einleiten und Koordinieren der Therapiemaßnahmen nach einer spezialisierten geriatrischen Diagnostik **(GOP 30988)** ist Aufgabe des weiterbehandelnden Hausarztes. Ihm wird dafür der Behandlungsplan zur Verfügung gestellt.

▶ Text der Gebührenordnung (Auszug)

GOP	Leistungsbeschreibung	Punkte
30 980	**Abklärung vor der Durchführung eines weiterführenden geriatrischen Assessments nach der GOP 30984** (Vorabklärung durch den überweisenden Hausarzt) … einmal im Krankheitsfall …	194
30 981	**Abklärung vor der Durchführung eines weiterführenden geriatrischen Assessments nach der GOP 30984** (Vorabklärung durch den spezialisierten geriatrischen Vertragsarzt) … einmal im Krankheitsfall …	131
30 984	**Weiterführendes geriatrisches Assessment** *Obligater Leistungsinhalt* – Persönlicher Arzt-Patienten-Kontakt, – Umfassendes geriatrisches Assessment (z. B. Selbstversorgungsfähigkeiten, Mobilität, Kognition, Emotion, instrumentelle Aktivitäten) und soziales Assessment (z. B. soziales Umfeld, Wohnumfeld, häusliche/außerhäusliche Aktivitäten, Pflege-/Hilfsmittelbedarf) jeweils in mindestens fünf Bereichen einschließlich einer Anamnese und einer körperlichen Untersuchung, – Einbindung von mindestens einem der folgenden anderen Leistungserbringer: Physiotherapeuten, Ergotherapeuten, Logopäden, – Syndrombezogene geriatrische Untersuchungen einschließlich prognostischer Einschätzung zu spezifischen geriatrischen Syndromen, – Differentialdiagnostische und differentialprognostische Bewertung der geriatrischen Syndrome und des Gesamtbefundes auf Basis des weiterführenden geriatrischen Assessments, – Feststellung des Behandlungsbedarfs, Festlegung von geriatrischen Behandlungszielen und Erstellung eines schriftlichen Behandlungsplans einschließlich Empfehlungen für die medikamentöse Therapie, ggf. zu Heil- und Hilfsmitteln sowie zu rehabilitativen Maßnahmen und zur weiteren Diagnostik und Verlaufsbeurteilung des Patienten, – Dauer mindestens 60 Minuten,	882

▶ Text der Gebührenordnung (Auszug)

GOP	Leistungsbeschreibung	Punkte
30 984 Fortsetzung	*Fakultativer Leistungsinhalt* – Beratung sowie Information über geeignete Behandlungsmöglichkeiten, Beratungs- und Hilfsangebote sowie Unterstützungsleistungen und Kontakte zu Selbsthilfeeinrichtungen für Patienten, ihre Angehörigen und Bezugspersonen, – Abstimmung und Beratung mit dem überweisenden Arzt, – Nachuntersuchungen, – Einbindung von Neuropsychologen, einmal im Krankheitsfall *Die zweimalige Berechnung der Gebührenordnungsposition 30 984 im Krankheitsfall setzt eine ausführliche Begründung der medizinischen Notwendigkeit im Einzelfall voraus.* *Die GOP 30 984 darf nicht neben Leistungen nach GOP 03 360, 03 362, 30 988 abgerechnet werden.*	
30 985	**Zuschlag** zur GOP 30 984 für die Fortsetzung des weiterführenden geriatrischen Assessments, je weitere vollendete 30 Minuten, bis zu zweimal im Krankheitsfall	325
30 986	**Zuschlag** zur GOP 30 985 für die Fortsetzung des weiterführenden geriatrischen Assessments, je weitere vollendete 30 Minuten, bis zu zweimal im Krankheitsfall	234
30 988	**Zuschlag** zu den GOP 03 362, 16 230, 16 231, 21 230 und 21 231 **für die Einleitung und Koordination der Therapiemaßnahmen nach multiprofessioneller geriatrischer Diagnostik nach Durchführung eines weiterführenden geriatrischen Assessments nach GOP 30 984** *Obligater Leistungsinhalt* – Persönlicher Arzt-Patienten-Kontakt, – Einleitung und/oder Koordination der Behandlung, ggf. Durchführung therapeutischer Maßnahmen gemäß dem Therapieplan, nach Durchführung eines multiprofessionellen geriatrischen Assessments, *Fakultativer Leistungsinhalt* – Konsiliarische Beratung mit anderen behandelnden Ärzten, einmal im Krankheitsfall *Die GOP 30 988 ist nur in einem Zeitraum von vier Wochen nach Durchführung eines weiterführenden geriatrischen Assessments nach der GOP 30 984 berechnungsfähig* *Die GOP 30 988 ist nicht neben der GOP 30 984 berechnungsfähig.*	65

12.2.3 Kooperations- und Koordinationsleistungen in Pflegeheimen (EBM-Kapitel 37.2)

Hausärzte und Fachärzte können mit Pflegeheimen Kooperationsverträge abschließen, mit denen die **Versorgung von gesetzlich Krankenversicherten in Pflegeeinrichtungen** verbessert werden soll. Zu den Zielen der Verträge gehören die Reduzierung von vermeidbaren Krankenhausaufenthalten, die wirtschaftliche Arzneimitteltherapie und die indikationsgerechte Verordnung von Heil- und Hilfsmitteln. Außerdem soll die Inanspruchnahme des Not- und Bereitschaftsdienstes vermieden werden. Diese Ziele können erreicht werden durch feste Ansprechpartner in der Pflegeeinrichtung, geregelte Kommunikation zu vereinbarten Sprechzeiten und regelmäßige Besuche der Patienten durch Ärzte.

Die **Koordination** der diagnostischen, therapeutischen und rehabilitativen Maßnahmen übernimmt in der Regel der **Hausarzt.** Er steuert die kontinuierliche Zusammenarbeit und den Informationsaustausch zwischen ihm als Hausarzt, den Fachärzten und dem Pflegepersonal. Er ist Ansprechpartner für den Patienten, für dessen Angehörigen und, bei stationärem Aufenthalt des Patienten, für den Krankenhausarzt. Bei eigener Abwesenheit des Hausarztes benennt er einen festen Vertreter. Außerdem werden Vereinbarungen für die sprechstundenfreien Zeiten getroffen. Neben Hausärzten dürfen auch Neurologen und Psychiater als koordinierende Ärzte tätig werden.

Je nach Notwendigkeit arbeitet der koordinierende Hausarzt mit weiteren Ärzten verschiedener Fachrichtungen zusammen. Auch diese kooperierenden Ärzte schließen mit dem Pflegeheim einen Vertrag über die Zusammenarbeit ab. In der Regel handelt es sich bei den kooperierenden Ärzten um Fachärzte, aber auch Hausärzte können als **kooperierende Ärzte** auftreten. Die kooperierenden Ärzte verpflichten sich zu regelmäßigen Besuchen oder Konsilen in der eigenen Praxis in Absprache mit dem koordinierenden Hausarzt. Sie informieren den koordinierenden Hausarzt schriftlich darüber, wenn es zu Veränderungen bei dem Patienten gekommen ist. Außerdem nehmen sie an den Fallbesprechungen teil.

Für den Mehraufwand der Ärzte durch die Kooperationsverträge nennt das **Kapitel 37 des EBM** Gebührenordnungspositionen, die die beteiligte Ärzte abrechnen können. Die Vergütung erfolgt extrabudgetär.

Der **koordinierende Hausarzt** erhält einmal im Behandlungsfall mit der **GOP 37 105** einen **Koordinationszuschlag.**

Kooperierende Fachärzte können im Behandlungsfall einen von zwei möglichen **Kooperationszuschlägen** abrechnen:

- Die **GOP 37 100** ist für die Betreuung von Patienten vorgesehen, die ausschließlich in der Praxis behandelt werden,
- die **GOP 37 102** wird abgerechnet, wenn der kooperierende Arzt den Patienten mindestens einmal im Behandlungsfall besucht hat.

Für jeden **Mitbesuch** erhalten die Ärzte neben der GOP 01 413 auch die **GOP 37 113.** Dadurch wird jeder Mitbesuch genauso hoch honoriert wie der Besuch nach GOP 01 410.

Fallkonferenzen mit der **GOP 37 120** können dreimal im Krankheitsfall abgerechnet werden. An der Fallkonferenz nehmen neben dem koordinierenden Hausarzt auch kooperierende Fachärzte und/oder das Pflegepersonal teil.

Kapitel 37.3 enthält Gebührenordnungspositionen zur besonders qualifizierten und koordinierten palliativmedizinischen Versorgung, die im Rahmen des Schulungsbuches nicht thematisiert werden.

Kapitel 37.4 enthält die GOP 37 400 für die Beteiligung eines Beraters im Rahmen der **Versorgungsplanung** eines Patienten im Pflegeheim.

▶ Text der Gebührenordnung (Auszug)

GOP	Leistungsbeschreibung	Punkte
37 100	**Zuschlag zur Versicherten- oder Grundpauschale** für die Betreuung von Patienten im Pflegeheim einmal im Behandlungsfall, höchstens zweimal im Krankheitsfall *Obligater Leistungsinhalt* – persönlicher Arzt-Patienten-Kontakt – Betreuung eines Patienten einer stationären Pflegeeinrichtung – Kooperation mit weiteren Ärzte und Pflegefachkräften	125
37 102	**Zuschlag zu den GOP 01 410 oder 01 413** (Besuch und Mitbesuch) für die Betreuung von Patienten im Pflegeheim einmal im Behandlungsfall *Obligater Leistungsinhalt* – persönlicher Arzt-Patienten-Kontakt – Betreuung eines Patienten einer stationären Pflegeeinrichtung – Kooperation mit weiteren Ärzte und Pflegefachkräften	125
37 105	**Zuschlag zur Versicherten- oder Grundpauschale für den koordinierenden Vertragsarzt** einmal im Behandlungsfall *Obligater Leistungsinhalt* – Koordination von diagnostischen, therapeutischen oder rehabilitativen Maßnahmen und der pflegerischen Versorgung von Patienten in der stationären Pflegeeinrichtung mit weiteren kooperierenden Ärzten sowie einbezogenen Pflegefachkräften – Steuerung des multiprofessionellen Behandlungsprozesses *Fakultativer Leistungsinhalt* – Koordination der Regelungen zur Einbeziehung des vertragsärztlichen Bereitschaftsdienstes und Koordination der telefonischen Erreichbarkeit	275
37 113	**Zuschlag** zur GOP 01 413 (Mitbesuch) für den Besuch eines Patienten in einem Pflegeheim	106
37 120	**Fallkonferenz**	64

▶ Erläuterungen

1.	Im Behandlungsfall kann **nur ein Koordinationszuschlag GOP 37 105** oder **einer der beiden Kooperationszuschläge, GOP 37 100 oder 37 102,** abgerechnet werden.
2.	Die **GOP 37 100** darf **höchsten zweimal im Krankheitsfall** abgerechnet werden.
3.	Die **GOP 37 105** kann **nur von einem** an der Behandlung beteiligten **Vertragsarzt** abgerechnet werden. Hierüber ist eine schriftliche Vereinbarung mit den anderen kooperierenden Vertragsärzten zu treffen.
4.	Die **GOP 37 120** ist **auch bei einer telefonischen Fallkonferenz** berechnungsfähig. Insgesamt darf die Fallkonferenz aber nur höchstens dreimal im Krankheitsfall abgerechnet werden.

12.2.4 ✎Wie war das noch?

Fragen zur Psychosomatische Grundversorgung

1. Was versteht man unter dem Begriff „Psychosomatik“?

➔ ....

2. Nennen Sie drei Krankheiten, die durch psychische Belastungen entstehen können.

➔ ....

➔ ....

➔ ....

3. Nennen Sie drei Krankheiten, bei denen Psychotherapie sinnvoll ist.

➔ ....

➔ ....

➔ ....

4. Welches Ziel verfolgt die psychosomatische Grundversorgung?

➔ ....

....

5. Unter welcher Voraussetzung darf ein Hausarzt psychosomatische Grundversorgung anbieten?

➔ ....

Fragen zur hausärztlich-geriatrische Diagnostik und Betreuung

6. Was versteht man unter dem Begriff „Geriatrie“?

➔ ....

7. Nennen Sie drei geriatrietypische Syndrome.

➔ ....

➔ ....

➔ ....

8. Nennen Sie drei Parameter, nach denen mithilfe von Testverfahren im Rahmen des hausärztlich-geriatrischen Basisassessement (GOP 03 360) gefahndet wird.

➔ ....

➔ ....

➔ ....

9. Ab welchem Alter darf ein Basisassessment durchgeführt werden?

➔ ....

Fragen zur spezialisierten geriatrischen Diagnostik

10. Bei welchen Patienten darf ein weiterführendes geriatrisches Assessment durchgeführt werden?

➔ ....

➔ ....

11. Welche Ärzte dürfen die spezialisierte geriatrische Diagnostik durchführen?

➔ ....

➔ ....

➔ ....

➔ ....

....

12. Welche Bedeutung hat die Vorabklärung vor der Durchführung eines spezialisierten geriatrischen Assessments?

➔ ....

....

13. Wozu ist der spezialisierte geriatrische Arzt nach der Durchführung des Assessments verpflichtet?

➔ ....

....

Fragen zur Kooperations- und Koordinationsleistungen in Pflegeheimen

14. Nennen Sie drei Ziele, die durch Kooperationsverträge mit Pflegeheimen erreicht werden sollen.

➔ ....

➔ ....

➔ ....

15. Wer übernimmt in der Regel die Aufgabe des koordinierenden Arztes und welche Aufgaben hat dieser?

➔ ....

➔ ....

....

16. Welche Aufgaben haben kooperierende Fachärzte?

➔ ....

....

➔ ....

....

17. Wer nimmt an einer Fallkonferenz teil und was kann dafür abgerechnet werden?

➔ ....

➔ ....

Rechnen Sie folgende Fälle ab:

18.	Fall	EBM-GOP
14. Mrz.	Toni Trauerlich (47 Jahre, versichert bei der Barmer) erscheint zum ersten Mal im Quartal bei Dr. Gütlich. Er klagt über Antriebs- und Appetitlosigkeit. Mit seinem Beruf als kaufmännischer Angestellter komme er nicht mehr zurecht. Dr. Gütlich vermutet eine beginnende Depression, da Herr Trauerlich seine Ehefrau vor einem Jahr plötzlich verloren und mit der Situation offensichtlich nicht zurechtkommt. Dr. Gütlich führt eine differentialdiagnostische Klärung durch.	

19.	Fälle	EBM-GOP
23. Apr.	Dagmar Demenzius (79 Jahre, versichert bei der AOK) ist aufgrund einer Hypertonie seit mehreren Jahren in ständiger Behandlung bei Dr. Gütlich. Sie erscheint mit ihrem Ehemann zum ersten Mal Quartal in der Praxis. Der Ehemann berichtet, dass seine Frau zunehmend verwirrt sei. Dr. Gütlich führt ein hausärztlich-geriatrisches Basisassessment durch und bestellt beiden für den nächsten Tag zur Besprechung des Ergebnisses und des weiteren Vorgehens.	
14. Apr.	Frau Demenzius erscheint erneut mit ihrem Mann in der Praxis. Dr. Gütlich führt einen hausärztlich-geriatrischen Betreuungskomplex durch. Er hält eine spezialisierte geriatrische Diagnostik für sinnvoll und erläutert dem Ehepaar, dass er mit seinem Kollegen, dem Geriater Dr. Günter Graubart darüber sprechen wird. Am Nachmittag ruft Dr. Gütlich bei Herrn Dr. Graubart an führt eine Vorabklärung durch. Dr. Graubart hält das weiterführende Assessment für angebracht und bittet um Vorstellung der Patientin in einer Woche.	
14. Apr.	Dr. Graubart, Hausarzt mit Schwerpunktbezeichnung Geriatrie, führt mit Dr. Gütlich eine Vorabklärung bezüglich Frau Demenzius durch.	
21. Apr.	Frau Demenzius erscheint in der Praxis von Dr. Graubart. Dr. Graubart führt das weiterführende geriatrische Assessment durch (Dauer 2,5 Stunden) und fertigt einen Behandlungsplan für Dr. Gütlich an.	
5. Mai.	Frau Demenzius erscheint erneut bei Dr. Gütlich, der aufgrund des Behandlungsplans weitere Therapiemaßnahmen einleitet.	

20.	Fälle	EBM-GOP
1. Jul.	Dr. Gütlich ist koordinierende Hausarzt im Pflegeheim St. Antonius. Dort untersucht er die 87-jährige Frau Altenburger (versichert bei der IKK) zum ersten Mal im Quartal.	Frau Altenburger:
	Neben Frau Altenburger besucht Dr. Gütlich auch den 90-jährigen Herrn Krämer (versichert bei der DAK).	Herr Krämer:
2. Jul.	Der Orthopäde Dr. Renk hat ebenfalls einen Kooperationsvertrag mit dem Pflegeheim St. Antonius unterschrieben und versorgt die Patienten als kooperierender Orthopäde. Heute untersucht er die 78-jährige Frau Lichter (versichert bei der LKK) aus dem Pflegeheim zum ersten Mal im Quartal in der Praxis. Frau Lichter ist so mobil, dass kein Besuch bei ihr im Pflegeheim erforderlich ist.	Frau Lichter:
	Am Nachmittag besucht Dr. Renk sowohl Frau Altenburger als auch Herrn Krämer im Pflegeheim. Es ist für beide der erste Arzt-Patienten-Kontakt im Quartal.	Frau Altenburger: Herr Krämer:

Sachwortverzeichnis